RELIURE
ROCHELLE
1995

Lb⁵¹ 1714.

150

Novembre 1832.

MADAME,
Nantes, Blaye, Paris,

PAR M. FORTUNÉ DE CHOLET,

RÉDACTEUR DU BRID'OISON.

> Rattachez la nef à la rive,
> La veuve reste parmi nous.
> VICTOR HUGO, *Odes*.

Prospectus.

MADAME est prisonnière..... MADAME va être mise en accusation..... MADAME va être jugée.... Telles sont, à cette heure, les paroles de toutes les bouches et les pensées de tous les cœurs... MADAME prisonnière, accusée et jugée!!... Nantes, Blaye et Paris sont les trois villes que l'on nomme, les regards s'arrêtent tour à tour sur ces trois villes.

Nantes avec son château, avec son général d'Erlon, avec son armée de police; ce château de Nantes avec ses vieux souvenirs, son histoire héroïque, avec ses châtelains royaux, avec son Henri IV, avec sa Marie

Stuart; ce château de Nantes, la prison de Caroline de Naples, duchesse de Berry. Tout le monde demande quels temps l'ont vu fonder ; sur quel plateau ses murailles sont assises ; quelle est la hauteur de ses tourelles ? quelle est la profondeur de ses fossés. Combien de ponts-levis se sont baissés devant la noble fille de France ; tout dans le château intéresse, tout y devient le domaine de l'histoire.

Mais avant son arrivée à Nantes, nous irons à la Ciotat voir débarquer notre duchesse et, ne soulevant que parfois le voile qu'elle a jeté sur sa traversée miraculeuse, nous l'écouterons consolant les fidèles du midi et les *gars* de la Vendée leur confier son héroïque pensée..... Avec elle, nous dirons quelle mission sublime elle entreprend, quels sont ses vœux et ses espérances.....

Avec MADAME, nous quitterons Nantes ; avec elle, nous retournerons à Blaye, Blaye le port de mer, Blaye la ville forte, Blaye qu'elle visita dans ses beaux jours[1], Blaye où elle fit des heureux.

Là, aussi nous nous reposerons ; là, nous veillerons sur celle qui veille sur nous, sur notre Providence, sur notre miracle.....

Nous serons les sentinelles de la mère de notre Henri... Alors malheur à qui oubliera qu'elle est fille des rois ; malheur à qui oubliera qu'elle est veuve !

Là, nous écouterons toutes ses paroles...... nous se-

---

[1] En juillet 1828.

rons l'écho de sa belle ame et le sourire de ses espérances..... nous y tracerons sa vie, sa noble fermeté; nous écrirons pour ses amis comme pour ses ennemis.... ce sera une histoire.

Cette histoire ne s'arrêtera point là, quel que soit le tribunal qui la juge; qu'une cour ou qu'une chambre représentative se déclare compétente et cite Madame sur sa sellette, nous irons nous y agenouiller à ses pieds...... Nous aurons une oreille pour tout entendre, une voix pour tout répéter.

Nous suivrons les détails de la procédure, si toutefois le pouvoir s'aventure dans les incalculables chances d'une procédure. Nous serons à Paris, à Paris où le roi d'Orléans règne; à Paris où l'on veut trouver des juges à la fille de France, comme on a trouvé des bourreaux pour le vertueux Louis XVI, comme on a trouvé des assassins pour le duc de Berry, son époux; à Paris dont elle a fait la gloire et les félicités, à Paris où le peuple la nomme encore sa bonne duchesse.

Voilà le sujet, le plan de cet ouvrage dont les premières livraisons sont sous presse.

Des jurisconsultes éclairés et des hommes d'État doivent guider dans cette publication M. FORTUNÉ DE CHOLET; déja ses jeunes veilles ont enrichi nos bibliothèques du précieux recueil, *La Charte de 1830 en action*, et autres productions remarquables.

Nous y joindrons deux vues soigneusement dessinées: celle du château de Nantes et celle de la citadelle de Blaye.

Pour faciliter l'achat de cette publication, toute populaire, nous l'établissons à un prix accessible à tout le monde; nous la ferons par livraisons de deux feuilles d'impression format in-8° (32 pages), sur beau papier, avec une couverture imprimée.

Ne pouvant pas déterminer le nombre de livraisons que nécessiteront les débats, nous donnerons le titre du volume avec la douzième livraison; si la procédure se continue, il en sera de même pour le tome 2.

CONDITIONS DE LA SOUSCRIPTION.

ON NE PAIE RIEN D'AVANCE.

Il suffit de se faire inscrire chez le libraire-éditeur ou chez les principaux libraires de France et de l'étranger, et de payer chaque livraison, lorsqu'elle paraîtra, 60 c. en la retirant, à Paris; pour la province (franco) 75 c., et pour l'étranger 85 c. Affranchir les lettres de demandes.

La première livraison paraîtra le 25 du courant; la seconde, le 30, avec la vue du château de Nantes, et les autres se succèderont tous les cinq jours. Chaque livraison se vendra séparément, à Paris, 1 fr. Nous ne vendrons pas séparément les vues.

ON SOUSCRIT,

A PARIS, CHEZ **L. F. HIVERT**, LIBRAIRE-ÉDITEUR,
Quai des Augustins, n° 55.

DE L'IMP. D'A. PIHAN DELAFOREST,
Rue des Noyers, n° 37.

MADAME,

NANTES, BLAYE, PARIS.

Ouvrages de M. le baron Fortuné de Cholet.

ANTI-NÉMÉSIS. Satire à M. Barthélemy, 15 mai 1831.
   Prix : 1 fr.

LA CHARTE DE 1830 **EN ACTION**, dédiée au Roi des Français, avec cette épigraphe :

>   *Quo usque tandem...*

Un vol. in-8°. Prix : 5 fr.

ANTI-JUSTIFICATION. Satire à Barthélemy, avec cette épigraphe :

>   *Indignatio fecit versus.*

Prix : 1 fr.

SOUS PRESSE :

HISTOIRE DE LA MAISON DE SAINT-CYR, 1 vol.

SOUS PRESSE INCESSAMMENT :

DOUZE CONTEMPORAINES, 2 vol.
STYGMATES. Satires politiques et littéraires, 1 vol.
LE SUISSE OU MARIE DE ZURICH, 3 vol.

PARIS, IMPRIMERIE DE POUSSIELGUE,
rue de Sèvres, n. 2.

VUE DU CHATEAU DE NANTES.

Madame, Nantes, Blaye, Paris. Hiver

MADAME,

NANTES, BLAYE, PARIS.

Par le baron Fortuné de Cholet.

> Attachez la nef à la rive,
> La veuve reste parmi nous.
> (VICTOR HUGO, *Odes*.)

à Paris,

CHEZ L'ÉDITEUR, RUE SAINT-DOMINIQUE, N° 77,

L. F. HIVERT, LIBRAIRE, QUAI DES AUGUSTINS, N. 55.

DENTU, LIBRAIRE, PALAIS-ROYAL.

1833.

A S. A. R. Madame, duchesse de Berri.

    Mère des malheureux, joyau de la couronne,
Madone des Français, que Dieu vous environne!
Fille du ciel, ô vous sa plus douce faveur !
Tous nos poètes saints émules des vieux mages
De l'encens de leurs vers vous portent les hommages,
      O vous la mère du sauveur !...

    Princesse, à vous des arts la larme expiatoire;
A vous Châteaubriand et l'or de son histoire;
A vous la poésie au luth noble et rêveur ;
A vous tous nos grands noms, et dans ces jours néfastes
A vous le souvenir et l'espoir de nos fastes ,
      O vous la mère du sauveur !!...

ij

 O vous, comme autrefois, puissante souveraine,
Dans vos fers des beaux-arts vous restez la marraine;
Pour vous seule leurs fruits ont gardé leur saveur!
Dans ces temps féconds, sur eux veillant encore,
Votre main les nourrit, votre main les décore,
  O vous la mère du sauveur!...

 Vous si bonne et si grande, ô miracle des mères!
Votre œil ne s'éteint point dans des larmes amères;
Votre vœu ne dort point dans sa sainte ferveur!
Debout comme un drapeau, forte comme une épée,
Vous restez, noble espoir, dans la France campée,
  O vous la mère du sauveur!...

 Vous restez... parmi nous vous êtes prisonnière;
La ligue dans Paris a planté sa bannière:
Mais la France aux abois revient de sa stupeur...
Bonne espérance! Dieu sans cesse vous regarde;
Ses anges avec nous veillent à votre garde,
  O vous la mère du sauveur!...

iij

Parlez.... nous sommes là, nous bouillante jeunesse,
Nous qui veillons la nuit pour que votre jour naisse,
Nous qui nous irritons, honteux de sa lenteur.
C'est que le temps se passe en combats de paroles ;
Comédiens impromptus, nous savons mal nos rôles,
 O vous la mère du sauveur !...

Parlez : quand pourrons-nous dans la stricte balance
Après la plume usée enfin mettre la lance ;
Vigoureux sont nos bras, bouillant est notre cœur ;
Assez, soldats rhéteurs, cuirassés de logique !
Pour vous nous discutons un cartel énergique,
 O vous la mère du sauveur !...

Jeune homme, champion de votre cause sainte,
Plume et glaive à la main, je garde son enceinte ;
Plume et glaive à la main, je suis son défenseur ;
Moi j'ai du feu dans l'âme et du sang dans les veines ;
Leurs forces, vous m'aidant, ne resteront pas vaines,
 O vous la mère du sauveur !...

jv

Oui, l'aigle qui finit et l'aigle qui s'essaie,
Fiers, planent s'abritant sur votre tour de Blaye,
Blaye, giron sacré de l'humaine grandeur!
Blaye, votre prison, Blaye, c'est votre temple;
Là le peuple debout, divine vous contemple
    O vous la mère du sauveur!...

O vous notre espérance et notre poésie,
Pour patrone aujourd'hui mes vers vous ont choisie;
D'un souris, bienveillant donnez-moi la faveur....
Votre souris, voilà l'encens que je réclame!
Votre souris à vous est l'orgueil de mon âme,
    O vous la mère du sauveur!...

Fortuné de Cholet.

5 février 1833.

INTRODUCTION.

Dans tous les temps, les peuples ont vu débattre devant eux le scandale d'une grande cause : dans tous les temps, de nobles victimes ont été immolées aux haines des partis et à l'ambition de quelques seigneurs insensés et félons....

La France a eu ses maires du palais, dits rois des Français; ces maires du palais trahissant la foi sacrée d'une tutelle; jetant dans les fers une veuve, mère et régente.... ces maires du palais sont tous morts d'une mort affreuse !...

Toutes ces révolutions et mutations ont eu leurs guerres, leurs héros, leurs procès, leurs traîtres...

Sans remonter aux temps du moyen âge, temps que jalonnent à d'étroits intervalles des flammes, les bûchers, les convulsions des empoisonnemens et le poignard des assassins; plus près de nous, la France a eu ses ducs de Bourgogne se mettant de moitié avec le peuple de Paris et se vendant aux Anglais.

La France a eu ses ducs d'Orléans, traîtres à Dieu, traîtres au roi, traîtres à la patrie ; ses ducs d'Orléans dont M. Laurentie écrit aujourd'hui l'histoire ; ces ducs d'Orléans, fléaux de leurs siècles; ces ducs d'Orléans, tour à tour livrés au glaive du bourreau ; tour à tour massacrés par le peuple, par le peuple qu'ils avaient vu se courbant sous leurs pavois. Malgré moi, ce nom funeste est venu se poser sous ma plume ; malgré moi encore, il reviendra souvent: il reviendra dans le procès dont la Providence veut doter et enrichir Caroline de Naples, la duchesse de Berri. Dans cette grande et terrible affaire, la mère du fils des Bourbons et le fils des d'Orléans seront mis en présence. L'Europe sait déja celui des deux qui baissera les yeux ; celui des deux dont la France aura à rougir...

Cependant parmi les débats qui, dans tous les temps, ont attiré les yeux des peuples, il n'en est pas un, de mémoire d'homme, dont la forme, le lieu, la durée et l'issue aient davantage mis en travail les imaginations des partis et les polémiques de l'opinion. Il n'en est pas un que l'avenir ait couvert d'un voile plus impénétrable; nul n'a osé le soulever.

En vain j'ai sous les yeux toutes les pensées de nos hommes d'état ; en vain je les suis, lignes à lignes dans nos feuilles politiques, je les vois s'arrêtant étourdis à la porte de ce labyrinthe dont la main de Dieu seul garde le fil...

Ce n'est point une de ces causes que le code restreint dans ses prévisions et dont il a déterminé la gravité.

Ce n'est point un de ces évènemens, répétitions d'évènemens accomplis et jugés....

Le code n'a rien à réclamer dans ce qu'on appelle le procès de Caroline de Naples, duchesse de Berri.

Ceux qui assumeront sur eux la responsabilité d'un arrêt, ne trouvent, ni dans les siècles passés, ni dans le siècle qui passe aucun jalon qui les puisse diriger; aucune volonté de peuple ou de roi qui les puisse étayer...

Ils en sont effrayés....

Ce procès n'est rien autre chose qu'une question de trône !

Et si la nation demandait qu'il en fût appelé devant elle !

Il en est qui, ne mesurant pas tout ce qu'ils pouvaient trouver de malheur dans le petit corps de M. Thiers, lui demandaient l'arrestation de Madame, parce qu'ils pensaient que nul n'oserait arrêter Madame ?...

Ils le défiaient de cet acte d'une imbécille rigueur comme un athée défie l'omnipotence de Dieu en lui demandant un bâton avec moins de deux bouts...

M. Thiers, soit qu'il espérât capter une majorité en se rendant aux exigeances de son opposition, soit que poussé par cet instinct heureux, par cette providence qui, chaque jour, l'entraîne à sa ruine, il ait dû au hasard cette inconcevable pensée et son exécution, du moins est-il constant que la levée en masse de quatre cent mille Vendéens eût moins aidé la cause d'Henri V, eût promis un moins brillant triomphe à Caroline de Naples, sa noble mère.

Tout ce qui existe en France d'hommes généreux et amis à la fois de leurs libertés et de l'honneur national, se sont soudain réunis; tous, se groupant dans leur juste indignation, ont eu le même cri, tous ont frappé le même but.

A cette attaque qu'il était loin d'attendre, le pouvoir a compris la responsabilité qui pesait désormais sur lui : à cette heure, il paierait bien cher ; il paierait de tous les trésors de l'État, de tous ses trésors personnels, la liberté de la Duchesse... Les richesses peuvent se regagner; mais l'honneur, mais la vie, on ne les retrouve plus alors qu'on les a perdus une fois. L'arrestation d la Duchesse semble leur avoir ôté ce qui leur restait de considération... Il peut leur en coûter...

Nul ne peut prévoir quelles seront les suites de cette fanfaronnade ministérielle, à laquelle nous aimons à croire que Louis-Philippe d'Orléans n'avait point donné son consentement définitif, de cette fanfaronnade que la fermeté du roi de Hollande a rendue nécessaire aux yeux du conseil que la prochaine ouverture des chambres remplissait de terreur. De ce conseil, formé par les Theirs, les Barthe, les Guizot, les Soult; dce conseil, rempli encore de l'incapacité du jeune Montalivet, le protégé de Melle Adélaïde d'Orléans...

Tremblant devant le procès de l'état de siège; il fallait ou la citadelle d'Anvers ou madame la duchesse de Berri; madame la duchesse de Berri a été prise.

M. de Montalivet n'a point été trompé dans son attente; la grave question de la mise en accusation de la miraculeuse princesse a fait oublier la question de l'état de siège.

Le ▓▓▓ coup de pistolet et la fille Bourri, lors de l'allée et venue de Louis-Philippe d'Orléans à la chambre des députés, cette amorce de pistolet . . . .

....
....

Le pouvoir a la majorité... Je voudrais qu'il eût toute la chambre... qu'il n'y eût plus d'opposition à la chambre. Je voudrais que cette chambre votât des remercîmens à son roi, à ses ministres, aux caissiers de ses ministres, aux cuisiniers de ses ministres... qu'elle votât des impôts; je voudrais que, sanctionnant le viol des lois, et le viol de la charte jurée, les chambres déclarassent leur compétence...

Avant cela il faudra percevoir de l'argent, et bien de l'argent...' Mais, malgré cet argent, malgré toutes les amorces brûlées et à brûler à la plus grande gloire du.............. et du ministère, si un tribunal était assez malheureux pour prononcer une condamnation, ce tribunal en même temps donnerait le signal d'une lutte civile, d'une guerre dont la durée et les conséquences dépassent les calculs de la prudence humaine; si, obéissant à sa conviction, un jury la proclamait, sinon innocente, du moins non justiciable devant les cours de France; si, avant ce juri, la chambre haute comme la chambre basse s'étaient déclarées incompétentes, lequel de la citadelle de Blaye ou du château des Tuileries deviendrait l'asile et la demeure de la noble mère de notre Henri ?...

Si le pouvoir eût soigneusement pesé ces chances, les seules qui puissent se présenter, si cet esprit d'erreur, présage certain de sa chute, ne l'eût point entraîné, Madame serait encore paisible et obscure sous le toit hospitalier d'un Vendéen désarmé; elle n'écrirait point à sa tante, à celle qui occupe sa place dans le palais des rois, de ces lettres dont la simple vue glace le sang et fait frissonner tout le corps; de ces lettres qui troublent la joie d'un festin; de ces lettres que le mari et maître refuse d'ouvrir, tremblant d'y lire, non un autre arrêt de Balthasar, mais une de ces paroles sublimes, un de ces reproches poignans, qui font que le cœur se serre, qu'une sueur froide vous inonde, qu'une larme de feu dessèche l'œil; qui font que l'on regarde incessamment au-dessus de sa tête, pensant y voir la pointe d'une épée nue.

Elle ne marcherait point portant la tête haute et disant de toute la force de sa voix, qui trouve tant d'échos : C'est moi qui suis Caroline de Naples, duchesse de Berri, mère de ce jeune Henri, le *Dieu donné*, le seigneur de Chambord, le fils de l'armée, l'enfant de France...

Les insensés qui ont ordonné son arrestation

la croyaient sans doute une de ces femmes ordinaires que l'appareil d'une force armée épouvante; que l'on fait taire par des menaces, que l'on fatigue par d'iniques procédés, dont on marchande le silence; une de ces femmes dont les mains liées ne savent que se joindre et supplier; et dont la douleur crie toujours, graces... pitié... Les insensés ont été trompés dans leur attente...

La femme les a inondé de son mépris, et forte d'elle-même et de son bon droit, elle leur a montré son frêle corps assiégé par un millier d'hommes, et ses vêtemens déjà consumés par la flamme... Elle ne leur a demandé qu'une seule chose, un morceau de pain!!! Elle mourait de faim et de soif...

Ah! combien alors elle a été sublime; alors elle a vraiment été reine!!

Elle a été reine, puisque ceux-là même qui la venaient lâchement saisir se sont arrêtés chapeaux bas devant elle, et comme demandant ses ordres...

Elle a été reine, puisque les soldats honteux d'obéir à une autre voix qu'à la sienne, se sont cachés le visage dans leurs mains, afin que l'on ne les vît point rougir; afin que dans les jours à venir leur noble princesse n'eut pas à les reconnaître. Oui, quiconque l'a vue alors, l'a prise pour la maîtresse et non pour l'esclave; pour le vainqueur et non pour le prisonnier.

C'est qu'elle n'a point tremblé! de quoi pouvait-elle trembler? Si une main eût osé se lever sur elle; si une voix eût osé l'injurier, tout un peuple entier, s'élançant, furieux, l'eût soudain vengée...

Maintenant encore, de braves et loyaux jeunes gens envoient au ministre Thiers, au duc d'Orléans, et plus haut peut-être, des lettres, et dans ces lettres ce juste et terrible avertissement : *Vous nous répondez sur votre vie de la vie de la duchesse, d'un seul des cheveux de sa tête...*

Ces lettres sont couvertes de signatures!! qu'ils y prennent garde, leur prisonnière n'est point là demandant grâce pour eux.....

Que Dieu détourne d'eux et de nous cette malédiction !

Après tout, si malheur arrive, eux seuls s'y seront exposés; eux seuls l'auront voulu...A eux seuls donc il en pourra être demandé compte, et il en sera demandé compte.

Ce compte n'est pas le seul auquel ils auront à répondre; une autre responsabilité pèse sur leur tête, et les soumet à la justice des représailles...

Ce compte et cette responsabilité sont non-seulement la prise de Madame, mais encore les circonstances de sa prise. Madame la duchesse de Berri a été prise par trahison et seulement par trahison...

Le courage et le génie n'ont été pour rien dans cette conquête, dont un million prélevé sur le peuple a tous les honneurs...

La mort et la naissance sont également complimentés... M. Thiers a sa part bien ample dans les congratulations. Pauvre homme! pauvre nation !...

Quelle affreuse pensée surgit pourtant de cet acte inouï ; de cet acte digne des Carthaginois, de cet acte dont la proposition seule offenserait les barbares de l'Afrique!

En dix-huit cent trente-deux, en France, après ce que l'on a appelé une révolution glorieuse, une révolution par l'honneur national et pour lui, par la liberté et pour elle, comment un homme de cette révolution a-t-il pu entrevoir un projet semblable... Comment a-t-il assez compté sur son souverain et sur son peuple pour l'oser mettre à exécution par eux et pour eux...

Ce pourquoi, il n'est point besoin de le dire, parce que dans toute la France il n'est point une personne qui l'ignore; après tout, quel qu'ait pu être le projet du pouvoir; quelle que soit à cette heure sa pensée, si tant est que le pouvoir ait une pensée, l'arrestation de Madame la duchesse de Berri a montré à toute l'Europe le peu de confiance que la France met en lui, et le peu de confiance que lui-même met en la France.

L'arrestation de Madame la duchesse de Berri, le deuil pris subitement et par la classe noble et par la classe ouvrière, la consternation, le rire insultant jeté à un préfet s'ingérant de mettre la bonne princesse sous la protection de l'armée! en Bretagne, sur la lisière de la Vendée, au milieu des populations mises en état de siège, mettre la duchesse de Berri sous la protection de l'armée de la solde et de la patente, quelle ironie amère!...

Il a fallu un préfet et deux généraux, il a fallu l'inspiration de M. Thiers pour imaginer une aussi burlesque proclamation!...

Le peuple de Nantes en a fait justice.

Si, ainsi qu'elle en osa concevoir l'idée, l'autorité eût ordonné son illumination publique; si, défiant l'opinion dont les voix étaient assez virulentes, elle eût allumé ses éternels lampions, je ne sais qui de la bonne duchesse ou du préfet eût eu davantage besoin de la protection de l'armée ? Pauvres gens !!

Cependant bien des journées se sont écoulées depuis, et rien de nouveau n'a été imaginé... Je ne crois pas que les Messieurs de Blaye aient mis la noble prisonnière sous la protection des geôliers armés et non armés...

Ah! si je ne retenais les élans de ma plume, elle s'élancerait bien avant dans l'arère immense de cette protection imbécille ! Je ne sais comment ils n'ont point dit qu'ils mettaient sous la protection de l'armée Secondi, le guillotiné de Partenai, Jamier, éventré par les soldats...

Ils ont sans doute mis, sous la protection de l'armée, les réfractaires et les populations de Nîmes et de Tarascon !

Depuis que Madame est arrêtée, la bouffonnerie et l'impudence ont été portées à leur dernier degré de force...

Le prince-royal, interrompant sur la frontière de Belgique sa partie au jeu du *soldat*, s'est mis en grande hâte à écrire une lettre à son père, une lettre à sa mère, une lettre à sa cousine la duchesse, une lettre à M. Thiers, une lettre au général, une lettre au préfet, les priant de bien traiter Madame la duchesse de Berri, de respecter dans son malheur la fille du roi de Naples...

Il aura sans doute écrit aussi au caporal d'escouade et au guichetier, le bon et brave cousin!...

Et la reine... Ah! pour celle-là, des larmes ont coulé de ses yeux. Ce n'est pas le moment de tracer ici le tableau de la cour lors de cette épouvantable nouvelle... de la cour où deux personnages ont alors osé rire... M. Th. et Mlle A.!...

Je trouverai pour cette peinture une place opportune, et je ne serai point avare de mes couleurs.

La reine a envoyé une femme-de-chambre à Madame la duchesse sa nièce. L'on a envoyé pour l'assister à son lit de douleur, pour la veiller dans la fièvre tierce qui la mine depuis plusieurs mois, une femme étrangère, une femme qui eût tout aussi bien été danser en réjouissance de cette arrestation; en même temps, par un raffinement de cruauté inouie dans un pays civilisé, les mêmes femmes dont depuis si long-temps la noble princesse avait daigné agréer les soins, ont été séparées d'elle malgré leurs instantes prières et leurs larmes... on les a séparées inhumainement; on ne leur a point permis d'adieux...

Mlle Adélaïde d'Orléans et M. de Montalivet vont sans doute faire le pieux pèlerinage de Blaye ; les deux voyageurs offriront aussi leurs soins et offices à la royale prisonnière...

Et puis Madame Feuchère aussi ; Madame Feuhère ira remplacer, près de Madame la duchesse de Berri, la noble et héroïque demoiselle Stylie de Kersabiec...

Je m'arrête ici... parce que les pensées me brûlent, parce que l'indignation soulève ma bile... mes paroles deviendraient trop acerbes... J'ai tant de choses à dire, qu'il serait imprudent et coupable à moi de donner aux préposés de nos douanes politiques et octrois littéraires un prétexte aux saisies, confiscations et amendes...

MATIÈRE

Première livraison. — Introduction. — Départ. — Holirood. — Madame duchesse de Berri. — Puissances étrangères. — Projets. — Massa.

Deuxième. — La Ciotat. — Débarquement. — Le Carlo Alberto. — Le Midi. — L'Ouest.

Troisième. — Mouvements. — Son Altesse Royale Madame. — La Pénissière brûlée. — Ordres et contre-ordres. — Nantes.

Quatrième. — Vie de Madame à Nantes. — Sa politique. — Ses vues. — Sa conduite avec Holirood. — Un envoyé à Holirood.

Cinquième. — Gonzagues Deutz. — Ses messages. — Sa première entrevue. — Soupçon qu'il inspire. — Hasard qui retarde l'arrestation de Madame.

Sixième. — Deutz. — Sa conversation dans plusieurs maisons, et surtout à l'hôtel de France à Nantes. — Lettre et dénonciation adressées à Madame. — Avis donné à Paris par la reine des Français. — Retards inconcevables. — Trahison.

Septième. — Siège. — Visite domiciliaire. — Madame dans sa cachette. — Prise de Madame. — Madame transférée au château. — Le château.

Huitième. — Départ de Madame. — Consternation à Nantes.

Neuvième. — Papiers trouvés.

Dixième. — Arrivée à Blaye. — Mademoiselle Stylie de Kersabiec.

Onzième. — Le château de Blaye. — Historique et descriptif.

Douzième. — Caroline de Naples, duchesse de Berri, mise en accusation.

MADAME.

NANTES. BLAYE. PARIS.

CHAPITRE I.

Départ. — Holyrood. — MADAME, Duchesse de Berri. — Puissances étrangères. — Projet. — Massa.

Dès que les hommes de l'émeute eurent exécuté dans leurs plus vastes et plus énergiques formes, les barricades de la rue Saint-Denis, dès que, traîtres à cette charte que les premiers ils avaient violée, les agens du Palais-Royal et les agens de l'Hôtel-de-Ville eurent, dans leur dernière députation à Saint-Cloud, achevé la dernière scène de la grande comédie, alors Sa Majesté Charles X et son peuple remirent leur glaive et leur couronne dans le fourreau...

Sa Majesté Charles X, le roi bon et loyal, la tête et le cœur brisés par le bruit lointain du canon, s'arrêta effrayé devant ce qu'on appelait la guerre civile... Il abdiqua.

Il abdiqua... M. le dauphin, son fils, abdiqua aussi...

Dès-lors Henri Dieudonné, duc de Bordeaux fut roi de France... Le roi de France fut Henri V...

En vain M. de Lafayette, ce don Quichotte des républiques, fit entendre son impudent : « *Il est trop-tard...* » En vain M. Laffitte, M. Laffitte le président du club réuni dans la chambre des députés, rejetant la réponse de Saint-Cloud, murmura : « *Je ne suis point la petite poste de Charles X...* » En vain tous ces siccaires de la république, tous ces muets de l'Empire, ces carbonaros de la restauration, mirent aux enchères la couronne, et l'adjugèrent au premier et non au dernier enchérisseur...

Si, obéissant à son inspiration héroïque, et revenant sur ses pas, forte et juste par son fils,

Son Altesse Royale Madame, à la fois la Jeanne d'Albret et la Marie-Thérèse de France, eût fait un appel à la nation; la nation eût battu des mains et crié : Vive Caroline de Naples, duchesse de Berri, régente de France!... Vive Dieudonné Henri V, roi de France...!

Mais telle n'a point été la volonté de Charles X... A cette heure je ne sais si les vrais Français, les Français instruits par l'expérience, en doivent garder joie ou chagrin.

Le duc d'Orléans, ex-Égalité fils (1), roi des Français présentement, eût été lieutenant-général du royaume et régent; M. Mouton eût commandé la garde nationale, MM. Thiers et Montalivet eussent été ministres... et puis... et puis...

Pauvre Henri V, tout cela eût été en votre nom... Tout cela eût été votre règne.

Dieu et les hommes en ont ordonné autrement...

Sa Majesté Charles X n'a point fait d'appel... Nul n'est venu!

Sa Majesté Charles X a fait décharger les armes de son armée; il a dit à son Altesse Royale

(1) Egalité fils, maréchal de camp, promotion 11 septembre 1792. — Page 14 de l'Etat militaire de France pour l'année 1793. Paris, Onfroy.

Madame : « N'exposez pas votre fils, le fils de la France... Retirons-nous, c'est le seul moyen d'arrêter l'effusion du sang; c'est le seul moyen d'assurer le trône à notre Henri... Odillon (1) et ses collègues me l'ont garanti... »

Son Altesse Royale Madame, froissant son gant dans sa main et parcourant du regard ses bonnes et courageuses troupes, dit tout bas : La partie est pourtant belle. Elle dit tout haut : Adieu... A revoir...

Alors l'armée s'est ébranlée ; les vieux soldats ont brisé leurs épées... Ils ont accompli le sacrifice... Ils ne sont pas morts...

Si Madame de Berri eût alors été maîtresse, seule maîtresse comme autrefois Marie-Louise l'impératrice, cette femme miraculeuse eût rempli en peu de jours sa tâche de deux années... Elle eût empêché la guerre civile dont Paris venait de jeter les brandons; elle eût empêché cette guerre étrangère, son inévitable conséquence...

Que Dieu l'aide comme nous l'aiderons, et sa mission sera menée à bonne fin.

Elle n'avait pas encore quitté la France, et

---

(1) Le Revenant. — Lettre de M. Odillon Barrot à M. Lafayette. *Idem* à M. le duc d'Orléans.

déja cette pensée remuait son cœur et l'emplissait tout entier...

Elle voyait la Vendée, la Bretagne, Le Maine ; l'Anjou, le Midi et toutes les autres provinces voisines, se soulevant indignés et terribles...

Elle voyait les rois de l'Europe, ébranlés sur leur trône par la secousse immense du trône de France s'élançant tout armés et refoulant jusque dans Paris ces libertés et ces révolutions de pacotilles.

Dès Cherbourg Madame comprit cette invasion... La résolution de Madame était prise, prise invariablement.

Le vaisseau venait de quitter la rive et voguait vers l'Angleterre.

L'armée et le peuple, debout et les bras tendus, le suivaient de leurs regards et pleuraient.

Les royaux exilés, toujours sur le pont, attentifs et fermes, leur envoyaient les saluts d'adieu.

Mais parmi eux, son Altesse Royale Madame la duchesse de Berri semblait seule ne point être accablée sous le poids affreux des évènemens.

Ses yeux n'avaient point de larmes. Seulement elle tenait par la main et semblait présenter son noble fils, Henri de France. Tous les yeux étaient tournés sur le jeune roi et sur sa noble mère, toutes les bouches disaient ce qu'avait dit la royale princesse : Restez en France et comptez sur moi comme je compte sur vous... Bientôt nous ferons ensemble de belles et sublimes choses.

Son Altesse Royale Madame se proposait en effet de belles et sublimes choses... Elle les a commencées sans nous, et, si Dieu nous garde vie, nous les achèverons avec elle.

Ce fut avec un sentiment bien pénible qu'elle entendit nommer l'Angleterre ; elle frémit alors qu'elle vit sa royale famille chercher en Angleterre protection et hospitalité.

Oh ! si dans ce moment son cœur de mère et de princesse n'eut point battu, si elle eut été femme légère, joyeuse, inconsidérée ; alors, quittant en grande hâte la vieillesse, le malheur et l'exil, la fille du roi de Naples eut été chercher une cour nouvelle, des fêtes et le beau ciel d'Italie, sa première patrie.

La pensée ne lui en vint pas... Elle ne pouvait lui venir... Elle aborda la terre ennemie, l'ennemie implacable et traître... Elle suivit le roi Charles dans Holyrood, le vieux palais des Stuart... Elle consentit à habiter Holyrood.

Ce fut dans ce triste château, au milieu de

ses sombres murailles et de ses habitans plus sombres et plus tristes encore, que la vive et joyeuse princesse compta ses longues et ennuyeuses journées.

Là, plus de France au ciel bleu et pur, aux moissons dorées par le soleil, aux vignes vermeilles, aux pelouses toujours vertes ; là plus de chansons joyeuses, plus de Dieppe aux bains tièdes, plus de Bagatelles au douces occasions de bien faire... Là, plus d'élan à donner aux danses pour les pauvres, plus d'arts à encourager... Plus de France... Bien loin, bien loin la France belle et chérie.

Ah ! combien elle cheminait la tête baissée et comme fléchissant sous le poids d'une grande pensée.. Combien seule et souriant à peine aux caresses tant douces de son fils, on la surprenait s'arrêtant soudain au milieu de ses courses, se croisant les bras sur la poitrine et hochant lentement le front. Ce n'est plus la naïve et folâtre fille de Naples, la reine des fêtes et des aumônes, ce n'est plus la femme tremblante et rieuse.

Quelques mois l'ont changée à ne la plus reconnaître, elle est retrempée, retrempée tout entière.

A Holyrood même, on ne la comprend plus ;

on la croit malade d'ennui, de tristesse ; on la croit malade du mal du pays. Sans cesse on la presse de questions, on redouble d'égards et de soins; son fils prend ses deux mains, s'assied sur ses genoux et lui dit : Ma mère, ma bonne mère, pourquoi pleurez-vous ?...

Sa fille, la petite princesse Louise, pleure aussi. La pauvre enfant répète avec son frère : Ma mère, ma bonne mère, pourquoi pleurez-vous ? La mère, la bonne mère, embrasse ses deux enfans et leur dit : Je ne pleure pas !

La princese croit ne pas pleurer.

Un jour elle arrête son fils et lui dit : Tu devrais être roi; mais tu le seras, je veux que tu le sois.

Le soir, lorsque la veillée assemble la noble famille, lorsque une conversation générale réunit toutes les pensées et les porte dans l'avenir, lorsque le terrible mot de couronne, ce mot qui fait vibrer toutes les ames des princes royaux, ce mot dont le soufle passe sur leur front ainsi qu'un bandeau de glace, lorsque ce mot de couronne se fait entendre, lorsque les envoyés des rois de l'Europe demandent au roi Charles s'il la revendique ; Charles X répond : Non, et Dieu m'en garde.

Lorsqu'on lui demande une abdication nouvelle, il répond... Un prince de Bourbon n'a qu'une parole... j'ai abdiqué une fois... c'est pour toujours...

Son fils, le duc d'Angoulême, redit les mêmes paroles, prévient ainsi toute question...

Alors la princesse Caroline, la mère de Henri, se prend à sourire et sa main blanche écarte les cheveux épars sur le front de son fils : elle dit aux envoyés : N'est-ce pas, Messieurs, que la couronne siérait bien à ce front?...

Les envoyés répondent : nos maîtres l'y mettront... Alors la duchesse de Berri ne rit plus... mais elle dit tout bas, si bas que son fils est le seul qui l'entende... Messieurs les rois, que Dieu prête vie à sa mère, à sa bonne Vendée, à son bon Midi, et Henri V sera roi de France sans qu'il soit besoin de votre aide. Aussi la duchesse ne veut entrer en aucun arrangement avec eux... elle ne les écoute point, et plus d'un parmi eux s'en va disant : *Quel caractère de femme...*

Aussi toutes les négociations s'adressent au roi Charles... les envoyés sont multipliés... l'invasion va être décidée... la duchesse de Berri vient à l'apprendre ; aussitôt, sans confier sa pensée, sans demander conseil, la duchesse de Berri annonce qu'elle va partir... qu'elle va aller en France.

La cour d'Holyrood rit...

La duchesse de Berri s'embarque. Elle est partie, elle aborde bientôt en Italie...

Là ce n'est plus cette femme soucieuse qui souvent entendit répéter par ses bons parens d'Holyrood : Madame *de Berri conspire*... Là elle commence à être reine.

Personne, ou du moins peu d'hommes de Franc pouvaient parvenir à Holyrood, Holyrood que la mer sépare de l'Europe, Holyrood sur lequel Londres, Paris, et leur police ont toujours les yeux ouverts... Puis il existe tant de trahison dans l'Angleterre! Il n'en est point de même en Italie...

Le château de Massa devient l'Holyrood, les Tulieries de la duchesse de Berri.

A Massa comme aux Tuileries, les rois de l'Europe ont des chargés de pouvoirs et débattent les conditions qu'ils mettent au retour de Henri V.

A Massa, la duchesse de Berri, dit tout haut ce qu'elle a dit tout bas à Holyrood..., elle ne veut point d'invasion étrangère ; elle ne veut point céder un pied de sa terre de France, pas un pied...

Les souverains de l'Europe, tant est grande l'admiration qu'elle inspire, font attendre les signatures des protocoles ; font traîner les conférences, gagnent du temps, et lui donnent jusqu'au printemps dix-huit cent trente trois. Jusqu'alors ils la laisseront libre d'agir... Ils ont un instant promis de l'aider indirectement ; la Hollande, en attaquant la Belgique, l'Autriche en se jetant dans l'Italie...

Tout cela a été décidé à Massa.

C'est à Massa que se transportent tous les envoyés de France ; c'est là que les noms de la Vendée et du Midi sont prononcés ; c'est là que l'on parle de leur dévoûment, de leur misère, de leur persécution, de leur impatience à secouer le joug, de leurs pavois tout prêts à porter Henri V.

On compte les provinces, les départemens, les arrondissemens, les communes, les villages, les maisons, les bras qui, tous dévoués, n'attendent que le signal.

Plusieurs chefs viennent du Midi et de la Vendée lls disent : Tout est prêt...

Des hommes viennent de Paris : ces hommes ont consulté des pairs et des députés influens, soit dans l'opposition soit dans les centres, et ces pairs et députés ont promis aide et dévouement... que quelques villes de France reconnaissent Henri V, et ces députés et pairs se font forts d'obtenir la déposition de Louis-Philippe d'Orléans. L'un d'eux dit : que les peuples de la Vendée et du Midi parlent, et sur-le-champ Henri V est roi.... *Vox populi*, *vox Dei*...

Alors mille projets de régence sont agités... Mille combinaisons de noms sont confiées au papier.... Chacun fait la sienne.... Sur plusieurs d'entr'elles j'ai vu le nom de Louis-Philippe... Tantot ce sont Châteaubriand, Hyde de Neuville, Fitz-James et Berryer.... La police est parvenue à s'emparer de cette dernière, et l'on sait l'usage qu'elle en a fait...

Dans d'autres combinaisons auprès de Châteaubriand, on met MM. de Bourmont, de Conni, de Kergorlay et autres nobles et courageux citoyens...

Tous ces partis, toutes les coteries s'agitent et ne prennent point de repos...

La cour d'Holyrood, que M. le duc de Blacas instruit de tout ce qui se passe à Massa, la cour d'Holyrood, soit qu'elle trouve les évènemens trop précipités, soit qu'elle ne veuille pas renoncer à sa pensée présumée d'intervention étrangère, soit que, piquée du peu de part qu'elle a pris dans cette décision et dans ces tentatives, elle veuille garder tout au moins une voix dans le conseil qu'elle n'approuve ni ne désapprouve, la cour d'Holyrood donne à M. le duc de Blacas des instructions précises, et M. le duc s'y conforme.

Chargé par Madame de la partie la plus grave de la correspondance, c'est dans le sens de son vote qu'il transmet les volontés du conseil, qu'il tient long-temps dans l'indécision, en traitant de folie l'entrée projetée de Madame en France...

Long-temps il la combat après l'avoir d'abord conseillée; il la combat alors que l'occasion est belle, alors que tout est prêt et dans cette chaleur et cet enthousiasme que trouve toujours une entreprise qui commence; alors que le hasard semble avoir fait pour la bonne réussite tout ce que l'on peut attendre du hasard dans une expédition de ce genre... Un bâtiment a déja été nolisé, des lettres plus pressantes arrivent de France, des lettres arrivent aussi de la cour d'Holyrood... Dans ces premières, l'on demande avec instance la Duchesse... Dans ces dernières, on désapprouve son voyage que l'on croit effectué... On y écrit en termes précis : Tant que vous serez en France, nous vous accordons tout pouvoir et en notre nom et au nom de votre fils... Dès que vous aurez mis le pied hors du territoire, ces pouvoirs vous seront retirés...

Après cette leture, il n'y a plus à hésiter... madame la duchesse de Berri s'embarque...

M. de Blacas, qu'une fatalité a fait toujours le dépositaire des ordres, reçoit sa mission : l'a-t-il suivie ?

Madame la duchesse vogue pour la France... L'avis n'en est point donné : on écrit dans un sens tout différent aux agens de Paris et des provinces ; on leur recommande de la prudence et de la tranquillité... on leur commande d'attendre...

Pendant ce temps, M. de Bourmont entre dans la Provence... La Provence obéissante se tient tranquille ; elle est prudente, elle attend...

Un drapeau blanc est arboré sur le clocher de l'église St.-Laurent à Marseille... Personne ne bouge... On voit, dans cet appel contradictoire aux dernières dépêches, un acte de la police et une provocation du pouvoir...

La police, dès la veille avertie d'un mouvement ordonné et contremandé, veut profiter de la circonstance, lâche ses bataillons et son émeute patentée... Alors quelques nobles et estimables citoyens, parmi eux M. de la Chau, s'élancent pour arrêter les gens crédules que le drapeau blanc de St.-Laurent et les limiers de la police pourraient entraîner...

Malgré leurs paroles de paix, ces citoyens sont arrêtés eux-mêmes ; le pouvoir avait besoin d'une émeute...

Il lui fallait une émeute pour se saisir du noble et courageux comte de Kergorlay, qui, déposé par une voiture publique à peu de distance de Marseille, y rentrait pédestrement...

Les autorités de Marseille avaient eu avis de l'arrivée du noble comte de Kergorlay ; ils avaient eu avis d'un vaisseau parti de Roses... Les agens du gouvernement français, mis dans l'erreur la plus grossière, par une femme qui, voyageant mystérieusement, était restée voilée sur le bâtiment, avaient dénoncé l'arrivée de Madame sur le vaisseau sarde, le *Charles-Albert*...

Sur-le-champ tous les bras du télégraphe s'étaient mis à jouer; le cabinet de Saint-Cloud s'était rassemblé nuitamment. Cependant le *Charles-Albert*, dont la machine fortement avariée par le mauvais temps arrêtait la marche, relâchait dans la rade de la Ciotat.

Les ouvriers travaillaient déja à la réparation de sa chaudière, lorsque le bâtiment de guerre français, le *Sphinx* le vint capturer brutalement, et le remorqua à Ajaccio...

Cet acte arbitraire, viol manifeste du droit des gens, l'autorité de Marseille a en vain cherché à le motiver par son inutile provocation à l'émeute, par sa dénonciation d'un complot contre la sûreté de l'État.

Un voile a été jeté sur toute cette affaire ; ce voile est resté impénétrable aux yeux mêmes de la police... La police a cependant de bons yeux...

Chacun a discouru, a conté sur cette expédition que les terreurs paniques du pouvoir et les imbécilles confidences de ses agens ont rendue mystérieuse et fantastique. Ceux qui à cette heure en lisent les relations faites à plaisir, croient lire un roman sinon d'Anne Radcliff, du moins de feu Ducray-Dumesnil...

Nous autres aussi nous dirons comment s'est accompli ce débarquement jusques à ce jour, complètement ignoré... Nous le dirons franchement, parce que tout dans son entreprise et dans son exécution est digne de l'héroisme de notre princesse, digne du jeune roi son fils, digne du peuple et de la couronne de France, digne de sa pensée. Tout par la France et pour la France.

CHAPITRE II.

La Ciotat. — Débarquement. — Le Carlo-Alberto. — Le Midi. — L'Ouest.

Seule, triste, abandonnée pour ainsi dire par tout ce qu'elle comptait d'hommes d'honneur, la France luttait en vain contre sa destinée... La France, cette belle France de tant d'années, cette France, la reine des arts et de la civilisation, la reine des combats et des fêtes, elle était flétrie et brisée par la peste... Les arts n'étaient plus compris; les arts n'avaient que la misère et le rebut à échanger avec les soins et les veilles... Que pouvaient-ils attendre alors que leur ministre avait dit : *Rembrandt pense mal... c'est un légitimiste...*

Cette France civilisée, d'un seul bond, elle s'était rejetée bien avant dans les siècles de la barbarie... Son peuple, comme le Vandale, avait mutilé, renversé, broyé les monumens... Deux jours la Seine avait charié un archevêché tout entier... Ce peuple tuait par la rue; il coupait par morceaux ceux-là qu'il nommait empoisonneurs... Il est vrai, ce peuple avait son pain à gagner; il est vrai, un maire et un préfet (1) lui dirent : Peuple, l'on t'empoisonne; peuple, les prêtres et les carlistes t'empoisonnent...

Une armée nombreuse pesait sur le sol de la France et le meurtrissait de la pointe toujours basse de son épée. Ses corps changés en corps d'huissiers, allaient de maisons en maisons forçant l'impôt... On avait trouvé parmi les lois de la république une loi qui les consacrait... On les nommait, on les nomme encore garnisaires...

L'armée était pour l'émeute; elle avait double ration alors que battant des mains elle couvrait, soit ces paroles d'un roi : *La nationalité polonaise ne périra pas*, soit le dernier cri de

(1) M. Gisquet, préfet de police... M. Cadet, maire du quatrième arrondissement.

mort de la nationalité polonaise : Plus de combat pour elle... Elle n'avait que du vin et de l'argent à partager avec des sergens de ville...

Les fêtes, ces fêtes autrefois si brillantes, si joyeuses, si publiques; ces fêtes, filles des arts et de la civilisation; ces fêtes, sœurs et compagnes des combats ; elles portent la tache commune; elles-mêmes brutales, imbécilles et bouffonnes, elles sont une tache nouvelle...

On ne rit pas de douleur... on ne fête point le deuil ; on ne danse pas, on ne boit point à la santé de ceux que l'on a massacrés ou fait massacrer... Toutes ces choses sont infâmes... Les fêtes de juillet sont .... Ces choses ne sont point des fêtes...

Et voilà pourtant la France de dix-huit cent trente et la France de dix-huit cent trente-deux, cette France a ....
....

Depuis deux ans elle lutte contre l'anarchie qu'elle a reconnue pour libératrice et reine. La France est malade; elle se meurt... Les nations voisines debout sur la frontière, l'épée nue, la mêche allumée, sont prêtes à venir partager cet héritage ....
....

Depuis deux ans il y a deux drapeaux; il

y a vingt drapeaux en France... La guerre civile est en France... l'état de siège existe en France.

Aussi quel cœur français ne se serre point d'épouvante et de douleur alors qu'on voit sa patrie dans cet état hideux !...

Quelle bouche française, si quelqu'un se présentait pour la rendre à ses anciens beaux jours, oserait lui dire : tu viens m'apporter la misère et la zizanie...

Quelle misère et quelle zizanie peut-on à cette heure octroyer à la France !... Depuis les trois jours de juillet, ces jours de dupes, ces jours de funeste mémoire la guerre civile est en France...

Cette guerre civile ne finira que lorsque la nation entière, à trente milliers d'hommes exceptés, s'avisera d'être la nation et de voter ; elle finira encore lorsque ....

Telle est depuis long-temps la pensée publique ; telle a été la pensée de Caroline de Naples, duchesse de Berri...

Française par adoption, autrefois nationalisée pour ainsi dire par son cœur, ses goûts et ses bonnes œuvres, nationalisée aujourd'hui par son courage et son héroïque pensée, cette royale princesse a conçu la volonté de sauver, bon gré malgré, le peuple français et la nationalité française... Cette héroïque princesse exécute à cette heure encore cette sublime volonté.

Pendant un an elle l'a méditée ; pendant un an assidue, attentive, curieuse, Caroline de Naples, les yeux et les oreilles toujours pour la France et pour ceux qui venaient de la France, a tout vu, tout écouté...

Elle a vu le mal chaque jour croissant, croissant d'une façon et d'une rapidité affreuses... Elle a vu l'émeute quotidienne, la misère, le choléra, l'état de siège, et tous leurs fléaux...

Elle écoutait le pouvoir disant : Encore quelques mois et mieux assis nous donnerons la paix, la prospérité et la gloire à la France...

Les mois se sont passés; point de paix, point de prospérité, point de gloire...

Elle entendait répéter : Cela ne peut durer... Qui nous tirera de tout cela...

Elle entendait son nom; elle entendait le nom de son fils : elle entendait chaque jour, dans chaque ville, des hommes protester contre l'émeute, et les clubs de juillet; contre tout ce qu'avaient fait l'émeute et les clubs...

Les Kergorlay, les Conny, les Châteaubriand avaient parlé...

La France entière parlait...

La noble mère de notre Henri eût été coupable envers la France si, défiante à l'appel qui lui était fait, elle fût demeurée ensevelie dans Holyrood ; si, seconde Marie-Louise, elle eût confié les destinées de son fils et de la couronne à la protection et au bon plaisir des cours étrangères...

La noble mère de notre Henri comptait sur la France comme la France compte sur elle... elle y est venue...

Ce retour long-temps médité n'a point été un coup de tête, point une bravade, ainsi que le disent tout bas ceux qui jugent des entreprises par leurs résultats, ainsi que le jugent ceux qui à cette heure ne voient en France qu'une femme en prison ; qu'une femme seule, isolée...

La Providence, surtout son courage, ont toujours aidé son Altesse Royale Madame la duchesse de Berri... Si son triomphe a été retardé, sans doute c'est pour qu'il fût plus beau et plus digne d'elle.

Madame la duchesse de Berri céda donc aux besoins de la France et aux instances réitérées de ses nombreux partisans, alors que trompant la surveillance de la police française stationée à Massa, elle s'embarqua sur un bâtiment sarde faisant voile pour l'Espagne.

À cette même heure, sortant avec une suite du palais que la royale princesse quittait solitaire et cachée, une jeune femme prit la route de Naples promenant pendant plusieurs jours la curiosité et la surveillance des agens .... et de la préfecture de Paris... On vit l'erreur... on se ravisa.

En même temps, aussi à la même heure et dans cent endroits cent autres duchesses mirent les autorités en émoi, fatiguèrent les bras du télégraphe, et ouvrirent une mine nouvelle de mystification non pas pour le pouvoir qui seul en était l'auteur, mais pour ses agens de bas aloi qui ignoraient le secret de la pièce.

Avant l'arrivée de Madame, ou plutôt sitôt après qu'elle eut mis le pied sur la terre de France, le pouvoir, honteux d'arriver trop tard, tremblant des conséquences terribles de la présence d'une aussi courageuse princesse, se hâta d'en neutraliser l'effet...

La fatale politique d'un agent d'Holyrood étaya son œuvre et la mena à sa fin désirée... Cette politique lui prépara les voies... elle empêcha de croire à la présence de Madame... Les contre-ordres donnés, la multiplicité des soi-disant duchesses de Berri, les provocations connues et habituées de la police empêchèrent la révolution...

Lorsque le drapeau blanc posé sur l'église St. Laurent, drapeau qui devait annoncer le débarquement de son Altesse Royale Madame, eut donné l'éveil à toute la population de Marseille, l'anxiété y devint grande de toutes parts; de toutes parts on s'agita, on projeta, on se perdit dans un chaos de pensées et de projets...

Cependant le drapeau blanc restait sur le clocher et quelques curieux exceptés, chacun rentrait chez soi...

Nul des rapports arrivés de la Ciotat ne démentaient les avis d'ordre et de tranquillité... Nul de ces rapports n'annonçaient l'arrivée de Madame... La mystification était grande !!!

On parlait confusément de M. de Bourmont, de M. de Kergorlay... On parlait du vaisseau sarde capturé par un brick français; on parlait d'une jeune femme, blonde, svelte, gracieuse trouvée sur le vaisseau sarde, reconnue pour Madame de Berri et conduite à Ajaccio...

La police imaginait tout cela et le disait par la province et par toute la France.

Aussi de ville en ville, de château en château, de ferme en ferme, des messagers allaient et venaient, faisant des enquêtes et cherchant la vérité...

On se rassemblait... on attendait... on craignait de compromettre la cause et on la compromettait...

Ceux-là qui instruits de tout, cachaient tout, croyaient être utiles à Madame : ils croyaient être utiles à la nation...

Ils neutralisaient Madame et la nation... Les menées de la police les en ont avertis, mais trop tard...

Ce n'était pas une comédie qu'il fallait jouer alors !!

Il fallait, et cela eût été servir et honorer vraiment l'héroïsme de Madame, ne craindre pas davantage pour elle qu'elle-même... Il fallait ne pas se mettre devant elle alors qu'elle se montrait. On était à Marseille !!

Lorsque les premières nouvelles de cet évènement arrivèrent à Paris, l'agitation y fut prodigieuse et les langages plus prodigieux encore... On s'arrachait les feuilles publiques, on courait par toute la ville s'informant des lettres arrivées de Marseille et de ce que renfermaient ces lettres...

Pendant plusieurs jours la poste n'apporta rien, ni journaux, ni lettres..

Seule, la *Gazette du Lyonnais* arriva, et, chose étrange ! le premier jour elle s'abstint de toute version sur Marseille.

Alors les bruits les plus étranges, les plus contradictoires circulaient, grossis à chaque instant par les intérêts et désirs de ceux qui les répandaient et colportaient... Ici, l'on annonçait une révolution accomplie à Marseille; on y annonçait le drapeau blanc flottant sur tous les édifices publics; le général et la troupe ayant fait leur soumission, on annonçait Marseille déclarée siège d'un gouvernement provisoire, la ligne télégraphique brisée jusqu'à Lyon...

Le silence de Lyon ajoutait un poids nouveau à toutes ces versions... Bien plus la *Gazette du Lyonnais* du jour, comparée aux *Gazettes du Lyonnnais* précédentes, ne sembla point être imprimée avec les mêmes caractères... On la pensa faite à Paris et par la police, dans le but d'empêcher un mouvement, un contre-coup...

Aussi, lorsque l'arrivée des premières lettres vint démentir tous ces bruits d'évènemens dont on se défiait, mais que tous les gens bien instruits savaient pouvoir être possibles, l'abattement devint grand... Bientôt on ne vit plus dans tout cela qu'une mystification de la police... Personne ne se remua... personne ne partit soit pour le midi, soit pour la Vendée...

Alors............... nous taillâmes nos plumes...

Voilà comme toute la France comprit les évènemens de Marseille;... leur issue ne permettait pas de les comprendre différemment. C'est assez réfléchir et s'attrister sur la fâcheuse issue de ces entreprises et de cette politique... Les légitimistes ne savent pas dissimuler; leur supériorité physique et morale leur rend la dissimulation inutile... Probablement de semblables écoles ne se renouvelleront plus désormais...

A cette heure, Madame est en vue de tout le monde... Elle est en prison à Blaye...

A cette heure les cours d'assises ont à juger chaque jour et les accusés du midi et les accusés de la Vendée...

L'affaire du *Carlo-Alberto* est soumise au jugement d'une cour nouvelle... Les accusés du *Carlo-Alberto* seront renvoyés acquittés... Depuis quelques mois l'opinion publique est bien rapprochée du bon droit; elle est devenue toute généreuse, toute française...

Les jurés sont les interprètes de cette opinion publique... Les jurés savent les circonstances de la capture de ce *Carlo-Alberto*, que le maire de la Ciotat attira dans son port par la plus basse des perfidies... lui homme public, lui investi d'une magistrature nationale invita *à prendre libre pratique*, le vaisseau sarde; il lui proposa aide et protection... cette aide et cette protection étaient une trahison préméditée, lui-même a écrit :

« N'ayant à ma disposition aucun moyen
« pour m'assurer du navire, je fis de mon mieux
« pour l'attirer dans le port. Le capitaine y con-
« sentit enfin, et j'en envoyai sur-le-champ
« l'avis à M. le préfet, en lui annonçant que le
« *Carlo-Alberto* m'avait remis ses papiers, que
« j'aurais bientôt sa chaudière et que mon in-
« tention était de garder ces objets jusqu'à nou-
« vel ordre. »

Déja une trahison... ! Pauvre France... Mais cette capture est plus qu'une trahison; c'est un délit, c'est un acte de piraterie; cet acte de piraterie est prévu par la loi (10 avril 1825)... Cette même loi dit : *Les commandans, chefs, officiers seront punis de mort et les autres hommes de l'équipage seront punis de travaux forcés à perpétuité...*

Voilà pour le *Sphynx*, ses chefs et son équipage...

Quant au *Carlo-Alberto*, il existe aussi une loi qui, supposez même un complot, mille complots, met les passagers à l'abri du coup de la loi...

Jourdan, des Bouches-du-Rhône, résuma

ainsi cette question devant le conseil des Cinq-Cents: « L'ennemi livré par la tempête ou *par un accident naturel* commun à tous les partis est rendu à la liberté; il est absous par le malheur... Ni les fureurs réciproques de la guerre civile, ni les *ordres du ministère*, n'auraient dû empêcher la loyauté française de rendre le lendemain à la mer ce que les flots lui avaient apporté la veille... »

Une loi fut faite : le directoire la sanctionna et la promulgua... Le gouvernement consulaire la fit exécuter par un arrêté portant : « Il est hors du droit des nations policées de profiter de l'accident d'un naufrage pour livrer, même au juste courroux des lois, des malheureux échappés aux flots... »

Signé, Roger Ducos, Bonaparte, Sieyes.

Sieyes et Roger Ducos étaient régicides... Les naufragés de Calais, ceux que cette loi rendit à la liberté, étaient des émigrés, des justiciables...

Eh bien !... en 1832 on trouve cette loi trop généreuse... une loi de la république!

En 1832 nous n'avons pas d'émigrés...

Avant peu la cour chargée de cette affaire rendra un jugement digne de la nation ; le jugement que veut la loi...

Tout a été arbitraire à Marseille lors des évènemens du mois de mai...

Malgré le rideau tiré encore sur tous ces évènemens, la violation commise envers nos citoyens n'en est pas moins patente... Et c'est pour cela que j'ai cru nécessaire cette digression qui toutefois se rattache utilement à la grande cause de Son Altesse Royale Madame... Si cette violation du droit des gens a fait si peu de scandale, c'est que le nom de la fille des rois occupait toutes les bouches... alors on ne voyait qu'elle, que la mère du fils de France...

Chacun suivait de tous ses regards le *Sphynx* et la jeune femme capturée...

On oubliait les prisonniers de Marseille et les prisonniers du *Carlo-Alberto*...

Alors on ne pouvait, on ne devait pas penser à Madame, Madame que l'on disait en Italie, Madame que l'on disait en Espagne, Madame que l'on disait sur le *Sphynx* et dans la Provence...

Pendant ces incertitudes et ces contradictions, toutes œuvres d'agens cachés, toutes œuvres dictées par le machiavélisme de quelques coteries et de la police, Madame est débarquée incognito...

Madame a débarqué à Capri près Marseille.

Ce débarquement est maintenant encore enveloppé d'un grand mystère...J'en ignore le motif.

Beaucoup de versions en ont été et en sont encore données au public... Parmi toutes une vérité certaine a été constatée...

Madame a débarqué en France, dans le voisinage de Capri, dans les premiers jours du mois de mai...

Une seule chose ignorée généralement est le courage immense développé dans cette circonstance, par la mère de Henri.

Après une traversée heureuse, Caroline de Naples aperçoit la rive de France, la rive de la Provence, notre Italie.

Depuis long-temps debout sur le pont du navire, elle se fatiguait les yeux à la chercher... Elle eut une exclamation bienveillante pour le premier matelot qui cria : Terre, terre de France ; elle le gratifia : s'il eut été au pied du mât comme il était en haut, le marin eut pu embrasser la main de la princesse, de la fille de son roi...

Madame répéta elle-même le nom de France, et, à cet appel, les heureux qu'elle avait admis à l'honneur de l'accompagner, l'entourèrent aussitôt et tressaillirent... Une larme coulait dans les yeux de leur royale maîtresse...

Ah ! combien son front rayonnait alors ; combien son regard était sublime ; combien l'espoir et le plaisir souriaient gracieusement sur ses lèvres !...

En vain le vent croissant à chaque instant de vitesse déroulait les boucles de sa chevelure blonde ; en vain il tourbillonnait dans ses vêtemens et les emplissant il semblait à chaque instant la vouloir entraîner ; en vain le tonnerre lointain et les grosses gouttes d'une pluie d'orage l'invitaient à rentrer ; elle ne sentait et n'entendait ni le vent, ni la pluie, ni le tonnerre...

Elle savait qu'elle avait de trop belles et utiles choses à accomplir pour que la Providence l'en voulût détourner... pour que la mort la pût arrêter...

Aussi lorsque la mer, de grosse qu'elle était, devint dangereuse, devint insoutenable ; lorsque depuis long-temps, avarié par les mauvais temps, il fut impossible au navire de soutenir la mer ; lorsque, soit l'imprévoyance du capitaine, soit les retards éprouvés, firent subitement sentir la disette de charbon, et partant l'impossibilité de continuer la route jusqu'à Barcelone la destination et le rendez-vous ; lorsque, après de vains efforts, de vaines prières aux matelots, la noble princesse vit l'impossibilité d'avancer, sur-le-champ elle demanda une chaloupe; elle exigea une chaloupe...

En vain quelques-uns de ses serviteurs lui montrèrent le danger qu'ils n'avaient pas besoin de grossir pour rendre effrayant, la femme leur dit : *Je n'ai pas peur*...

Ils ne trouvèrent pas une parole à répondre... La chaloupe fut mise en mer...

Alors une difficulté nouvelle se présenta... Tantôt serrée contre le navire, tantôt repoussée bien loin de lui, la chaloupe semblait être inabordable et l'était en effet tant la mer s'agitait houleuse et mauvaise... Les matelots eux-mêmes restaient indécis : Madame ordonna...

Madame fut descendue dans le canot... Quelques serviteurs dévoués furent seuls admis à partager ses périls...

Pendant long-temps la fille du roi de Naples, la mère de Henri, la duchesse de Berri, se trouva abandonnée aux flots sur une petite planche et pendant tout ce temps nul n'osa avoir peur... Elle semblait dire aux matelots : *Que craignez-vous? vous portez la paix et la fortune de la France...*

Enfin après de longs et pénibles efforts, elle aborda; elle était sur la rive de la France lors-

4

que le vaisseau sarde, le *Carlo-Alberto*, fut capturé, lorsque le drapeau blanc parut sur le clocher de Marseille...

Si la bonne population de Marseille eût eu connaissance de cette arrivée; si réunis dans les hautes et nombreuses montagnes de la Provence, ses partisans eussent été prêts à la recevoir, bien du sang et des maux eussent été épargnés à la France...

Mais rien de tout cela...

Madame se trouva donc seule, isolée, lors de son arrivée.... elle ne trouva pas même un toit prêt à la recevoir... un instant elle demeura atterrée... bientôt elle revint à elle, et son esprit retrouva toute sa force... elle dit, on m'a trahie... elle dit vrai... elle nomma Holyrood, son fils... la France... Elle resta un instant sans avancer et sans reculer...

Cependant quelques hommes se réunirent... on dit : les mouvemens du Midi ne sont que retardés, retardés, non par le manque d'hommes, d'argent et de courage; mais par un mal-entendu, par une trahison... quelques jours vont suffire pour que les populations se ravisent...

Madame dit : attendons quelques jours; j'attendrai. Je ne sortirai que morte de la France :

je veux retourner à Paris ou sur un char de triomphe ou dans une bierre.

La princesse dit cela et d'une voix tellement énergique que ceux qui l'écoutaient en frisonnèrent. Jusqu'à cette heure, aucune prière, aucune menace n'a pu la faire manquer à cette promesse héroïque...

Pendant plusieurs jours on essaya donc, mais en vain, de faire connaître son arrivée... on refusa d'y croire...

Le pouvoir de son côté mit tout en œuvre pour parvenir, sinon à s'emparer d'elle, du moins à neutraliser sa présence... delà toutes ces soi-disant duchesses de Berri parcourant en même temps et dans tous les sens la France interdite, et croyant tout véritable, tout, excepté la vérité...

Il y a un mois, on sait qu'on se refusait encore à croire en France, son Altesse Royale madame la duchesse de Berri...

Madame la duchesse de Berri comprit bientôt la position du Midi... elle comprit surtout, et sa pensée avait toujours été celle-là, elle comprit que le Midi, tout dévoué, tout généreux, tout entreprenant qu'il était, devait plutôt suivre un drapeau, que le lever... C'était la Vendée qui devait donner le branle...; toujours son

Altesse Royale madame la duchesse de Berri avait eu la volonté de descendre par l'Espagne, et de confier à l'Ouest le premier étendart d'Henri.

Cependant montée et assise dans une charrette, son Altesse Royale Madame entra plus avant dans l'intérieur du pays. Sur cette charrette elle développe un courage nouveau et montra au grand jour sa pensée... Là elle ne se laisse point aller aux reproches et aux inquiétudes... Elle parla de la guerre, de ses vues, de ses espérances avec tant de justesse et d'énergie, que ses guides et serviteurs en demeurèrent surpris et pour ainsi dire jaloux... Ces hommes d'états et les généraux toujours prévenus dans leurs plus sages projets pour les projets plus sages encore de Madame, virent que, dans les circonstances d'alors, ils n'auraient plus que leur épée à offrir et à utiliser...

C'était surtout le sang-froid de la duchesse qui les étonnait... Les gendarmes passaient à chaque instant, jetant leurs regards curieux sur tous les voyageurs de la charrette; parfois ils la faisaient arrêter; plusieurs demandèrent les passe-ports... On en avait, on les leur montra; Madame, la première et sans hésiter... Un d'entre eux le prit, le regarda attentivement, le confronta... laissa échapper une exclamation subite, et ôtant respectueusement son chapeau, il le rendit sans mot dire à la royale voyageuse...

La charrette continua... Le gendarme s'assit contre un arbre du chemin, fermant les yeux et feignant de dormir... L'effroi fut grand et difficile à dépeindre pendant le peu d'instant que dura cette visite... Le visage de Madame demeura impassible et le sourire ne quitta point ses lèvres... mais sitôt après, elle pâlit, on l'entendit répéter... c'est que si une fois ils me tenaient entre les mains, si si... ici elle porta sa main droite à sa gorge et fit un geste tellement expressif que tous frisonnèrent... L'expression de ses paroles avait tant de vérité et d'assurance qu'il ne leur vint même pas à l'idée de combatre cette pensée affreuse...

Elle chemina ainsi plusieurs jours changeant de voiture et ne s'abritant que chez ceux qu'on lui disait être les ennemis de sa cause... Ce choix, lui seul, montrerait tout ce qu'il existe d'héroïsme et de générosité dans le cœur de cette princesse de France...

Aussi tous ceux qu'elle honora de cette sublime confiance, secoués énergiquement par la magie de son nom, révolutionnés par le son de sa voix, tombèrent à ses genoux; tous ils lui promirent un dévouement sans bornes...

Tous les patriotes du Midi furent fiers et électrisés... Ils comprirent que Caroline de Naples, la bonne duchesse était digne de la couronne de France... digne d'eux, puisqu'elle les trouvait digne d'elle...

Après quelques jours d'attente, Madame de Berri monta en voiture, suivie de ses plus dévoués serviteurs. Elle se rendit dans la Vendée, dans la bonne Vendée...

Son Altesse Royale madame la duchesse de Berri parcourut cette distance de deux cents lieues sans se déguiser; à peine en passant dans les grandes villes, elle consentit à voiler son front...

Madame se fit reconnaître plusieurs fois sur la route, chaque fois des émissaires partirent, chargés d'annoncer son arrivée et sa présence... en même temps d'autres émissaires soi-disant revêtus de ses pouvoirs, la démentirent... A Paris même, une semaine entière après cet évènement, rien de la vérité n'avait transpiré...

Chaque jour une jeunesse nombreuse et dévouée se réunissait, incertaine, et ne sachant ce qu'elle devait et pouvait faire... ne sachant s'il fallait partir ou rester...

Chaque jour des ordres contradictoires arrivaient...

Six cents jeunes hommes s'étaient réunis loin de l'enceinte de Paris et s'en allaient gagnant la Vendée, par la lisière presque continuelle de bois et sûrs d'intelligence intérieure dans les pays traversés, lorsque des ordres des chargés de pouvoirs connus leur enjoignirent de rester, de revenir sur leur pas... on prétendait avoir besoin d'eux à Paris... Ils y rentrèrent, ils remirent dans le fourreau ces épées qui eussent été bien utiles à Madame, à la France même... Si Madame eût subitement réussi, Paris n'eût point eu ces évènemens de juin; son état de siège et sa boucherie et noyade du pont d'Arcole... Cette guerre civile qui déja dure depuis deux ans, serait achevée depuis six mois, et déja toutes ces plaies seraient cicatrisées.

Le Midi, l'Ouest et la France entière avaient eu assez de malédictions, assez de fléaux... assez de sang; assez de larmes avaient coulé depuis les déplorables mutations du mois d'août 1830... Le tableau, la simple esquisse en fait frisonner. Si un peintre habile le détaillait avec ses attitudes hideuses, avec sa teinte sanglante, cadavéreuse, les cheveux blanchiraient subitement sur la tête, le sang serait glacé; il en est qui peut-être seraient frappés de stupeur... Dans une seule année seulement dans l'Ouest et le Midi, le bulletin des viols de lois les plus sacrés est effrayant, incroyable : moi-même j'ai eu la conscience de le compter...(1)

Regardez, regardez!...

2,600 Visites domiciliaires illégales.

940 Arrestations arbitraires.

1,147 Sacrilèges et croix abattues.

34 Massacres.

37 Assassinats.

Quand je vous dirais maintenant que toutes ces coupables et infâmes actions, ont été aggravées si fortement par les circonstances qui les ont accompagnées, que leur simple narré fait du mal et bien du mal... et que toutes ces circonstances sont affreuses...

Parmi tous ces traits il en est un que je prends et cite au hasard... c'est un simple interrogatoire... MM. Hugo et Dumas n'ont pas, dans tous leurs drames, une scène à comparer pour l'effet et l'horreur à cette séance de la cour d'assises d'Ile-et-Vilaine...

Je ne l'écris point... je sortirais des gonds...

1° *René Dauvier*. J'étais à travailler dans un

(1) *La Charte de 1830 en actions...* Un fort vol. in-8. Chez Bricon. 5 francs.

champ quand j'aperçus quatre réfractaires qui se sauvaient. On tira un coup de fusil au dernier qui tomba au coup.

D. Combien a-t-on tiré de coups de fusil?

R. Deux.

D. A-t-on tiré un coup de pistolet?

R. Non, on n'a tiré que deux coups de fusil.

D. Combien y avait-il de réfractaires?

R. J'en ai vu quatre se sauver, mais il y en avait un qu'avait arrêté le gendarme. Je ne pouvais pas le voir, parce que l'avoine m'en empêchait.

D. Êtes-vous bien sûr qu'ils n'étaient que cinq?

R. Oui, j'en suis bien sûr; je les connais tous et je pourrais les nommer.

M. le substitut. Nommez-les.

Le témoin les nomme. M. le substitut prend les noms.

M. le président. Quand vous avez passé près d'eux, avez-vous remarqué s'ils avaient des armes?

R. Ils n'avaient que des bâtons.

D. Ils n'avaient point de pistolets?

R. Je n'en ai point vu.

D. Combien les réfractaires ont-ils laissé de bâtons?

R. Trois.

Interrogé sur le même fait, le gendarme Foulon prétend avoir vu une dixaine de bâtons. Il est sur ce point en contradiction avec tous les témoins à charge.

Le témoin. La balle avait frappé au bas du dos et était sortie par le ventre. Les soldats revinrent le chercher *une heure et demie après*, et l'emportèrent à Cornillé. On le *ceintura* avec son mouchoir par-dessus ses vêtemens.

2°. *Pierre Dugré.* J'étais dans un champ à côté de celui où étaient les réfractaires ; ils étoient *cinq*. Je ne leur ai point vu d'autres armes que des bâtons. J'ai vu tirer les coups de fusil ; le premier a été tiré à trente pas et a tué Jamier ; le second a été tiré en l'air.

D. A-t-il été tiré un coup de pistolet?

R. Non, il n'a été tiré que ces deux coups de fusil.

D. Vous avez aidé à transporter Jamier à Cornillé : parlait-il pendant la route ?

R. Oui.

D. Que disait-il ?

R. Il se plaignait beaucoup. On lui demanmandait s'il pardonnait au militaire qui l'avait blessé ; il répondait : Oui, je lui pardonne, si Dieu me pardonne moi-même.

D. Il ne disait point autre chose?

R. Si, il demandait un prêtre.

3° *Pierre Monnerie*. L'officier me força de mener Jamier à Vitré dans une charrette. Je vis à Cornillé la mère et les sœurs de Jamier, qui prièrent en vain le lieutenant de le laisser chez elles. M. le vicaire voulut le confesser sans en obtenir d'abord la permission du lieutenant; mais, un peu plus loin, il monta auprès du blessé et le confessa. Hâtez-vous, lui criait le lieutenant, ce n'est rien, il sera rétabli dans deux jours. Nous nous mîmes en route par un chemin très rude; il y avait des ornières, des rochers, et, dans des endroits, nous enfoncions dans la boue jusqu'aux genoux. Hâte-toi, hâte-toi, me criait à chaque instant le lieutenant. Jamier répandait beaucoup de sang. On aurait pu dans des endroits le suivre à la trace. Ses deux sœurs en pleurs couraient après la charrette, suppliant l'officier de les laisser monter. Il s'y refusa constamment. Nous fîmes ainsi trois lieues, Jamier était mort quand nous fûmes arrivés : *on mit son corps en prison* (1).

---

(1) Presque toute la population de la ville de Vitré, et plus de 1200 personnes des environs ont assisté à l'enterrement de Jamier.

4° *Jean-Marie Bourcier* a conduit Jamier à Vitré, avec le précédent témoin, et donne les mêmes détails. Les malheureuses sœurs ne purent, malgré leurs larmes et leurs instances, obtenir la permission d'adresser à leur frère le dernier adieu. Elles suivirent la charrette jusqu'au Boisbide; l'officier ne leur permit pas alors d'aller plus loin. Jamier n'existait plus.

5° *Sainte Jamier*. Cette jeune fille, qui a versé des larmes abondantes pendant ces débats si pénibles pour elle, est venue raconter, avec les détails les plus circonstanciés, la cruelle agonie de son frère.

« L'officier n'a pas voulu le laisser chez nous. Il ne se sauvera pas, lui disais-je, vous avez des soldats pour le garder; laissez-le-nous, afin que nous le soignions. Il ne voulut pas. Il n'est blessé qu'à la cuisse, disait-il; mon frère s'écriait : Non, ce n'est point à la cuisse; mes boyaux me sortent par le ventre. Ce n'est rien, disait l'officier, dans deux jours il sera guéri. Ah! M. l'officier, dans deux jours il sera mort! Laissez-moi monter que je lui soutienne la tête; permettez que je lui donne à boire quelques gouttes dans un verre que tient ma sœur. Non, disait l'officier; marche conducteur, et hâte-toi. Je suivis la charrette jusqu'à l'endroit où M. le vicaire l'arrêta et monta pour le confesser. Ma sœur s'approcha et le fit boire un peu. L'officier criait à chaque instant au confesseur : Hâtez-vous. Il y avait des traces de sang tout le long du chemin. Je continuai à suivre la charrette en suppliant toujours en vain l'officier de me laisser monter jusqu'à Boisbide, où il nous défendit d'aller plus loin. » Le témoin garde le silence.

M. le président. Avez-vous encore quelque chose à dire ?

R. Il est un propos que l'on m'a rapporté; mais je ne le sais pas par moi-même.

D. Quel est ce propos ?

R. J'ai entendu dire à madame Pettier que l'officier, en l'envoyant chercher, avait dit à ses soldats : *S'il existe encore, achevez-le.* Je ne sais pas si c'est vrai, mais je sais qu'elle m'a dit cela.

6° *Françoise Jamier* donne, avec autant de sincérité que de simplicité, les mêmes détails que sa sœur.

Une personne qui n'est pas assignée lui a dit avoir entendu le lieutenant dire à ses soldats : Allez le chercher, *et s'il existe encore, achevez-le.*

Un juré prie M. le président de lui demander si personne ne lui a conseillé de dire cela.

R. Si M. le président.

D. Dites, ne craignez rien ici; dites qui vous a conseillé de dire cela.

La jeune fille avec fermeté : *C'est ma conscience.*

7° M. *Levieux*, recteur de Cornillé, vieillard presque octogénaire, est introduit et fait la déposition suivante : Je venais d'apprendre ce qui s'était passé, quand, rentrant dans le bourg de Cornillé, transporté d'indignation, je ne pus m'empêcher de reprocher aux soldats toute leur barbarie. Comment, leur disais-je, ces réfractaires que vous poursuivez, ne sont-ils pas vos compatriotes? Comment, vous, qui êtes Français, pouvez-vous vous servir de vos armes contre des Français, et surtout tirer sur des hommes qui ne vous font aucun mal? Ils n'étaient que cinq, ils n'avaient point d'armes, et fuyaient devant vous! Les soldats m'alléguèrent pour toute excuse : Nous leur avions crié d'arrêter. Je m'exprimais avec chaleur, et je leur témoignais tout mon mécontentement. L'un d'eux dit alors : *Ce gredin-là mériterait bien que nous lui en fissions autant.*

8° *Rocher*, vicaire de Cornillé (C'est cet ecclésiastique qui a confessé Jamier.) A toutes les instances qu'il faisait auprès du lieutenant, pour en obtenir la permission, il n'essuyait point de refus formel, mais il n'obtenait point non plus cette permission, et la charrette avançait toujours. Il fut alors obligé d'employer la ruse. Il passa dans un champ, prit les devans, arrêta lui-même la charrette et y monta avant que l'officier, qui marchait moins vite, l'eût rejoint. On le laissa remplir son ministère; seulement l'officier l'interrompait de temps en temps, en lui criant : Dépêchez-vous. Le moribond était fort mal placé dans la charrette. Une personne lui a dit aussi qu'elle avait entendu dire à ses soldats : *Allez le chercher, et s'il existe encore, achevez-le.*

Toutes les autres dépositions ont confirmé ces faits, et cependant ! . . . .
. . . .
. . . .
. . . .

Cette anecdote est passée inaperçue au milieu de mille autres anecdotes aussi affreuses...

Des jeunes filles ont été mises à nu sur les places publiques et leurs frères ont été repoussés alors qu'ils sont venus demander vengeance...

On se souvient encore des massacres de Nîmes et de Tarascon... des massacres continuels de l'Ouest et du Midi... Tout cela s'est passé dans l'Ouest et dans le Midi avant l'arrivée de Madame... Madame n'est pour ainsi dire venue que parce que tout cela se passait dans l'Ouest et le Midi...

En vain M. Barthe, répondant à l'honorable M. Dreux-Brézé, a osé faire l'apologie du pouvoir et de ses actes : partout une voix s'est fait entendre, et cette voix a crié : tout cela est vrai; mais cela n'est pas toute la vérité... Le pouvoir a fait tout cela; mais il a fait une fois pis que cela. Et l'on s'étonne de la guerre civile qui use notre France; et l'on dit que nous sommes les fauteurs de cette guerre civile. La France se fait la guerre civile... Nous nous tuons, nous nous massacrons à plaisir, comme autrefois nous brûlions nos chaumières et nos châteaux...

Comme aussi nous payons des assassins, nous avons payé Louvel. Pourquoi n'avez-vous pas dit cela, M. Barthe !...

CHAPITRE III.

Mouvemens. — Son Altesse Royale Madame. — La Penissière brûlée. — Ordres et contre-ordres. — Nantes.

En peu de jours, dans tout le Midi et dans toutes les communes du Midi, des drapeaux blancs sont arborés ; chaque clocher d'église a le sien ; le château d'Avignon lui-même a le sien. Personne ne s'avance pour les renverser : seule, l'autorité s'emporte ; en vain elle implore l'aide de la garde nationale ; les drapeaux restent, mais le peuple ne se soulève pas ; il ne prend point les armes, il rit, il chante ; c'est le peuple du Midi !...

Cependant les différens chefs se rassemblent ; ils discutent, ils n'agissent pas ; nul ne va dans les villes, et, profitant de l'incertitude publique, ne crie : Suivez-moi, marchons, Madame de Berri vous demande ; elle est là, Madame de Berri, parmi vous !

Ils croient avoir tout fait, alors que çà et là ils posent des pavillons.

Madame de Berri, ainsi que nous l'avons dit, traverse la Provence et la quitte ; elle la quitte parce quelle voit que sa présence y devient inutile : elle est en Provence comme si elle n'y était pas. Une fois elle se nomme ; cette fois on refuse de la reconnaître, on ne veut pas croire Madame dans le Midi : on n'a point averti, on n'a point dit de prendre les armes ; ainsi donc, rien de tout cela.

Pendant ce temps, des agens vont jusqu'en Vendée ; ils y vont sans prendre un instant de repos ; ils y voient les principaux chefs, leur donnent les ordres de la princesse, et reviennent sur-le-champ.

La princesse est déjà en route ; elle voyage à petites journées.

Au retour des agens, elle fait diligence ; elle ne s'arrête pas, mais elle ne se cache pas.

Elle va non à Paris, qu'irait-elle y faire ? elle va en Vendée. Elle est en Vendée !... Ah ! combien son cœur de princesse est joyeux et fier alors qu'elle est au milieu de ces populations héroïques.

Là ce ne sont plus ces seigneurs au langage fatigant d'adulations; c'est un peuple, un peuple franc et bénévole; il ne danse point, il prie!...

Hélas! sur quelle terre pourraient danser les gars de la Vendée; la poussière que leurs pieds feraient voler est la poussière de leurs frères. Il n'est pas un pied de terre en Vendée qui n'ait enseveli son héros, qui ne garde son cadavre; pas un village qui n'ait eu sa bataille et ses martyrs!

A chaque tournant de route, à chaque trouée de bois, on rencontre une pierre tumulaire, un tertre de gazon, une croix de bois : en Vendée, *tout pour Dieu et le Roi*. Avec Dieu et le Roi on est le peuple des géans....

Le peuple des géans! C'est ainsi que l'homme de la guerre, Napoléon-le-Grand, les nommait, ces peuples dont les fourches et les sabots firent, font et feront toujours miracle!

A peine arrivée sur la lisière, à la première croix, Madame descendit et s'agenouilla... Caroline de Naples, la duchesse de Berri, se mit à deux genoux sur la terre; ses mains étaient jointes et fortement appuyées contre sa poitrine; ses yeux, tout humides et brillans, étaient tournés vers le ciel : elle priait ; tous ceux qui l'accompagnaient et les paysans accourus répétèrent sa prière.

Elle fut courte et simple cette prière de la fille des rois; mais elle fut bonne, suave, sainte: elle fut pour son fils et pour la France. Hélas! peut-on prier pour l'un sans prier pour l'autre?...

Je vais vous la dire cette prière, afin que nous aussi nous la répétions après les bons Vendéens. Ecoutez! la voilà :

« Sainte Vierge! mère de notre Sauveur, Marie, la plus contristée et la plus sublime des mères, veillez sur nous et protégez notre sainte cause! Sainte Vierge, protectrice de la France, ne l'abandonnez pas; rendez son nouveau sauveur à la France. Bonne Vierge, mère de Dieu, sauvez la France! »

Bien des fois déjà cette prière a été redite dans la Vendée, et, chaque fois, elle a rendu le courage à ceux-là qui espéraient en elle : la prière fait tant de bien!

Après ces paroles consolantes achevées, Madame se leva; mais tous les assistans demeurèrent à genoux, les mains jointes et suppliantes; ils semblaient demander une bénédiction... La duchesse tendit la main, et bientôt s'éloigna pleine d'espoir en son Dieu et en ses Vendéens...

Sur-le-champ de nouveaux messagers partent encore, allant de châteaux en châteaux; ces messagers disent de se tenir prêts à un soulèvement, parce qu'au premier moment on va donner le signal d'un soulèvement...

Tous ceux qui reçoivent ces avis sont remplis d'aise, parce que depuis long-temps ils sont prêts; parce que leur patience commence à se fatiguer... Depuis près de deux ans on leur ordonne la paix..., on leur ordonne de mettre dans le fourreau leur épée..., de cacher leur drapeau, leur Christ même...

Puis, l'on était las de vexations; et si on ne lui eût pas promis la venue de Madame, chaque commune eût réuni ses bandes.

Alors..., on leur dit : Madame arrive... Ils répondent : Enfin !!!... Le jour, l'heure, tout est convenu, décidé...

La veille de ce jour un grand conseil est réuni... Madame y parle; elle parle comme le doit une princesse, la mère d'un fils de France, la mère de Henri de Bourbon... Son discours n'est point long; mais chacune de ses paroles part du cœur et va au cœur... Elle parle de la France, de son fils, et encore de la France...

Entre autres belles et grandes choses, elle a dit :

« C'est au nom de mon fils et pour le salut
« de la France que je viens, moi, mère et
« princesse de France, me mettre à votre tête,
« m'associant à vos dangers et à votre gloire;
« je viens pour rétablir les lois et la paix; je
« viens pour sécher les larmes des orphelins,
« et pour faire gagner son pain à l'ouvrier;
« je viens pour rendre à l'armée sa gloire, au
« commerce sa prospérité, à la nation entière
« ses couleurs; je viens pour tout cela, et je
« ferai tout cela, mon fils régnant et vous tous
« m'aidant... Je renverrai dans leurs foyers
« toutes les classes appelées extraordinaire-
« ment sous les drapeaux. Il faut de jeunes
« bras pour ensemencer les champs; il faut
« toujours laisser un fils à son vieux père...
« Je diminuerai les impôts; je changerai en-
« tièrement celui des vins et son mode de
« perception : tous les citoyens contribuables
« seront admis à un nouveau mode d'élection...
« Mère d'un jeune roi, je m'environnerai d'un
« gouvernement de jeunesse. Mère du fils de
« l'armée, je veux avoir des soldats et non des
« courtisans... Instruite par l'expérience, je
« dirai avec mon peuple : Plus d'habits de

« cour...; je dirai avec la France, tout pour la
« France et par la France...

« Que Dieu nous aide, et dans peu nous au-
« rons fait lever le siége que quelques factieux
« font à la France, et nous planterons sur
« toutes ses villes le drapeau de Tolbiac,
« de Bouvines, de Rocroi, de Fontenoi, de
« Navarin et d'Alger... Alors, comme aujour-
« d'hui, nous crierons : *Vive Henri!...* » L'assemblée entière répéta *Vive Henri!* elle dit
aussi : *Vive la duchesse de Berri!!!*

Dans ce discours, Madame parla aussi de la
guerre étrangère, et une sainte indignation emplit ses paroles; elle dit : Arrière, arrière
les étrangers ! S'ils venaient en France, moi-
même, à la tête de mes braves, j'irais me jeter
sur la frontière, et je leur dirais : Vous n'êtes
venus en France que dans les temps d'usurp-
pation, dans les temps des ducs de Bourgogne
et des ducs de Mayenne, princes félons; que
dans des temps où la France n'a pas eu de roi
légitime. Mais aujourd'hui arrière; je suis la
mère de Henri.

Ces nobles et généreuses pensées trouvèrent
des échos dans toutes les âmes et les firent vibrer délicieusement... Pourtant celle-là qui les
prononçait était proscrite; et à l'instant même,

pendant qu'elle parlait ainsi du bonheur et de la gloire de la France, les impôts de la France étaient confiés au premier forçat libéré qui se faisait fort de la capturer. Les impôts de la France devaient payer les têtes des braves que Caroline de Naples associait à son entreprise...

Après de graves et lumineuses discussions le conseil se sépara, et Madame fut se reposer, non pas dans un château, mais sous un chaume.

Madame alla frapper à la porte d'un paysan; elle lui demanda un escabeau pour s'asseoir, du pain bis et de l'eau pour se nourrir, un lit pour se reposer... Elle voulait partager tout avec ses bons Vendéens... Là, elle attendit...

Cependant le bruit de son arrivée retentit à Paris...; à Paris donc on s'assembla, on discuta, on se fâcha, on se divisa.

Les uns, pleins d'un dévouement sans intérêt et partant sans bornes, approuvèrent la mère de Henri Dieudonné; ils voulaient l'aller aider de leurs bras et de leurs richesses. Les autres, irrités de n'avoir point été consultés, trouvèrent tout mal, imprudent, ridicule; ils mirent tout en œuvre pour tout faire échouer.

Vêtus d'un passé honorable, investis d'une grande confiance, les premiers pour ainsi dire dans le parti, tant que le parti n'avait eu besoin que d'avocats, d'écrivains et de courtisans, ces hommes de la restauration s'assemblèrent et se constituèrent le parti de la France entière...

Ils dirent : Madame de Berri n'est point en Vendée...; Madame de Berri veut qu'on reste à Paris... On ajouta foi à leurs paroles...

Hommes de la doctrine et de la routine, ils ne comprenaint pas une entreprise qui sortait de la routine et de la doctrine... Puis on ne les avait pas consultés; puis on ne les avait point initiés au conseil de régence... Puis on ne leur avait point promis une présidence du conseil, une épée de connétable, une recette générale... Tout devait manquer, tout devait être funeste...

Un d'entre eux part; il va trouver Madame, il l'aborde, il lui dit au nom de tout Paris ce que six de ses habitans ont décidé. Grande donc est sa surprise, lorsque daignant répondre à toutes ses objections, Son Altesse royale les réfute; lorsque développant ses vues, Madame le convainc de leur justesse, lorsque lui-même ne peut s'empêcher de dire, lui qui est venu pour tout arrêter : *Je croyais n'avoir à parler qu'à une femme, je vois qu'il y a quatre héros en vous.* Ce même homme se tournant alors vers un général présent, lui dit :

Général je n'ai plus qu'à vous obéir, je suis votre soldat.

Le jour marqué pour le mouvement arrive. Des communes entières se lèvent... mais seulement quelques communes. Un homme connu quittant Madame a enjoint à plusieurs chefs réunis de retarder le mouvement; cet homme a ordonné cela de la part de Madame... son nom en impose, on ne bouge pas.

Alors commence cette lutte inégale, cette lutte affreuse dont l'histoire parlera long-temps, dont les cendres des châteaux seront le monument; alors jaillissent les premières étincelles de cette véritable guerre de partisans, de cette guerre long-temps annoncée et devenue inévitable.

Le gouvernement de Louis-Philippe, servi dans les mouvemens de la Vendée comme il l'a été dans ceux du Midi, déploie sur-le-champ des forces imposantes... Il inonde la Vendée de troupes; il y établit dans toutes ses horreurs l'arbitraire de l'état de siége.

Alors le sang coule.... les prisons sont encombrées, et un Vendéen fait prisonnier est fusillé à Rennes, fusillé par ordre, fusillé de sang-froid, fusillé par des soldats compatriotes. Il se nomme Caro.

Pendant ce temps, il advient que les généraux Solignac, Ordener et Rousseau ont en lassitude de ne pouvoir pacifier les populations de l'Ouest; ils ont en lassitude de ne pouvoir les vaincre; alors donc ils se ravisent : il est ordonné aux officiers commandant les détachemens ne ne faire aucun quartier aux chouans, de ne point faire quartier à quiconque oserait porter les couleurs *proscrites*. Voici ce qu'ordonnent les généraux français. Il leur est obéi, obéi à la lettre, et au-delà même de la lettre....

La Vendée a ses tables de proscription comme autrefois les eut la Rome de Sylla, comme les eut aussi la France de Robespierre et de Philippe-Joseph Égalité!

Aussi dans tous lieux des combats affreux sont livrés, et leurs champs de bataille sont laissés couverts de cadavres!

A La Roche-Servières, près Bourbon-Vendée, après un combat sanglant contre une division entière, commandée par le général Rousseau, deux cents Vendéens sont restés morts, mais pas morts sans vengeance. Au milieu d'eux, une jeune fille a fait miracle et a reçu la mort.

Pendant plusieurs jours, des cadavres sont trouvés dans des champs de blé!

Tous les prisonniers vendéens sont massacrés, l'armée à la cocarde tricolore a été obligée de reculer : elle était deux fois plus nombreuse; elle marchait avec du canon contre des fourches et des couteaux de chasse. Montaigu a eu aussi son affaire.

Partout des héros se montrent; le nombre et les armes de leurs ennemis ne les effraient pas. Les Vendéens ne comptent leurs ennemis que lorsqu'ils sont morts. Les noms de la vieille Vendée retentissent avec les noms de la Vendée nouvelle. Diot, le chef des bandes, et Charrette, le général, marchent ensemble et sont fiers l'un de l'autre. Pendant que la Vendée se remue ainsi, le Midi songe à l'imiter.

Les populations se réunissent, et partout l'irritation est grande. On voit enfin que l'on a été joué, et l'on veut s'en venger.

Alors donc les drapeaux blancs sont arborés dans plusieurs villes; le moindre prétexte motive une insurrection.

A Béziers, un détachement de dragons va stationner à la porte des Carmes : une foule d'agriculteurs y est réunie. A chaque instant elle grossit; les cavaliers la dissipent par la force; leur chef précipite son cheval sur cette foule, il dit : « Chargeons sur *ces brigands !..* » Dès lors un échange d'injures et de menaces, bientôt un échange de coups....

Le colonel de la garde nationale, en habit bourgeois, se trouve là par hasard; il se nomme, cherche à apaiser le désordre; l'officier, sans respect pour la double décoration qui brille sur la poitrine du colonel, dirige contre lui la pointe de son sabre! elle est détournée par le prompt mouvement d'un brave passant, ancien militaire ; ce brave est atteint au bras. En ce moment la foule se répand en vociférations, s'arme de pierres, et en charge les dragons, qui prennent la fuite; quelques-uns franchissent d'abord les banquettes de l'esplanade, puis chargent la foule à coups de sabre : un enfant est blessé à la tête.

Cette affaire et mille autres semblables demeurent sans résultats, parce que aucun chef n'est là pour les diriger. Enfin des chefs arrivent; ils sont porteurs de proclamations. On confie ces proclamations à des émissaires : parmi elles on distingue celles-ci :

Proclamation de Madame la duchesse de Berri, régente de France.

« Vendéens! Bretons, vous tous, habitans
« de fidèles provinces de l'Ouest, ayant abordé
« dans le Midi, je n'ai pas craint de traverser

« la France au milieu des dangers pour ac-
« complir une promesse sacrée, celle de venir
« parmi mes braves amis partager leurs périls
« et leurs travaux ; je suis enfin parmi ce
« peuple de héros. Ouvrez à la fortune de la
« France. Je me place à votre tête, sûre de
« vaincre avec de pareils hommes. Henri V
« vous appelle ; sa mère, régente de France,
« se voue à votre bonheur ! Un jour Henri V
« sera votre frère d'armes, si l'ennemi menaçait
« notre fidèle pays.

« Reprenons notre ancien et nouveau cri :
« *Vive le Roi! vive Henri V!*

« *Signé* MARIE CAROLINE. »

Imprimerie royale de Henri V.

Ordonnance concernant l'armée d'Afrique.

« Henri, etc.

« Considérant que par la conquête d'Alger,
« l'armée d'Afrique a vengé le drapeau na-
« tional et bien mérité du pays, et que les fu-
« nestes événemens de 1830 l'ont empêchée de
« recevoir les justes récompenses que lui avait
« décernées notre auguste aïeul ;

« De l'avis de notre mère bien aimée,

« Nous avons ordonné et ordonnons ce qui
« suit :

« Art. I. Sont accordés aux militaires de
« l'armée d'Afrique les grades et décorations
« qui avaient été régulièrement demandés
« pour eux par le maréchal commandant en
« chef dans les mois de juin et juillet 1830.

« II. Une gratification de trois mois de solde
« est accordée à tous les militaires de l'armée
« d'Afrique, conformément à la demande,
« faite au mois de juillet 1830, par M. le ma-
« réchal commandant en chef.

« Pour le roi : *Signé* MARIE CAROLINE. »

Imprimerie royale de Henri V.

Ordonnance portant licenciement de l'armée.

« Henri, etc.

« Considérant que l'effectif actuel de l'ar-
« mée est hors de proportion avec les res-
« sources de l'Etat, qu'il est onéreux pour les
« contribuables et nullement rendu nécessaire
« par nos relations avec les puissances étran-
« gères,

« Nous avons ordonné et ordonnons ce qui
« suit :

« Art. I. Les jeunes soldats des classes de
« 1818, 1819 et 1820 sont autorisés à se retirer
« dans leurs foyers.

« II. Tous les fonctionnaires civils et mili-

« taires demeurent personnellement respon-
« sables des obstacles qu'ils apporteraient à
« l'exécution de la présente ordonnance.

« *Signé*, MARIE CAROLINE.
« *Régente de France*, »

Imprimerie royale de Henri V.

Ces proclamations, répandues dans les campagnes et les villes, répandues dans les troupes, y produisent l'effet désiré, lorsque définitivement la partie est remise... Madame l'a ordonné.

Madame voit les terribles suites d'une levée de boucliers sans ensemble..... Madame voit que c'est du sang répandu inutilement...... Alors elle-même a ordonné de remettre l'épée dans le fourreau... On a reçu de Madame des lettres qui l'enjoignent; mais on ne croit pas à sa présence en France; sans cela les populations n'eussent peut-être point obéi. Cet ordre a été donné en Vendée et dans le Midi, avant le siége de La Pénissière. C'est pour cela que nul en Vendée n'est venu au secours de La Pénissière.

Cependant la police fait aussi ses proclamations : contente des trésors qu'elle a dans la Vendée, elle ne peut se résoudre à la solde de disponibilité.

La police, non point cette police nécessitée

chez un peuple civilisé; non pas cette police qui rend sûres les nuits et par les routes des bois et par les rues des villes, cette police contre les voleurs et les assassins; mais la police politique, la police des provocations, est établie sur de larges bases dans les départemens de l'Ouest et dans la Vendée surtout.

Les artisans et infâmes de la rue des Prouvaires et des tours Notre-Dame, les tueurs soldés du pont d'Arcole, sont campés au milieu de la Vendée; ils y commandent : on ne les a point campés sur leur coûteux pied de guerre, afin de finir la guerre, soit par la guerre, soit par la conciliation; leur mission est de faire des coupables et de livrer des coupables.

Leur mission est une mission de travestissemens et de mensonges, une mission de lâchetés et de trahisons.

C'est pour surveiller et peut-être administrer toutes ces choses, que Maurice Duval est envoyé à Nantes, préfet de Nantes. Maurice Duval est digne du haut poste qui lui est confié; Maurice Duval ne reste point en arrière des premières preuves qu'il a données, preuves qui lui ont mérité sa haute fonction.

La mission confiée à Maurice Duval est digne de lui; Maurice Duval est digne de sa mission.

Alors donc tout a été mis en œuvre, tout a été essayé; on a fabriqué des compagnies de réfractaires, réfractaires qui ont ordre de livrer ceux-là qui leur donneront asile, ceux-là même qui leur donneront le pain et l'obole du pauvre. Cheminant sous tous les déguisemens, Protée à mille formes, prêtres, femmes, seigneurs, agens cachés, les hommes de la police ont à cœur de gagner leurs traitemens et honoraires. Cet emploi, tout dégoûtant qu'il est, n'est pas le plus dégoûtant des emplois donnés à la police de la Vendée.

Une pensée infâme la dirige, pensée de boue, pensée d'abomination; cette pensée la voilà : corrompre les femmes et les jeunes filles; entraîner ces femmes et jeunes filles dans les œuvres de chair et dans les débauches, corrompre leurs cœurs confians et faibles; les façonner pour le vice et les livrer au vin et à l'impureté; ils savent que le vin et l'impureté tuent l'âme et le corps. Ne pouvant dompter la Vendée par la force des armes, ils veulent la suspendre et l'user. L'état de siége jeté sur la Vendée lui assure l'exécution de cette pensée et lui en promet l'impunité.

Cependant, en dépit de toutes ces menées et de toutes ces machinations, la Vendée est encore pure et vierge; la Vendée est encore fidèle et dévouée à sa sainte cause. Des millions ont été en vain dispersés. Les plus utiles capacités de la préfecture de police et des bagnes ont en vain été mobilisées ; rien n'a été changé dans la Vendée. Les missionnaires de juillet ont volé leur argent...

Les saintes croix sont toujours debout au tournant de toutes les routes ; les églises sont toujours pleines, toujours les prêtres sont respectés...

Les prêtres!! La police en veut par-dessus tout aux prêtres, parce qu'elle connaît la confiance qui les environne, parce qu'elle sait que si les prêtres le veulent l'Ouest entier se lève tout en armes...

D'abord les envoyés de Paris ont cherché à les gagner ; ils les ont entourés de séductions et de mensonges. Ces séductions et ces mensonges ont été inutiles.

Voyant leurs derniers efforts perdus, un autre plan de campagne a été imaginé contre eux. A chacun d'eux est donnée une douzaine de surveillans, épiant leurs actions, écoutant leur discours et suivant tous leurs pas. On ne peut les rendre ni pour ni contre le pouvoir. Alors la police les veut saisir ; elle veut les compromettre bon gré mal gré.

6.

Jamais fait d'armes plus brillant et plus affreux n'a rempli et attristé nos annales...; jamais plus d'acharnement, plus de rage n'a été montré et poussé plus loin...

Pendant plusieurs jours, des femmes, des vieillards, des enfans, sont venus remuer les cendres encore chaudes de La Pénissière incendiée... Leurs mains cherchaient dans ces décombres ardens encore les cadavres de leurs époux, de leurs fils et de leurs frères... Ces cadavres tout mutilés, à moitié consumés par les flammes étaient retirés, hideux à voir, et tous blessés par devant... C'étaient ceux-là aussi qui, frappés par la mort, avaient serré convulsivement leurs armes dans leurs mains et ne les avaient point abandonnées... Ceux-là aussi conservaient sur leur figure de mort, les uns la rage, les autres la sérénité du martyre. Tous étaient Français.

Ah! combien de larmes ont été répandues, combien de jeunes filles ont arraché leurs cheveux! Combien de soldats ont frappé leur poitrine! Ah! qu'il est affreux le lendemain, sur un champ de bataille, lorsque l'amour-propre et non la haine arme le bras et tue!...

Ah! combien la bataille est affreuse lorsque ensemble, la veille, assis à une même table, buvant à une même coupe, souvent frères ou amis d'enfance, le lendemain on se bat, on se massacre !!..

Le château de La Pénissière renferme madame la duchesse de Berri. Le pouvoir le sait. Le pouvoir veut avoir madame la duchesse de Berri. Sur-le-champ six cents hommes de troupes sont envoyés, un fort détachement de garde nationale les suit à distance respectueuse. L'armée est de mille hommes, elle vient investir le château de La Pénissière.

A son approche les portes se ferment; cinquante hommes sont là, armés, prêts à mourir. Madame est parmi eux. On prie Madame de se retirer, elle refuse; on se jette à ses genoux, elle refuse encore. Elle veut assister au combat... Alors on saisit Madame, on l'entraîne, on la porte dans une ferme distante, on l'y enferme, et la fusillade commence. On veut vaincre ou mourir.

Cinquante militaires marchent en avant, et cinquante militaires tombent frappés mortellement. Les gardes nationaux se retirent.

Les soldats s'élancent tous, ils veulent venger leurs frères, et ils tombent sur leurs cadavres. En vain des brèches sont faites, la mort, partout la mort... Les Vendéens ne se rendront pas....

Alors les gardes nationaux se ravisent, ils ne reviennent point au combat l'épée à la main. Ils jettent l'incendie à La Pénissière. L'incendie se propage, les flammes sont affreuses... Alors on combat au milieu des flammes; alors le tocsin branle et appelle le secours des communes voisine; alors une musique harmonieuse se fait entendre dans le château... Puis... puis... les défenseurs ont disparu. Le champ de bataille est laissé aux flammes.

Pendant cette lutte affreuse, Madame fut dans une agitation difficile à décrire : chaque décharge de mousqueterie, dont le vent lui apportait le bruit, retentissait cruellement à ses oreilles et contractait son visage... Ses bons et vaillans soldats meurent !

Plusieurs fois son pied frêle vient secouer les battans de la porte qui la retient prisonnière; plusieurs fois joignant ses mains et suppliante comme un enfant, elle demande la liberté, elle demande La Pénissière. Plusieurs fois aussi elle se laisse aller aux emportemens d'une sainte colère...

Enfin, lorsque la journée fut achevée, lorsque la nuit fut noire, sa porte fut ouverte, deux de ses nobles guides se présentèrent : l'un deux est blessé et couvert de sang... c'est un paysan.

Madame veut le panser elle-même, elle trempe son mouchoir dans le sang coulant encore, et déchirant en deux son mouchoir elle fixe l'un de ses morceaux sur la poitrine du brave, et renferme l'autre dans son sein, sans parler, elle est trop émue...

Cependant elle quitte son asile, elle marche long-temps, et plusieurs jours encore elle veut partager le sort de ses bandes courageuses et à chaque instant diminuées par le fer et le feu.

Elle va au Chêne, au Chêne illustré par une sanglante et glorieuse bataille. Elle va dans un autre endroit, et toujours elle trouve des dévouemens et des bras.

Pourquoi n'a-t-elle pas pu aller dans tous les villages? Pourquoi, avec un courage infatigable, n'a-t-elle pas des forces infatigables?... Elle eût triomphé..., elle eût triomphé de ses ennemis armés, elle eût triomphé de la trahison.

Mais le ciel ne l'a point permis... Dans la Vendée comme dans le Midi, un génie funeste a arrêté les vues les plus belles, a fait avorter les plans les mieux conçus...

La Vendée a compté de nouveaux martyrs, lorsqu'elle eût dû avoir des sauveurs... C'était une épreuve nouvelle; puisse-t-elle être la dernière!...

Après cette héroïque défense de La Pénissière, Madame presse davantage son départ.

Madame sait que le pouvoir veut s'emparer d'elle, et que pour la défendre mille affaires partielles vont être engagées ; que bien du sang va couler...

Aussi après quelques journées de peines, de périls et de gloire ; après s'être vue obligée, pour éviter ses ennemis, à s'abriter jusque dans un trou pratiqué dans un fumier... Caroline de Naples, duchesse de Berri, régente de France, sous un tas de fumier !!! Après s'être ainsi abritée, après avoir tressailli, étouffé, sous les pas des visiteurs, après avoir passé une nuit entière, jusqu'à la ceinture, dans un marais ; elle, femme délicate, élevée soigneusement et mollement, passer une nuit dans un marais, et ne point y mourir !... Tout dans cette femme tient au miracle ; cette femme est le miracle de la femme...

Après avoir partagé long-temps la bure et le pain noir de ses bons gars, Madame quitte enfin la Vendée, mais non point la France...

Madame a dit : *Je ne quitterai pas la France*... Ni les menaces, ni les persécutions ne peuvent l'y contraindre...

Or donc, il est de la police de rendre les

prêtres en butte à tous les genres de provocations. On met des affiches sur toutes les murailles, et sur ces affiches on lit : Quiconque osera l'arracher sera fusillé.

Appel aux armes.

« Habitans de la Vendée, il est temps de
« se soulever contre le gouvernement de Louis-
« Philippe; quiconque voudra l'assassiner sera
« bien récompensé. » (*Quotidienne* et autres journaux.)

Telles sont les paroles qui, imprimées, paraissent au point du jour sur une maison du village de Saint-Paul.

Le premier, le curé vient à passer; il s'arrête, lit, et plein d'indignation il arrache la proclamation coupable.

Caché près de là, aux aguets, un homme voit le curé; il le voit chiffonner dans ses mains et serrer dans sa poche la provocation infâme... Sur-le-champ et en grande hâte, il court en donner avis : un détachement fait diligence, et le curé est fouillé, arrêté....

Sur tous les autres points de la Vendée des scènes semblables se renouvellent à chaque instant, à chaque instant le sang coule.

Les grandes routes étaient couvertes de citoyens arrêtés, garrottés et cheminant vers les villes à pied, entre des gendarmes, ainsi que cheminent les voleurs et les homicides... Les vexations de tous les genres, toutes les vexations inexprimables étaient mises en œuvre... On savait que les mouvemens devaient se faire : on voulait les avancer ; on voulait les précipiter, afin de les priver de l'ensemble nécessaire à leur réussite...

Depuis plusieurs jours, il n'était bruit que de bandes nombreuses et armées... On parlait de rencontrer des combats... Dans tous les villages, sur tous les clochers, des drapeaux blancs apparaissaient nuitamment... On voulait continuer l'insurrection...

Après même l'ordre de la suspension d'armes, plusieurs affaires eurent lieu, et ces affaires furent nécessitées par les provocations et vexations, elles furent nécessitées par des meurtres.

Parmi tous ces meurtres, il en est un qui a retenti dans la France et l'a remplie d'horreur : ce meurtre est celui de Cathelineau...

Ah! moi, j'ai connu ce brave et loyal porte-drapeau de la garde, ce fils d'un martyr et martyr lui-même...

Je l'ai vu, père désolé, s'agenouiller devant l'autel de Dieu et prier pour son fils, pour son pauvre fils que la maladie dévorait... Son fils est mort...; il a été rejoindre son fils, le héros vendéen!...

Un detachement de troupes arrive à la Chaperonnière, se précipite dans un grenier... Un métayer le reçoit; il refuse de lui répondre; il refuse de livrer les hommes que l'on cherche inutilement chez lui... Alors on le garrotte, on lui bande les yeux, on va le fusiller... Le premier commandement est fait : le métayer ne dit mot... Alors une trappe se lève, et une voix crie : Arrêtez, me voici; je me rends... Alors aussi une détonnation se fait entendre, la trappe retombe violemment... L'homme qui se rendait a été tué, tué d'un coup de feu, tué par l'officier qui commandait le détachement.

Cet officier, ce misérable a nom Regnier... Ce Regnier a été chassé de l'école de Saint-Cyr, chassé ignominieusement... Je l'ai connu à l'école de Saint-Cyr.

Si le meurtre de Cathelineau a fait du bruit, et si on en a parlé long-temps, le siége et l'incendie de La Pénissière resteront dans la mémoire des Français tant qu'il existera des Français...

Cependant madame de Berri s'arrête un instant incertaine. Partout on demande madame de Berri ; on la demande dans le midi, dans la Bretagne ; on demande madame de Berri à Paris, à Nantes, à Lyon, à Marseille. Tout est prêt pour la recevoir dans ces différentes villes. Plusieurs fois on la dit arrivée dans ces différentes villes, et la police le croit. La police a perdu sa trace.

Gonzalgue Deutz, celui qui l'a trahie, celui que la police de Paris a chargé de veiller sur elle, a pour la seconde fois été entraîné sur les pas d'une femme étrangère.

A Massa, Deutz a suivi les traces de la femme mystérieuse et voilée. Deutz, revenu de son erreur, a fait la diligence. Il a rejoint Madame de Berri, il la suit. Le pouvoir attend pour se saisir d'elle qu'elle ait compromis ses plus chauds et plus habiles partisans.

Deutz, à peu de distance, suit ses pas dans le midi. Avec elle il arrive dans la Vendée.

La voiture de Madame s'arrête dans une auberge, dans une ville : Madame descend de sa voiture; Madame entre dans l'auberge. Deutz attend ! Deutz observe tout, caché près de là....

Bientôt après, Madame remonte dans sa voiture ; le postillon fouette ses chevaux ; on part;

on fait force de marche. On arrive à Nantes. Deutz se présente alors : ce n'est pas Madame! Deutz est mystifié pour la seconde fois; Madame est sauvée.

Deutz a dit lui-même dans ces temps-là : Cette femme fait des miracles.

La police a perdu les traces de Madame, alors qu'elle songe à quitter les bois du Bocage et les chaumes de ses bons Vendéens. A Paris, les agens de Madame la demandent à grands cris; mais Madame se refuse à leurs prières empressées. Madame ne veut point aller à Paris. Madame n'a point été à Paris. Madame ne veut point promener une vie aventureuse et romanesque. Madame a tant de nobles pensées dans la tête, que celle d'aller au Gymnase ne lui vient pas. Supposer cette pensée à Madame, c'est l'injurier. Je ne comprends donc pas quel a été le but de ceux-là qui, dans leurs écrits, se sont plu à travestir ainsi à chaque occasion et son corps et son âme? Madame n'a pas été jalouse d'aller à l'enterrement du général Lamarque. Madame n'a jamais eu pour le général La-Lamarque que les larmes qu'elle a pour tous les Français, que les larmes qu'elle aura toujours pour ses ennemis, pour le duc d'Orléans lui-même.

Madame de Berri veut la jeunesse pour appui. Mais le général Lamarque et les hommes du général Lamarque ne sont pas la jeunesse de France. Les immuables de la république, du directoire, de l'empire et de la restauration ne sont pas la jeunesse de France ; ils ne sont pas la jeune France...

Mais ce n'est aujourd'hui ni l'heure ni le lieu de relever ces inconséquences, ces inconséquences qui font saigner le cœur de la prisonnière de Blaye plus cruellement que les plates plaisanteries du *Corsaire* corrigé. Il y a assez de miracles et de prodiges dans la vie de Madame, sans qu'il soit besoin d'appeler à son aide le burlesque et le fantastique.

Madame de Berri, après quelques instans d'hésitation, se rend aux instances de sa noble et courageuse compagne, mademoiselle Stilie de Kersabiec. Elle va à Nantes.

Bien des hommes, lors de l'arrestation de Madame, ont tourné sur Nantes des regards effrayés ; ces hommes ont dit : Qu'allait faire à Nantes Madame ? Pourquoi avoir choisi Nantes ?

Ces hommes, sans doute, eussent eu en grande aise et approbation la venue à Paris de la bonne duchesse ! Jamais plus malencontreuse pensée n'a pu venir à ces hommes... Eux-mêmes, eux qui inculpent le voyage à Nantes de Madame de Berri, eussent-ils offert leurs hôtels et leurs nobles filles au service de Madame de Berri ?

Eux, au sortir d'un hiver passé dans la jubilation et les fêtes; eux, avec leur fortune usée en galas et colifichets, eux piliers des Tuileries, et chaque semaine allant y guetter ou la poignée de main du père, ou le rire niais du fils, eussent-ils pu recevoir, aider même la bonne duchesse ?... A cette heure encore, après la catastrophe; à la veille de la crise, ils n'ont qu'une parole; cette parole est tout leur dévouement, et cette parole, la voilà : *C'est un grand malheur !!*

Mais ces hommes n'ont point pris leur caisse, leur hôtel, leur fortune tout entière, disant : Duchesse de Berri, mère de Henri, tout cela est à vous ! Ils n'ont pas, rappelant leurs fils oublieux de leur drapeau, leurs fils qui peut-être n'ont fait que leur obéir, ils n'ont pas dit à leurs fils : Vous marcheriez contre la duchesse de Berri, la mère de Henri !

Et ces hommes se disent royalistes ! et ces hommes parlent de dévouement ! et ces hommes regrettent que Madame ne soit pas venue à Paris !

Madame à Paris! et qu'y eût-elle fait? dans ce Paris infâme, ce Paris de boue, de sang, ce Paris de malédiction et de crime, ville impure d'un peuple impur, Sodôme que consumera la flamme du ciel ; Paris, ville vendue, ville de commerce et de fraude, ville à moitié peuplée d'espions et de filles de joie? Mort et carcan à Paris!

Madame à Paris! Et de quelle utilité sa présence eût donc pu y être? Eloignée de sa bonne Vendée, éloignée de la mer, elle n'y eût été à portée de rien entreprendre. Et puis ceux-là qui demandaient Madame désiraient s'en emparer; ils voulaient l'avoir en monopole... Pauvres gens! Madame a donc été à Nantes, parce qu'elle a eu besoin de repos ; parce qu'elle a eu besoin de pouvoir tout préparer, tout organiser, non pas pour prolonger la guerre civile, cette guerre qu'on lui a déclarée ; mais pour l'arrêter par le déploiement complet de ses forces... C'est à Nantes qu'au nom de son fils, Caroline de Naples, duchesse de Berri, a voulu faire un appel à la nation.

CHAPITRE IV.

Vie de Madame à Nantes. — *Sa politique.* — Ses vues. — Sa conduite avec Holyrood. — Un envoyé à Holyrood.

La Loire était paisible et semblait dormir dans son lit : nulle rame, nulle roue de navire ne la fatiguait et ne la sillonnait d'écume et de fumée; le ciel était pur; l'air tiède de juin, les fleurs de la rive, les arcs de triomphe çà et là répandus, les jeunes filles attentives, parées, riantes, blanches, roses, semblables au loin à des guirlandes suaves : les hommes d'armes avec leurs armes reluisantes et éclairant au soleil; tout était beau, joyeux, noble, solennel. Madame de Berri était attendue; Madame de Berri venait : quels cris d'allégresse suivirent les deux bords de la Loire; cris semblables et comme partant d'un même cœur, se faisant alors entendre et se répondant prompts et spontanés. Tous les yeux sont attachés sur le même point; on attend, on cherche dans l'horizon le premier nuage de cette vapeur jamais tant désirée. Chaque fois qu'on la croit apercevoir, et quand elle paraît, la rive semble s'ébranler, trépignant des pieds et jetant une grande clameur de joie... On voit la femme royale debout sur le pont, simple, et la plus simple parmi toutes les femmes... Bientôt elle est dans le port; elle est dans Nantes, la bonne ville de Bretagne : elle est au milieu de ses bons Bretons...

Une foule immense s'exhausse, se groupe en amphithéâtre, battant des mains sur les talus des quais et sur les marches du cours Saint-Pierre, elle couvre de couronnes Anne de Bretagne et Arthur III, comme si elle les croit obligés de prendre part à la fête de leur bonne princesse et de leurs bons Bretons...

La bonne duchesse madame de Berri, *appuyée sur le bras du comte de Ménars*, traverse cette foule enivrée, lui souriant et répondant avec grâce et bonté. Bientôt la nuit venue, la ville s'allume; elle est en feu...

Le terme expiré, Madame quitte sa bonne ville; elle dit à la bonne jeunesse, jalouse de l'accompagner : « A mon retour, je vous retrou-
« verai, messieurs, je sais que je puis compter
« sur vous! » (Relation du vicomte Walsh.)

Telle fut la première entrée de Madame dans la capitale du vieux duché de Betagne. Cette entrée eut lieu le 23 juin...

Le 28 juin madame de Berri vint encore à Nantes, et cette fois la ville et ses habitans sont parés de telle sorte que de loin on croit voir une corbeille de mousse verte, corbeille pleine de lis et de roses, et puis aussi des lauriers, puis des arcs de triomphe, et sur ces arcs de triomphe madame de Berri lisait : *Des lis pour nos Bourbons! des lauriers pour Henri! des roses pour Louise!* Et puis ailleurs sur des arceaux de verdure, *Nos fleurs, nos fruits et nos cœurs sont à Madame.* Cette fois encore des cris de joie, et bien de la joie; cette fois le spectacle, les chants d'amour, les danses; cette fois aussi des récompenses et de bonnes œuvres; cette fois encore le bras du comte de Ménars pour soutenir la royale princesse, la bonne duchesse...

Et voilà le voyage du 28 juin 1828.

En juin, en 1832, Madame revient encore

à Nantes ; mais, cette fois, plus d'arcs de triomphe, plus de peuple se pressant sur la rive en lui tendant les bras...

Pourtant c'est toujours la même princesse, la même ville, le même peuple, le même amour... Mais la révolution a passé par là. Madame de Berri, la bonne duchesse, la mère de Henri est proscrite ; la mère de Henri rentre seule, voilée, mais toujours s'appuyant sur le bras du fidèle comte de Ménars.

Combien le cœur de la fille des rois a été péniblement contristé alors qu'elle a revu cette ville de Nantes, cette Nantes qui la voyait fugitive, déshéritée, poursuivie, elle, princesse jadis fêtée, idolâtrée, et dont la soldatesque armée, celle que l'on envoya à sa poursuite, eût été trop heureuse de baiser les pieds.

Caroline de Naples, la Dame de Berri, la bonne duchesse, la fille et la mère d'un Bourbon, traverse ces rues, couvertes aujourd'hui de boue, comme autrefois elles l'étaient de fleurs : comme alors les murailles ont leurs proclamations du pouvoir, autrefois d'amour, de dévouement, maintenant de haine et de persécution.

Combien cette pensée est cruelle ; en vain M. de Ménars l'en veut distraire, à chaque instant un souvenir est réveillé ; à chaque instant elle rappelle à son fidèle guide les acclamations qui l'accueillirent, les députations qu'elle reçut, les complimens auxquels elle eut à répondre...

Cependant Madame, tout affectée qu'elle est, ne se laisse point aller à la douleur. Au lieu de l'abattre, ses souvenirs l'encouragent, lui donnent de nouvelles forces...

Madame espère en Nantes...! Elle a reçu tant de témoignages de fidélité de cette bonne cité, qu'elle compte sur elle. Aussi elle l'a prise pour sa demeure ; mais son cœur seul ne l'a point guidée dans son choix.

Nantes est entre la Vendée et la Bretagne ; Nantes est le centre et pour ainsi dire le foyer de ses bonnes campagnes...

Assise sur la rive droite de la Loire, au confluent de l'Erdre et de la Sèvre, touchant et s'allant pour ainsi dire baigner dans la mer, à Paimbœuf, Nantes était dès long-temps la ville qui souriait davantage au projet de la duchesse de Berri.

Grande, pullulant de population, ville de commerce et de passage, ville d'étrangers et de nouveaux visages, Madame y pouvait établir un centre de relations et de gouver-

Telle est la ville que Madame la duchesse de Berri a choisie... Là dans une maison simple, bâtie près du fort, près du cours Saint-Pierre, elle passe des journées tranquilles, et pendant long-temps elle met en défaut la surveillance de la police... Nul ne serait venu chercher Madame la duchesse de Berri dans l'hôtel Duguiny.

Là, voisine de la préfecture, voisine des généraux, porte à porte avec le château de Nantes, elle voit chaque jour défiler devant elle toute la force armée. Chaque jour elle voit passer les gardes montantes, les cortéges municipaux, les bandes de l'émeute.

Souvent, cachée derrière la mousseline de ses rideaux, la noble princesse s'est prise immobile et en contemplation; la noble princesse regardait la foule allant et venant dans cette rue, où jadis des fleurs étaient répandues sous ses pas, dans cette rue qu'elle avait parcourue triomphante, dans les temps de la France heureuse...

Maintenant la noble princesse ne reconnaît plus Nantes, ni son peuple... Nantes était parée et vraiment revêtue de ses habits de fête alors que la mère du jeune Henri la vint visiter... Nantes retentissait d'actions de grâce et de joie... Le peuple de Nantes levait le front haut, battait des mains, il exhaussait ses enfans en bas âge ; il les présentait à la noble duchesse, comme autrefois les peuples de Jérusalem lors du passage du Dieu sauveur.

Madame songe à tout cela, et son cœur se serre parfois. Il se serre surtout lorsqu'elle entend son nom scandaleusement crié par les rues. Lorsqu'elle se voit lâchement calomniée... Les calomnies lui sont bien cruelles ; mais elle s'en console alors qu'elle en voit les infâmes auteurs repoussés par la main du peuple, ne trouver d'abri que près de l'autorité. Le cœur de Madame se serre aussi en comptant la foule immense des malheureux, qui, estropiés, vieillards ou enfans, cheminent demandant leur pain quotidien.

Bien des fois ouvrant subitement sa fenêtre, elle leur a jeté une aumône généreuse ; combien de fois elle les a vus s'arrêtant stupéfaits devant son offrande et hésitant à la ramasser, parce qu'elle leur semble trop lourde, parce qu'elle leur semble une erreur !..

Parmi ces pauvres, il en est une classe que son cœur affectionne par-dessus toutes, c'est la classe des ramoneurs.

Pauvres, sobres, intelligens, ces jeunes enfans sont ses bonnes œuvres... Madame les appelle ses *petits orphelins!*...

Bien des fois elle les interroge, bien des fois après les avoir interrogés, elle les embrasse... Elle est mère!...

Madame a perdu tous les usages de l'ancienne cour... Elle ne veut rien qui sente l'ancienne cour... Seule, habitant une mansarde grossièrement tapissée et meublée, c'est dans cette mansarde que la fille du roi de Naples, la femme du duc de Berri, la mère de Henri-Dieudonné, passe ses journées, occupée aux études les plus graves et les plus pénibles... C'est là qu'elle se peint dans sa correspondance, dans cette correspondance qui remplit d'admiration les souverains de l'Europe. Là, on entre sans se faire annoncer; on s'assied sur un siége auprès de son siége ; on interroge, on répond, on se donne des soins, on est ami, ami dévoué, ami à la vie, à la mort. Madame est si bonne, si douce, si miraculeusement bonne et douce!.. Tout le monde mange ensemble, mais ce monde n'est point nombreux... Ce sont les deux demoiselles Duguiny, Pauline Duguiny et Marie-Louise Duguiny, toutes les deux dévouées, toutes les deux fières de la confiance de Madame, toutes les deux n'ayant pas hésité à en accepter toute la responsabilité, sûres qu'elles étaient de leur courage et de leur force. Avec les deux demoiselles Duguiny, mademoiselle Stylie de Kersabiec : fille de parens nobles et connus dans les anciennes guerres de la Vendée comme dans les nouvelles, elle n'a point démérité... Elle femme, elle a tant fait, que l'on a presque oublié ses nobles parens jetés dans les prisons, et à cette heure encore fuyant, dans l'étranger, la hache du bourreau levée sur leur tête.

Le nom de Kersabiec est à jamais gravé dans les fastes de la fidélité et du courage, et je suis fier d'avoir un Kersabiec pour ami...

M. Guibourg, l'illustre et courageux avocat de Rennes, est un des heureux admis dans cette intimité. M. Guibourg est caché sous le même toit que Madame, sa tête est aussi proscrite et condamnée, cette tête qu'une évasion des prisons de Nantes a enlevée au sac de la guillotine... M. Guibourg se montre digne de sa maîtresse autant qu'il est possible de s'en montrer digne.

Le premier et le plus ancien auprès de Madame, M. de Ménars, homme de cour, mais homme de cœur et de fidélité, a mérité sa part de gloire et de félicitations.

Telles étaient les personnes admises dans l'intimité de la duchesse de Berri : les personnes qui partageaient avec elle l'hôtel des demoiselles Duguiny..... Là elles habitaient comme en famille, parlant toujours de la France et rien que de la France... Et Madame de Berri travaillait avec une assiduité sans seconde. Tous les jours assise à sa petite table, dans sa mansarde, elle étudiait, elle étudiait l'histoire de l'Europe, l'histoire de France surtout.

Parmi tous les règnes de notre histoire de France, parmi toutes ses phases, il en était quelques-uns qu'elle affectionnait surtout : le règne de Charles VII, le règne de Henri IV et autant que ces deux règnes les guerres de la Fronde. Elle trouvait tant de rapprochemens, tant d'exemples, tant de conseils dans ces guerres de la Fronde... Là aussi un jeune Roi, un Roi mineur, porté dans les bras de sa mère, fuit loin de Paris, barricadé et fou...

Dans cette guerre de la Fronde, l'étendard de la révolte est levé à l'instant où la glorieuse prise de Lens est connue à Paris... Les cloches déjà ébranlées par le *Te Deum*, sonnent bientôt le tocsin... Lens et Alger !!

Ces deux victoires de la royauté ont donné

le signal de la révolte, de la barricade, de l'expulsion d'une dynastie, d'un jeune Roi, d'une princesse régente; et, s'il m'en souvient, le Roi mineur va rentrer triomphant, lorsque une fille d'Orléans fait tirer le canon de la Bastille, et oblige, de la part du duc d'Orléans, son père, le jeune Louis-le-Grand à se retirer.

Madame de Berri étudie donc, par-dessus toutes les autres, cette époque de notre histoire de France; elle la discute, elle en prend des extraits de sa propre main. C'est de sa propre main que Madame la duchesse écrit tout: lettres d'amitiés et lettres d'affaires, projets, plans, proclamations, elle fait tout elle-même, elle écrit tout elle-même, elle fait l'œuvre d'un manœuvre.

Jamais dans son travail Madame ne profère une plainte, un seul mot de plainte. Elle se brise au travail...

Bien des fois ses hôtes lui ont offert de l'aider dans sa correspondance, dans ses écritures; elle les en a remerciés. Quand elle écrit, elle seule est compromise, elle seule; Madame ne craint rien pour elle; elle craint tout pour ses amis.

Madame étudie aussi notre langue française, cette langue si difficile, si originale, si incorrecte. Madame l'étudie avec un soin remarquable. Elle veut la bien parler, la bien écrire, et avant peu ses progrès étonnent et passent la pensée.

Elle parle et écrit tout aussi bien qu'aucune personne de France.

C'est ainsi qu'elle passe toutes ses journées, mais seulement ainsi, Madame ne sort pas; *elle ne court pas les rues et les promenades de Nantes !!.*

Un seul motif la fait sortir, ce motif est la religion... Elle fréquente une église : toutes les semaines elle va ouïr la sainte messe dans cette église. La prière n'est pas un devoir pour elle, c'est un besoin, une consolation.

Elle prie, les deux genoux sur la pierre et les mains jointes... Elle prie sainte Anne, sa patronne, la patronne des Bretons.

Cependant le pouvoir se livre à de vaines et ridicules recherches, dans les châteaux et dans les chaumières de la Vendée... Il veut avoir Madame; il veut effrayer Madame; il veut la forcer à se retirer, à fuir : tous ses efforts sont déjoués.

Le pouvoir va donc partout, arrêtant les correspondances, forçant les portes, prenant les habitations d'assaut.

Chaque jour a une visite domiciliaire nouvelle; chaque jour a ses violations de droit et ses victimes... M. de Montalivet est président du conseil des ministres...

M. de Montalivet trouve que pour parvenir à ses vues les tribunaux ordinaires sont insufsans, il crée des tribunaux exceptionnels. Paris et la Vendée sont en état de siége. L'état de siége! il est placardé sur les murailles; il est confié aux soldats de la solde et de la patente; il est confié à l'épée des sergens de ville. Subitement une tête tombe brisée par des balles : cette tête tombe à Rennes, Caro est condamné sans appel. Pauvre jeune homme!..

Bien d'autre sang a coulé avant le sang de Caro, mais jamais un tribunal ne s'en est jusqu'à cette heure assumé la terrible responsabilité.. Caro est condamné à mort, condamné à être fusillé, condamné par un conseil de guerre!..

M. de Montalivet, cela ne fait pas mal au cœur...

En apprenant cette mort, son Altesse royale est cruellement émue : plusieurs fois elle répète le nom de Caro... Le soir la royale princesse ne l'oublie pas dans sa prière à Dieu. La fille des rois prie pour Caro.

Ce n'est pas à la mort seule de Caro que madame de Berri donne des regrets : les noms des autres courageux et nobles martyrs sont bien souvent dans sa bouche ; Madame prend intérêt à se faire conter dans tous leurs détails leurs exploits et leur mort. Dès que l'on nomme à madame de Berri un serviteur mort pour elle, madame de Berri a grande hâte de demander s'il laisse des enfans, désireuse qu'elle était de pouvoir les reconnaître et les récompenser.

Tous les jours madame de Berri rêve d'œuvres courageuses, utiles et bienfaisantes. En vain des messages fréquens lui donnent avis des poursuites faites contre elle par les ministres de Paris et par la police de Paris... En vain elle sait sa tête mise à prix ; en vain elle voit Nantes et la Vendée entière confiées à un Vidoc, à un Carlier, à un Maurice Duval, elle ne s'en émeut pas : elle a dit qu'elle était en France, et qu'elle y resterait.

Cependant des lettres arrivent, et dans toutes ces lettres des menées infâmes de police sont dénoncées. Une police tout entière, une police nouvelle est expédiée dans le but unique de l'effrayer, de l'obliger à partir. On comprend que sa capture serait d'un grand embarras. M. de Montalivet a d'ailleurs à cœur de ne point déplaire aux dames de Neuilli, et les dames de Neuilli ont en souvenance que la duchesse de Berri est leur nièce et parente. Ces dames connaissent assez les chances des événemens pour reculer devant la juste rigueur des représailles. Aussi l'on fait long-temps des tentatives faibles et pour ainsi dire dans la seule pensée de satisfaire les clameurs de l'opposition.

Après tout, l'on sait que par cette persécution on oblige son Altesse royale Madame, à se renfermer dans un cercle étroit; Madame n'est donc point un drapeau!...

Mais en revanche, si l'on n'est pas avide de se saisir de la royale proscrite, du moins met-on le comble aux vexations dont on afflige ceux-là qui, par leur beau caractère, semblent avoir dû mériter davantage sa confiance.

Toutes les ressources de l'inquisition constitutionnelle sont mises en œuvre contre eux; contre eux la république et l'empire fournissent leurs lois, leur arbitraire et leurs décrets sanglans. A Nantes et dans toute la Vendée une loi de suspects est faite. On demande des têtes.

Cette pensée affreuse a seule arrêté la courageuse duchesse dans la foi et l'audace de son entreprise; seule, cette pensée l'a obligée à une prudence dont rien ne peut la faire dévier. La bonne duchesse de Berri aurait eu toute sa vie à remords les peines et les mauvais traitemens éprouvés pour elle par un de ses dévoués serviteurs. Pour cela, Madame écrivait elle-même toute sa correspondance, pour cela elle communiquait avec peu, avec très peu de monde. Aussi, toutes les tentatives, perquisitions et vexations du pouvoir furent ridicules, injustes et sans fondement, comme elles furent sans résultats; comme elles l'eussent été long-temps encore sans la sacrilége et infâme trahison de Deutz.

Parmi les perquisitions et vexations, il en est une dont il a été fait grand bruit et grand scandale en France, parce que depuis des années rien de semblable n'avait été imaginé...

Un couvent de femmes, le couvent de la Visitation, est pris d'assaut.

Le 12 septembre, *à quatre heures du matin,* les clairons et les tambours retentissent dans la caserne, les soldats sont appelés aux armes.

Les sapeurs la hache nue, les soldats les fusils chargés, les guidons aux vents, se mettent en marche; mais alors les tambours et les clairons cessent. On marche en silence.

Dès la première lueur du matin les généraux

se sont réunis. Ils ont parlé d'un siége, d'une surprise, d'un assaut. Ils ont discuté la question avec sang-froid et prudence. Le siége, la surprise et peut-être l'assaut vont être tentés.

L'armée est partie; elle arrive.

Sur l'heure un cordon est établi; personne ne pourra s'échapper...

Une fausse attaque est dirigée sur la porte principale. On est désireux d'y attirer l'attention de la garnison, que l'on suppose dormant encore. En effet la garnison dort; la garnison n'entend pas les coups violens dont on meurtrit la grande porte. Les sentinelles des portes ne répondent qu'à la seconde sommation; on va avertir le chef, on va chercher les clés, qui chaque soir lui sont confiées; on prie d'attendre, d'attendre de grâce et sans colère.

Pendant que tout cela se passe à la grande porte, la porte du jardin est attaquée vigoureusement. Deux sapeurs et une compagnie du brave 52e la battent en brèche, et malgré son opiniâtre résistance, la mettent en éclats.

Pendant ce temps des balistes sont appliquées aux murailles, et bientôt un de leurs pans est abattu.

Alors donc l'armée entière s'élance, établit ses postes avancés, se répand victorieuse dans les jardins, dans les cours et dans la forteresse. Or cette forteresse est un couvent de femmes, c'est la Visitation.

Toutes ces opérations ont été faites avec tant de vitesse et de courage par les assiégeans, que les pauvres religieuses sont encore couchées, dormant en paix sous la foi de la charte, sous la protection du pouvoir et de son armée...

Les religieuses se lèvent enfin ; on les réunit dans une chambre, et là, les voiles bas, on leur fait subir un interrogatoire ; on les insulte par des gestes et des paroles; on veut les fouiller; on cherche la duchesse de Berri !

La supérieure, la noble et courageuse dame de La Féronnais, s'y oppose. On veut visiter chaque cellule ; madame de La Féronnais dit : *Mes sœurs, couchez-vous devant vos portes; ces messieurs marcheront sur nos corps.*

Ce sang-froid les arrête ; alors ils se contentent de chercher ; ils cherchent bien ; on leur a promis 100,000 fr. On cherche des souterrains, des chouans, des canons. On trouve une cave, des jeunes filles en prières et des crucifix. On y trouve aussi de la honte, de la mystification ; tant de honte et de mystification, qu'un officier dit tout haut, alors que l'armée se retire : *J'aimerais mieux me retrouver dans les affaires meurtrières où j'ai couru les plus grands dangers, que d'être contraint a assister à de pareils exploits.*

Cette visite n'est pas la seule. Chaque jour a la sienne, et le cœur de Madame de Berri en saigne. Mais son plan est arrêté et tout est mis en œuvre pour le pouvoir exécuter. Tout serait achevé maintenant sans le vice qui dès le premier jour a fait avorter les projets les plus sages et les mieux conçus. Dès nos premières pages nous l'avons laissé entrevoir, et le jour viendra bientôt peut-être de le dire hautement.

Cependant, tandis que Madame travaille ainsi à Nantes, ses chargés de pouvoir, tous agissant dans des sens différens, s'endorment, pour ainsi dire, et ne comprennent ni la position de leur maîtresse, ni la position de la France, ni leur position à eux-mêmes. Ils ne font rien, rien du tout.

Alors les légitimistes se réunissent; ils trouvent qu'il est temps enfin de sortir de cet état d'incertitude; qu'il est temps de savoir quel est le drapeau et qui tient le drapeau.

Les légitimistes veulent savoir si le roi Charles X, si son fils, M. le Dauphin, prétendent encore au trône de France; s'ils y prétendent, considérant leur abdication annulée, parce qu'ils l'ont faite conditionnelle, parce que les conditions n'ont point été remplies.

Les chargés de pouvoir agissent les uns pour Holyrood, les autres pour Henri V. Les uns disent : Sa Majesté Charles X, vu les formes et les clauses de son abdication, peut encore revendiquer la couronne. Les autres, et leur nombre est plus grand, disent que la légitimité est telle que nul, pas même le roi régnant et l'héritier du roi régnant, ne peuvent s'en démettre en faveur de qui que ce soit. Ils peuvent s'en démettre, mais seulement s'en démettre.

L'abdication conditionnelle a donc, suivant eux, été un attentat à la légitimité et à ses droits ; une initiative funeste pour nous : nous nous rangeons entièrement et sans restriction dans cet avis. Il n'appartenait pas plus au roi Charles X qu'aux quarante citoyens réunis dans la Chambre des Députés, d'appeler en leurs noms à eux soit Henri V, soit Louis-Philippe au trône. La loi salique existe.

La légitimité n'était pas la volonté de Charles X ; l'élection nationale n'était pas la majorité de ces quarante imposés éligibles...

Ces discussions étaient agitées dans le parti, et y maintenaient une dissidence et une incertitude funestes... On y obvia.

Il fut résolu qu'un envoyé partirait pour Holyrood. Cet envoyé eut mission de sonder la volonté de la cour d'Holyrood.

Des instructions précises lui furent donc confiées, et bientôt après il fut à Holyrood.

La mission était grave et difficile. Elle était grave par ses conséquences, elle était difficile vu la réserve et le respect qu'une vieillesse malheureuse imposait. Dans les premiers instans, cette visite ne semblait qu'une visite de cœur, qu'un pélerinage de souvenir.

Le Français venait saluer les exilés royaux; il venait mettre aux pieds du jeune Henri ses vœux et les vœux de la France; il venait voir par lui-même ce jeune enfant, cet enfant royal, dont on dit tant de bien, dont on raconte tant de miracles.

Cependant il ne tarda pas à s'adresser à Charles X lui-même. Il lui demanda quelles étaient ses intentions. Charles X répondit avec sa bonté naturelle : *La question qui m'est faite est d'une gravité telle, que si toutefois je juge à propos d'y répondre, ce ne pourra être qu'après de mûres réflexions. Quand le temps en sera venu, je vous en ferai donner avis...*

L'envoyé se retira.

Bientôt M. le duc de D...s le vint aborder et

lui dit : Vous avez bien embarrassé Sa Majesté Charles X, et, sur l'honneur, il n'avait pas encore eu à répondre à une question de cette haute importance. Cependant, comme vous venez au nom de nos amis de France, il leur sera répondu par votre entremise, mais dans quelques jours seulement. En attendant, éloignez-vous, voyagez, allez en Ecosse, allez partout où vous voudrez ; le roi le juge nécessaire.

On convint d'un nombre de jours. L'envoyé partit, se promena, revint ; mais Charles X ne s'expliqua pas positivement. Charles X se résuma ainsi : *Un Roi de France n'a qu'une parole. Je ne la renouvellerai pas.* Mon fils et moi nous avons abdiqué.

M. le duc de D...s ajouta, en reconduisant l'envoyé : *Sa Majesté Charles X ne peut pas réitérer son abdication; il ne peut pas la formuler de nouveau, parce que cet acte serait un acte de souveraineté, acte qui lui est interdit dans tout pays allié de la France...* Ce fut là tout.

L'envoyé revint en France ; il revint en France plein d'un enthousiasme nouveau, plein d'un saint enthousiasme pour le royal orphelin, pour cet enfant miraculeux, pour cet Henri-Dieudonné...

Aussi, à son retour, s'il n'a pas une conclusion définitive à apporter, du moins il donne tant et tant de jolis et précieux détails sur l'enfant de la France, tant d'anecdotes charmantes, tant d'œuvres pieuses et nobles qu'on est satisfait.

Moi-même je l'ai entendu conter, et parmi tout ce que je lui ai entendu conter, il est un trait qui, peu connu, doit l'être davantage. Le voici :

« L'envoyé avait mis aux pieds du jeune prince l'hommage de son dévouement sans bornes. Alors le jeune prince lui dit : *Grand merci de votre bonne visite et de votre dévouement. J'en garderai mémoire et j'en userai au besoin. Mais vous devriez bien me dire votre nom, parce qu'alors je l'écrirais sur la liste de mes bons amis.* Le jeune prince écrivit le nom de sa main, puis le déchirant il dit : *Écrivez-le vous-même, je vous donnerai le mien en échange.* Cela fut fait...

L'arrivée de l'envoyé et sa réponse produisirent cependant un effet assez heureux parmi les royalistes de France. Madame de Berri devenait dès lors le centre de tout. Mais où était Madame de Berri?

Hélas! on ne savait pas que tandis que toutes ces questions étaient agitées, Madame de Berri, la fille des rois, habitait seule, isolée, une mansarde, une humble mansarde. On ne savait pas qu'elle ne quitterait pas la France, quoi qu'il lui en pût advenir. On ne comprenait pas encore jusqu'à quel haut degré elle portait le courage et l'héroïsme.

Personne, ceux-là qui l'approchaient exceptés, personne ne comprenait Madame de Berri.

On la savait bienfaisante, spirituelle, courageuse, mais on ne la croyait que cela. On regardait cette princesse et maîtresse comme une femme et princesse à la hauteur de son siècle, mais pas davantage. On se trompait; on se trompe encore, si l'on croit à cette heure avoir la mesure de son génie ! Cette femme, cette femme frêle, délicate, est le bras et l'âme de la légitimité ! Attendons...

Seule, à la fois le bras et l'âme de son parti, Madame de Berri a dignement compris sa responsabilité ; Madame de Berri a été mère et Française... : comme mère et Française elle n'a reculé devant aucun péril, aucune fatigue, aucun travail ; Madame de Berri, la fille du roi de Naples, est devenue le premier soldat de Henri-Dieudonné ; elle est devenue son porte-étendard.

Aussi c'est sur elle seule que tous les yeux ont été tournés. Henri V et Caroline de Berri ont été le cri de ralliement de la Vendée et du Midi. Tous les chefs vendéens se sont adressés à elle et à elle seule ; tous s'y adressent encore.

Le nom de Madame de Berri suivra toujours celui de son fils, Henri-Dieudonné.

Aussi, Nantes est devenu le lieu de réunion, le rendez-vous des personnes placées avant dans les secrets de la cause.

La plupart de ces personnes ne communiquent pas directement avec Madame, parce que Madame ne communique directement avec personne ; parce que, depuis son arrivée à Nantes, Madame n'a vu et n'a voulu voir que ses compagnons. Tout a été fait par l'entremise de ses compagnons et par lettres écrites par Madame. On a jugé cette précaution nécessaire, parce que Madame de Berri ne sort pas du tout.

Mais Madame de Berri sait tout ce qui se passe, tout ce qui se dit ; mais Madame de Berri dirige tout.

Madame de Berri lit soigneusement les feuilles publiques, étudiant leur système et se complaisant à les discuter.

Souvent son Altesse royale se prend à rire

en recevant toutes les proclamations ridicules qui lui sont lâchement attribuées. Son Altesse royale se prend à rire en apprenant toutes les aventures, toutes les rencontres, toutes les conversations dont on se plaît à enrichir toutes les journées de sa vie.

Si Madame de Berri rit parfois, souvent aussi elle gémit Elle gémit surtout. alors qu'elle voit ses bonnes intentions méconnues et partant repoussées ; elle gémit alors qu'elle entend un ministre de son oncle, Louis-Philippe d'Orléans, insulter impunément à la famille de ses anciens rois ; alors qu'elle entend aussi le cher cousin, le duc de Chartres, l'apostropher dans ces mots malheureux : *Les folles et coupables tentatives de la race déchue.* Race déchue ! ! !

Son cœur de princesse et de parente en est bien peiné ; princesse, elle leur avait fait accueil de bonne parente ; maintenant sa tête est mise à prix.

Mais si elle a ses déplaisirs, parfois ses lèvres sourient ; elle avait dit : *Les d'Orléans sont de si bonnes gens!* elle a une joie, un instant de fête. *Les bonnes gens !!!*

Le nombre chaque jour grossissant de ses dévoués serviteurs, la remplit d'aise et de consolation. Les lettres de son fils font prendre patience à son impatience de mère. Elle fête son fils ; elle fait la Saint-Henri de son fils. Le bouquet que Caroline de Berri offre à son fils est une aumône générale. Caroline de Naples reçoit le bouquet que ses amis les bonnes gens ont fait pour lui, Henri. Le bouquet le voilà :

« Français (1),

« C'est aujourd'hui la fête de Henri, de vo-
« tre roi légitime, qu'un perfide parent a
« chassé du trône de ses pères. Louis-Philippe
« en s'emparant d'une couronne que ne lui
« donnaient ni son droit, ni le vœu de la nation,
« est devenu le plus odieux de tous les usurpa-
« teurs. Pour comble de malheurs, depuis deux
« ans, rien n'a pu compenser cette criminelle
« spoliation. Il vous avait promis, Français, de
« vous donner la liberté, de faire prospérer vo-
« tre commerce au dedans, et la paix au dehors,
« mais loin de là !... Vous avez mille fois moins
« de liberté qu'avant, les prisons regorgent de
« captifs pris dans tous les rangs de la société;

---

(1) La *Quotidienne* du 16 juillet 1832 et autres journaux du jour.

« votre commerce est mort, votre industrie pa-
« ralysée, vos arts méprisés. Enfin, la guerre
« civile désole vos provinces, et à l'extérieur
« la honte et le mépris poursuivent votre nom,
« et la guerre menace de ravager et de ruiner
« la France : Louis-Philippe a donc été et sera
« toujours un obstacle à la paix, à l'union et
« au bonheur de tous.

« Français, un seul espoir vous reste, sa-
« chez le saisir ! Non loin des rives de la France,
« sur une plage hospitalière, grandit un jeune
« enfant riche de vertus, d'avenir et d'espéran-
« ces. C'est l'unique rejeton de tant de rois
« qui ont fait la gloire de votre patrie et le
« bonheur de vos ancêtres. C'est Henri, cin-
« quième du nom. Il va atteindre sa douzième
« année, et tous les hommes qui ont eu le bon-
« heur de le voir et de l'approcher depuis deux
« ans vous ont dit qu'aucun enfant de son âge
« n'était aussi instruit, aussi avancé, ne pro-
« mettait autant. Son esprit est vif et péné-
« trant, sa figure ouverte, douce et charmante,
« sa mémoire prodigieuse, sa force et son
« adresse remarquables ; son caractère décidé,
« mais excellent ; son cœur surtout, son cœur
« est bon et aimant, c'est celui de son aïeul
« Henri IV.

« Oui, Français, ce cœur est plein d'amour
« pour vous, Henri exprime ce sentiment à
« chaque occasion qui se présente. Mais c'est
« un enfant, dit-on, cet enfant c'est plus qu'un
« homme, c'est un principe, c'est un gage de
« paix et de réconciliation. Son cœur innocent
« et pur n'a connu ni la haine ni la vengeance.
« Qui donc pourrait le haïr lui-même? Enfin
« dans un an, Henri sera majeur, et d'ici là,
« n'avez-vous pas son héroïque mère, cette
« courageuse duchesse de Berri, qui est venue
« déjà pour vous délivrer des malheurs qui vous
« accablent, qui est venue se jeter dans vos
« bras, s'offrant à vous avec son fils, pour
« vous préserver de l'invasion étrangère! Fran-
« çais, réfléchissez, là seulement est l'espoir,
« votre salut, là seulement est le véritable hon-
« neur ; revenez à votre roi légitime, rappelez
« Henri V, et vous connaîtrez encore des jours
« de gloire, de bonheur et de prospérité. *Vive*
« *Henri V !* »

Elle aussi, la bonne mère, Caroline de Naples, la fille des rois, seule, isolée, elle fête
la Saint-Henri, la fête de son fils et roi. Elle
fait de bonnes œuvres, et comme elle, toute la
France fait de bonnes œuvres. La France s'u-
nit d'intention à la bonne duchesse.

Ce jour-là, le 25 juillet, toute la Vendée prend, pour ainsi dire, ses habits de fête : la Vendée chante ses chansons d'autrefois ; à l'exemple de la Vendée, le Midi s'égaie ; le Midi chante aussi.

Mais ce ne sont pas les fêtes bruyantes qui offensent la misère et la douleur. La proclamation de la Saint-Henri circule par toutes les villes, par toutes les campagnes. Le petit nombre de ceux qui n'en partagent pas les sentimens la voient sans effroi et sans colère. Dans beaucoup de localités la police attend la nuit pour l'arracher des murs. Pendant que l'on fête encore dans tous les sens le mois de Henri, le pouvoir prépare aussi ses fêtes de juillet : l'émeute songe à son anniversaire ; l'émeute de juillet 1830, après le massacre de juin 1832, est fêtée en juillet 1832.

Elle est fêtée par ordonnance ; par ordonnance, dans toutes les villes de France, l'hôtel-de-ville allume ses lampions ; les dépositaires de l'impôt paient au peuple en haillons quelques barriques de mauvais vin et quelques pièces de charcuterie, achetées avec l'impôt de ce même peuple en haillons.

Les villes ont leurs danses ordonnées ; elles ont aussi leur mât de cocagne.

Nantes aussi a ses danses et son mât de cocagne. Or Madame de Berri veut voir tout cela par ses propres yeux; elle veut voir le peuple dans ses fêtes; elle veut voir si le peuple a vraiment une fête. Madame de Berri veut observer le peuple; Madame de Berri veut connaître à fond le peuple. Madame sort donc ce jour-là et déguisée, elle va par les rues, les quais, les places, elle cherche la fête et la joie. A Nantes, il y a moins de fêtes, moins de joie qu'à Paris. A Paris comme à Nantes quelques figures maigres, les pommettes rouges et reluisantes de vin, contrastant avec des joues pâles et livides; quelques corps vêtus de haillons et de boue; quelques bras nus aux manches retroussées; quelques pieds agitant leur infection dans leurs sabots; une bande inconnue aux jours tranquilles, aux jours heureux; une pluie de sauterelles dévorantes; une nuée de corbeaux chercheurs de cadavres et dévastateurs sacriléges des sépultures, voilà ceux-là qui fêtent juillet et son œuvre.

Voilà ce que Madame trouve à Nantes; après s'être ainsi promenée, le cœur navré et le visage rougissant plus que jamais de la fête et de ses hommes, elle rentre dans sa demeure, dans sa prison. Madame se souviendra à tout jamais de l'anniversaire de juillet.

Et nous aussi il nous souviendra de l'anniversaire de juillet et des fêtes de juillet. Il nous souviendra de l'impudente plaisanterie de ces mariages cotés, étiquetés comme les pièces de calicot. Ah! combien j'ai ri le jour de leur cérémonie, lorsque le nommé Bondi leur alloua les paroles tant douces aux rosières, ces paroles constitutionnelles et plaisantes, plus constitutionnelles et plus plaisantes que la cérémonie.

Eh bien! je les ai vues ces belles créatures, ces héroïques créatures cheminant avec leur puberté et leur mandat de mille écus ; avec leur front hâlé au soleil, avec leurs larges pieds étreints pour la première fois dans une chaussure neuve et déjà éculée. Ah! combien l'audace effrénée de leur regard contrastait virilement avec leur voile blanc et leur couronne blanche! Aussi, chacun en les voyant passer, se prenait à dire des choses telles que les étrangers s'arrêtaient, se demandant : Est-ce donc là Paris?

Quelle main habile et vigoureuse pourra peindre Paris lors de ses anniversaires de juillet? Paris avec ses joûtes tricolores, avec ses mâts de cocagne tricolores, avec le prix de ses joûtes et de ses mâts, prix mesquins, prix honteux, dont la valeur n'a pu indemniser la culotte usée du vainqueur.

Et les illuminations tricolores, et les agens de la fête avec leurs écharpes tricolores, et le prince royal avec sa voix tricolore, et le soldat du drapeau tricolore, et les revues tricolores. Ah! mon Dieu, quelle journée! quelles trois journées! quel tricolore!

Cette fête était la fête des Champs-Élysées, de la barrière du Combat et de la barrière du Trône. Quant au Louvre, quant à l'Hôtel-de-Ville, quant au château des Tuileries, il n'y avait rien, rien que des souvenirs qui cheminaient effrayans comme des fantômes; il n'y avait que des malheureux, eux-mêmes espèces de fantômes, la bouche béante, l'œil cave, la main tendue, immobiles et blêmes comme des statues de la faim. Seulement les ponts étaient interceptés, et pour la première fois depuis longues années, les voitures des morts rétrogradaient. Le sabre des gendarmes arrêtait les chevaux; on disait au cocher : On ne passe pas; il y a fête.

Le charriot traînait un héros du juillet 1830 massacré au juin 1832.

Les fêtes allaient finissant; la flamme des lampions vascillait et se mourait, lorsque des jeunes gens, oubliant dans le vin le présent ou plutôt l'y échangeant avec le passé, s'acheminèrent joyeusement vers le pont d'Arcole, ce pont qui reluisait dans l'ombre, tout glorieux à leurs regards.

Ils arrivent au pont; ils entrent sur le pont et soudain toute issue leur est enlevée; alors le sang coule, il coule à flots, du sang, partout du sang, on marche dans le sang, on nage dans le sang!

Oh! la belle nuit! la nuit de fête et de jubilation!...

L'épée perce d'outre en outre, le couteau éventre; puis les cadavres sont jetés au courant de l'eau; puis l'on passe l'éponge sur le pont, on lave bien le pont, on lave le quai de l'*Archevêché* de pavé en pavé. Un commissaire assiste à l'œuvre expiatoire et la dirige : on fait des libations; puis les tueurs et les laveurs se mettent au bain; puis... le pouvoir dit : Je m'en lave les mains. Le commerce d'épicerie s'anime, le cinq pour cent monte; on passe des revues de garde nationale, on crie *Vive le roi!* Les trois journées ont eu leur bouquet.

CHAPITRE V.

Gonzague Deutz. — Son message et son entrevue avec Madame. — — Soupçons qu'il inspire. — Hasard qui retarde l'arrestation de Madame.

Son nom est Hyacinthe-Simon Deutz. Cet Hyacinthe-Simon Deutz est né à Coblentz l'an 1802.

Juif d'origine, élevé dans la religion juive par les dignitaires de la religion juive, Deutz en a été dès son enfance un des plus chauds partisans...

Dès son enfance irascible et lâche, débauché et avare, astucieux et intéressé, ce Deutz a reçu une éducation soignée et pris de cette éducation tout ce que l'éducation a de mal...

Dès ses premières années traître parmi les

compagnons de ses études, cachant et révélant leurs fautes selon son humeur et son profit, Deutz a été haï et méprisé de tous. Dès ses premières années, curieux, bavard, il a été un artisan des dissensions domestiques. Aussi c'est avec un sentiment de joie que sa famille l'a vu quitter Coblentz.

Deutz, en 1810, part pour la France, accompagnant son père, élevé à la dignité de rabbin.

Les semences vicieuses dont les premiers germes s'étaient montrés à Coblentz, se développèrent promptement et largement à Paris. Jeune, il n'a que des défauts; plus âgé, il a des vices: il devient crapuleux.

Entré ouvrier imprimeur chez M. Didot, il s'y fait connaître par une aptitude grande et pour l'étude et pour la débauche. Il est le plus intelligent et le plus vicieux des ouvriers.

Là il connaît M. Drack, un des rabbins les plus distingués de France. Plusieurs fois Deutz et Drack ont ensemble des rapports d'*impression*. M. Drack édite des ouvrages.

Bientôt Deutz demande la sœur de M. Drack, lui plaît et l'épouse, l'arrachant aux soins de son frère pour l'abandonner bientôt.

Chaque jour Deutz va chez M. Drack, échangeant des menaces avec de l'argent. Ses menaces augmentent surtout et deviennent affreuses, lorsque M. Drack lui annonce qu'il va se faire catholique.

« Infâme, lui dit Deutz, comment peux-tu bien soutenir mon regard, alors que tu renies ton Dieu, et le Dieu de tes pères! Et comment moi, que tu couvres d'opprobre, n'ai-je pas la main levée sur toi? Pourquoi ne t'ai-je pas foulé sous mes pieds? Je ne sais qui me retient encore! Tu es un abominable, et le plus abominable de tous les hommes; mais ma colère s'appesantira sur toi en attendant la colère de Dieu.

« Je te meurtrirai les chairs de coups et je te couvrirai d'affronts, si bien que tu n'auras ni la force, ni l'impudeur de te montrer encore en public.

« Drack, infâme Drack, je me vengerai de toi sur ta sœur et sur toi. J'assassinerai ta sœur de mauvais et justes traitemens. Toi-même, au premier jour, je t'éparpillerai la cervelle. Drack, *je te tuerai, dussé-je monter sur l'échafaud...* Donne-moi de l'argent.»

Deutz avait la main levée, et sa main était ouverte. M. Drack la remplit de pièces d'argent, et Deutz s'apaisa. M. Drack donna tant d'argent que Deutz devint bientôt son plus assidu partisan et son plus chaud panégyriste.

Converti à la religion romaine, soit par intérêt, soit par conviction, M. Drack ne tarde point à se faire connaître et à s'assurer de brillantes protections. Parmi les ouvrages qu'il donne au public, une édition de la Bible attire surtout les yeux et lui gagne la bienveillance de la cour.

M. le baron de Damas, brave et loyal instituteur du jeune prince de Chambord, Henri de France, le prend surtout en intérêt. M. de Damas le pensionne d'abord; bientôt il le nomme bibliothécaire de son jeune et royal élève.

Cette fortune imprévue et que M. Drack doit à sa conversion, émeut Deutz : le rang qu'occupe son beau-frère l'oblige à arrêter, ou du moins à cacher ses débordemens de conduite. Deutz change de conduite; Deutz abandonne les mauvais lieux. Il ne paraît que déguisé dans les maisons de jeu et de prostitution. Il fréquente les catholiques et les prêtres catholiques. Il demande à être catholique.

M. Drack, son beau-frère, joyeux de cette résolution qui flatte à la fois son amour-propre et son ambition, lui en fait de grands remerciemens, et, en grande hâte, il s'occupe des moyens de l'accomplir avec éclat et profit. M. le baron de Damas et monseigneur l'archevêque de Paris l'aident au-delà même de son attente. M. de Damas et l'archevêque de Paris se chargent de tout : ils croient faire une bonne œuvre, une œuvre méritoire.

Deutz a avec M. de Quélen de longues et pieuses conférences, et Deutz joue son rôle aussi bien que le meilleur acteur du monde... Aussi le prélat, plein de confiance et plein d'orgueil en Deutz, n'hésite point à l'envoyer à Rome. M. de Quélen regarde ce voyage nécessaire à l'accomplissement de sa conversion.

Deutz, au comble de ses vœux, part sans retard, porteur de recommandations pour tous les dignitaires de la cour de Rome.

Le cardinal Capellari, alors préfet de la propagande, aujourd'hui Grégoire XVI, le prend sous sa protection intime, et lui-même le présente au pape Léon XII ; lui-même obtient de Léon XII que l'archevêque Ostini instruise Deutz dans la religion catholique.

Alors, plus que jamais, Deutz se cache sous les formes les plus hypocrites : il se crée une vie publique, une vie politique.

Tantôt enthousiaste, ardent, il appelle avec une grande impatience le jour de son baptême : tantôt inquiet, découragé, il s'arrête et n'ose avancer.

Par ces menées, il pique l'amour-propre de

la propagande religieuse; par les difficultés qu'elle offre à surmonter, il augmente le prix de sa conversion.

Plusieurs fois il feint de renoncer à tout; il veut quitter tout, Rome et ses protecteurs. Pour le retenir, on le comble de présens et de caresses, ainsi que l'on accable de bonbons et de caresses un enfant dont on veut sécher les larmes et ranimer le courage

Cependant, après bien des menées, bien des scènes jouées, le jour de son baptême est décidé. Le baron Mortier, premier secrétaire d'ambassade, est son parrain; une princesse italienne est sa marraine. Mais avant sa conversion, Deutz n'en a rien dit à son père : il rougit de sa conversion devant son père. Peu de jours après son baptême, seulement après sa confirmation, Deutz croit qu'il est temps de lui avouer son secret, qui est devenu le secret de tout le monde; alors donc il lui écrit la lettre suivante :

« Me voilà catholique, mon père; grâce à Dieu, depuis quatre jours; il était temps; j'étais tombé jusqu'au fond de l'abîme de l'incrédulité; car, ainsi que tu me l'as dit souvent, très cher père, qu'est-ce qu'un Dieu à qui tous les cultes seraient indifférens? Qu'est-ce qu'une religion qui n'admettrait pas les peines et les récompenses de l'autre vie ? Oui, il était temps, car les eaux avaient pénétré jusqu'à mon âme. Maintenant je suis si calme, si content ! je ne l'étais pas depuis long-temps, comme tu le sais toi-même. Que Dieu daigne me continuer cette grâce ! Ma jeunesse a été, hélas ! une des plus orageuses. Je te disais souvent que notre religion ne m'offrait aucune consolation, parce que mon cœur éprouvait le besoin d'un culte d'amour. S'il est, te disais-je, des hommes de Dieu, séparés du monde, je me trouverais au comble de mes vœux d'être de leur nombre. Maintenant je puis arriver à ce que j'ai désiré si vivement : je vais étudier la théologie pour embrasser l'état ecclésiastique.... En écrivant cette lettre, je ne puis retenir mes larmes. Tu es si vertueux, si estimable par tes qualités, et cependant depuis long-temps bien malheureux ! mais je suis certain que Dieu te réserve une grande récompense, et qu'il te rendra selon tes œuvres.... Sois persuadé que je ne t'ai jamais respecté autant que je fais maintenant, et que dorénavant rien ne me coûtera pour te prouver que je suis ton fidèle et soumis fils, etc. »

Telle est la lettre que Deutz écrit à son

père ; cette lettre, Deutz l'a écrite, parce que son vieux père ignorant sa retraite et sa destinée en est mourant d'inquiétude.

C'est peu de temps après sa conversion que Deutz est admis à apporter aux pieds sacrés du pape l'hommage de cette conversion.

Deutz lui-même, après cette entrevue, en rend compte à M. Drack, son beau-frère.

« Très cher frère, lui écrit-il, vingt-quatre heures se sont déjà écoulées depuis que j'ai le bonheur de voir face à face le vicaire de Jésus-Christ, N. T. S. P. Léon XII, que Dieu nous le conserve pour le bonheur de l'Église, et je ne suis pas encore entièrement remis de mon émotion......

« Une demi-heure avant l'*Ave Maria*, cinq heures et demie, monseigneur d'Ostini vint me prendre en voiture pour me conduire chez Sa Sainteté. Il eut la bonté de m'avertir d'avance de tout le cérémonial usité en pareilles circonstances. Mais à peine étais-je dans les appartemens du Saint-Père, que j'oubliai toutes les instructions que j'avais reçues, frappé comme je l'étais de la majesté, de la figure céleste et de la noblesse répandue dans les traits et les manières du souverain Pontife. Remarquant mon embarras, il me dit avec un ton de douceur qui me pénétra : Mon ami, approchez-vous. Arrivé près de sa personne sacrée, je voulus me mettre à genoux ; au même instant, il m'offrit sa main à baiser. Ensuite il daigna s'entretenir fort long-temps avec moi de ma famille, et particulièrement de vous, me chargeant de vous dire qu'il faisait le plus grand cas de votre personne et de vos talens. Quelques instans avant de me retirer, je pris la liberté de lui présenter des chapelets à bénir. Il me dit avec un sourire très gracieux : *Vous donnerez ces chapelets à vos amis, c'est très bien ; mais quant à vous et à M. Drack, j'ai ce qu'il vous faut, mais que je ne vous donnerai pas ce soir, parce que nous nous verrons encore avant votre départ.* Il ne faut pas que j'oublie de vous dire que pendant toute l'audience, qui dura plus d'une demi-heure, le saint Père parla français avec une pureté qui ferait honneur à un Français même. Enfin, je vous dirai qu'après le jour de mon baptême, c'est le plus beau jour de ma vie. »

C'est ainsi que ce juif renégat écrit à son père et à son beau-frère, c'est ainsi que l'hypocrite est comblé de tous les honneurs.

En ce temps-là, en religion comme en politique, au Vatican comme aux Tuileries, l'hypocrisie et la trahison obtenaient le premier pas; au Vatican, aux Tuileries, on avait toute confiance dans les transfuges intéressés de l'impiété et de l'illégitimité : au lieu d'éprouver par la misère les néophites, on les comblait d'honneurs et de caresses; on les enrichissait. La pauvreté et le mépris étaient pour les vieux fidèles. On préférait le pécheur converti à celui qui n'avait jamais péché. Depuis, le coq a chanté, et les apôtres ont renié le maître. Deutz grandit donc dans les bonnes grâces du Saint-Père. Dès son arrivée à Rome, une pension de vingt-cinq piastres lui a été allouée, et cette pension est successivement augmentée... Enfin, sur la recommandation du Pape, il entre comme pensionnaire au couvent des saints Apôtres ; dans ce couvent, Deutz est reçu avec beaucoup de bonté par le père Orioli, le supérieur ; là, Deutz fréquente ce religieux très assidûment. Là, il fait aussi la connaissance du père Ventura, général des Théatins ; là, Deutz affecte en public la même dévotion ; mais ceux qui le voient dans l'intimité commencent bientôt à le comprendre, et les deux pères auxquels il s'est attaché de préférence, pénètrent bientôt jusqu'au fond de sa pensée; tous les deux chaque jour avec Deutz, chaque jour dans une intimité plus grande, ne tardent pas à découvrir ce qui se passe dans son âme. Ils voient l'hypocrite : aussi Deutz est encore à Rome, et déjà la froideur progressive de ses plus zélés protecteurs lui annonce qu'il n'a point assez dissimulé.

Seul, soit qu'il le voie plus rarement, soit qu'il mette son plaisir et son orgueil à ne voir que des vertus dans ce nouveau chrétien, qu'il met au rang de ses bonnes œuvres, le cardinal Capellari le traite encore avec distinction et amitié.

Cependant les ennemis que la fortune suscite à Deutz peuvent d'un instant à l'autre l'exposer dans toute sa nudité, le perdre sans ressource et à tout jamais.

Alors donc il se décide à quitter Rome ; mais il la quitte avec tous les honneurs de la guerre. Il la quitte parce qu'il se dit las de ne vivre que d'aumônes, parce qu'il se dit désireux de porter jusque dans le nouveau monde l'exemple de sa conversion.

C'est pour l'Amérique que Deutz s'embarque. Riche des présens du pape et du cardinal Capellari, il va aux Etats-Unis tenter les chances d'un commerce de librairie. Dès son arrivée Deutz oublie le but de son voyage, et désormais à l'abri des regards scrutateurs des pères de Rome, à l'abri des censures des chrétiens, il ne tarda point à s'abandonner à la débauche. En peu de mois tous ses moyens d'existence sont usés. Force donc lui est de revenir en France, en France où il n'est encore connu que par sa conversion.

C'est en 1831 que Deutz revient en France. La royauté de France a été exilée ; ainsi que dans les temps de la ligue, Paris a proscrit ses rois pour un autre roi. Un autre Henri et une autre Jeanne d'Albret revendiquent la France. En 1831 Deutz ne trouve plus ses protecteurs ; M. le baron de Damas a suivi son jeune roi dans l'exil ; M. de Quélen n'est plus un appui, M. de Quélen a lui-même besoin d'appui. Deutz ne sait que faire ; il ne sait comment pourvoir à ses besoins, chaque jour plus nombreux et plus pressans. Alors donc il fait la connaissance d'un homme de la police, d'un homme de la police des salons. Cet homme ne tarde pas à comprendre Deutz et toute son hypocrisie. Il ne tarde pas à voir tout le profit qu'il en peut tirer. Deutz est envoyé à Rome en mission extraordinaire. Deutz est espion.

A peine arrivé à Rome, Deutz se présente au pape Grégoire XVI, son protecteur. Pour la seconde fois Deutz est enrichi par les largesses du souverain Pontife ; pour la seconde fois Deutz modère le feu de ses passions ; pour la seconde fois il s'affiche dans la religion et dans toutes les œuvres pieuses. La police de Paris a préparé le rôle, et Deutz le suit de point en point ; il s'identifie avec l'hypocrisie ; il est l'hypocrisie personnifiée.

Le pape connaît l'intelligence de Deutz ; alors donc le pape pense à l'utiliser. Sa Sainteté emploie Deutz dans plusieurs missions délicates, et Deutz les accomplit au-delà de ses souhaits.

Pendant tout cela, Madame de Berri quitte Holyrood et fait voile pour le continent ; Madame de Berri vient en Italie. Sur-le-champ Deutz reçoit de la police de France l'ordre de veiller sur Madame de Berri ; de ne jamais la perdre de vue ni elle, ni ses principaux agens. Deutz songe donc à entrer au service de Madame. Long-temps il en cherche inutilement les moyens, lorsque le hasard le lui fournit. Le pape donne à Deutz une mission près de Madame de Berri. A son retour et alors qu'il en rend compte à Sa Sainteté, Deutz manifeste la joie qu'il aurait à être attaché à une princesse aussi grande, aussi bonne, aussi miraculeuse.

Il dit, dans son langage toujours affecté et mystique : Servir Son Altesse Royale Madame la duchesse de Berri sera pour moi le plus grand des honneurs, sera pour moi le ciel sur la terre; et Deutz prie à deux genoux, les mains jointes, prie le pape de l'aimer assez pour lui procurer cette gloire céleste, cette félicité. Le pape le lui promet.

Telle a été la vie de Gonzague Deutz jusqu'à l'instant où son ancien protecteur, le cardinal Capellari, le pape Grégoire XVI le présente à madame de Berri. Le pape présente Deutz comme un homme d'une haute capacité et d'une fidélité à toute épreuve; il le présente comme un homme capable de la servir dans les missions les plus difficiles, comme un homme digne de sa royale confiance. Dès lors Deutz est au service de madame de Berri, et madame de Berri n'a qu'à se louer de Deutz.

Intelligent et dissimulé, éloquent et calin, Deutz pénètre incessamment dans sa plus haute confiance.

Deutz, naturellement irrésolu, en politique comme en religion, Deutz hésite un instant. Il ne sait quel usage faire de cette confiance. Un instant ému par la bonté de Madame, sa maîtresse, il n'ose plus la trahir, et suspend pendant quelques jours ses délations.

Sur ces entrefaites, Deutz est envoyé au roi de Portugal, don Miguel : il est porteur d'un message, et don Miguel le roi, plein de générosité et de courage, don Miguel, le premier souverain de l'Europe après Guillaume le roi de Hollande, don Miguel le reçoit avec amitié et bientôt l'admet dans son intimité.

Deutz, mieux qu'aucun homme du monde, possède l'art de séduire et de capter une confiance.

Après avoir quitté don Miguel, Deutz est envoyé chez différens rois de l'Europe, et tous ces différens rois de l'Europe l'accueillent avec bienveillance ; ils l'accueillent comme l'envoyé d'un roi. C'est dans un de ces voyages à Francfort, qu'il rencontre un homme de la police de France, M. Lenormand.

M. Lenormand réveille l'ambition de Deutz, il parle à son avarice : il lui parle de la cause de madame de Berri, cause qu'il appelle perdue ; il lui parle de l'ingratitude des Bourbons, de l'oubli qu'ils ont toujours eu des services qui leur ont été rendus dans les temps de malheur : puis il étale sous les yeux de Deutz les sommes immenses qui sont mises à sa disposition et les hauts emplois auxquels il peut être appelé un jour. Enfin il s'introduit davantage dans la confiance de Deutz, se faisant son panégyriste. Dès-lors Deutz redevient l'homme de la police de France, dès-lors Deutz à trahi Madame.

C'est Deutz qui, de retour auprès de Madame de Berri, donne avis au gouvernement français de toutes les intentions, de toutes les actions de Madame.

Mais madame de Berri met souvent en défaut la clairvoyance de Deutz. Madame de Berri ne confie à Deutz que ce qu'il est nécessaire que Deutz sache, non pas que madame de Berri se défie de Deutz, mais parce qu'elle tient à ne mettre dans ses secrets que ceux qui doivent les exécuter. C'est ainsi qu'au départ de Madame, Deutz, qui l'ignore, suit une des dames de sa suite, c'est aussi pour cela que le gouvernement français n'est instruit de l'arrivée en France de Madame que lorsque Madame est arrivée.

Cependant dès que Deutz a connu la mystification de Massa, il revient en grande hâte sur ses pas : connu de plusieurs des agens du Midi, instruit des mots d'ordre et des signes de ralliement, il ne tarde pas à retrouver les traces de la princesse, mais cette fois, il ne se présente pas devant elle : il se contente de suivre Madame.

C'est par lui que la police connaît dans tous ses détails le voyage de Madame, c'est par lui aussi que, trompée et mystifiée sur l'arrivée de Madame en Vendée, la police se jette dans cette suite de perquisitions et visites qui font tant de bruit dans la France, et tant de honte au pouvoir.

Tous les journaux sont remplis de leurs récits; leurs récits égaient les veillées, fournissent le canevas des pièces de théâtre.

Alors Deutz reste stupéfait : Madame l'a trompé pour la seconde fois.

Pendant plusieurs jours il est indécis ; pendant plusieurs jours il court de ferme en ferme, de château en château, cherchant ses traces et jaloux de réparer sa maladresse. Pendant plusieurs jours ses peines sont inutiles : il apprend seulement que Madame est en Vendée ; mais il ne peut savoir dans quel endroit de la Vendée. Celui qui loge Madame est le seul qui ne l'ignore pas. Chaque jour Madame change de demeure ; et bien souvent elle confie à un champ de blé, à l'herbe épaisse d'un pré, à une mâsure déserte, le secret et la trace de son passage et de sa nuit de repos.

Après de grandes et inutiles fatigues, Deutz prend le parti de revenir à Paris. Là, il apprend de la police supérieure que Madame est à Nantes, ou du moins doit être en route pour Nantes.

A Paris, Deutz apprend bientôt le nom et l'adresse des chargés de pouvoir de Madame. Il se présente chez l'un d'eux : il vient offrir ses services : il parle de ses missions passées, de la confiance dont a bien voulu l'honorer madame de Berri. Il demande à être envoyé près de madame de Berri.

Le chargé de pouvoir se défie de cet homme qu'il ne connaît pas, et dont il trouve le langage peu franc et les allures moins franches encore. Le chargé de pouvoir regarde Deutz avec attention; et Deutz interdit baisse les yeux, comme s'il craint que ses yeux parlent.

Cependant Deutz est de nouveau interrogé; et pendant qu'on l'interroge, les mêmes yeux sont toujours fixés sur ses yeux; mais cette fois ces yeux scrutateurs sont plus fermes et plus effrayans. Il y a tant de magie dans un regard, alors surtout que la force morale et la force physique se réunissent et se combinent dans ce regard ! L'œil est la pierre de touche de la conscience.

Deutz se trouble et perd contenance ; le pouce de la main gauche dans le gousset de son gilet, il le bat en cadence et alternativement de ses quatre autres doigts. Vingt fois il change ses poses et son maintien ; il ne sait où et comment poser ses pieds ; il est sur des épines, il grille sur des charbons ardens. Deutz balbutie, il ne peut se remettre, il sort gauchement ; il est sorti et l'agent ne s'est pas remué, n'a pas fait un pas, n'a point dit un mot ; son menton demeure posé sur sa main droite : il ne sait que penser de son visiteur ; il regrette de ne l'avoir pas questionné davantage.

De son côté Deutz ne se comprend plus ; ses dents se heurtent convulsivement ; il est colère, bien colère, mais il ne désespère point. Deutz part pour le Portugal ; Deutz va voir don Miguel : don Miguel, qui voit toujours en lui l'envoyé de Madame de Berri, le reçoit avec une bienveillance nouvelle ; il a de longs et graves entretiens avec lui.

Don Miguel lui-même donne à Deutz une mission dans ses propres états, tant il est content de son intelligence, tant il croit à sa fidélité. Pendant cette mission, Deutz, attentif à tout ce qui peut complaire à son nouveau protecteur, le roi de Portugal, revient la barbe longue et tressée à son imitation. La barbe longue est un signe de ralliement chez les miguélistes.

Ce n'est que chargé de présens et d'une correspondance importante que le traître se met en route. Avant de revenir en France il débarque en Italie; il va à Rome, à Naples, à Massa. A Rome, à Naples, à Massa, Deutz voit les chargés de pouvoir de Madame, et ces chargés de pouvoir remettent leur correspondance entre ses mains.

Alors Deutz revient en France, à Paris, chez le même agent de Madame de Berri.

Me voilà encore, dit Deutz en entrant, me voilà encore, et cette fois j'espère...

De quoi s'agit-il? réplique l'agent en l'interrompant.

— Il s'agit... il s'agit... Deutz est troublé et balbutie.

L'agent ne se lève point de son siége; il n'offre point un siége au visiteur, que pour la seconde fois il croit avoir à faire à un homme de la police. De quoi s'agit-il?

Deutz se remet. A son tour Deutz attache ses regards sur lui, et ne tremblant plus :

— Monsieur, dit-il, ce n'est ni le moment ni le lieu de perdre du temps et des paroles. Il faut que je voie son Altesse royale Madame de Berri. — Je ne vous en empêche pas, réplique tout haut l'agent; puis, baissant la voix, il ajoute : Nous y voici ! Et il se prend à sourire.

— Il ne suffit pas de ne point m'en empêcher, il faut m'en fournir les moyens. J'ai à entretenir Madame d'affaires de la plus haute importance : me le refuser serait trahir Madame.

— Mais, Monsieur, je ne sais...

— Moi, je *sais* que vous savez : vous connaissez l'adresse de Madame, sa sainteté le pape, le roi de Portugal don Miguel, les divers princes d'Italie, m'ont tous adressé à vous, et ces lettres... Deutz tire nonchalamment un énorme paquet de lettres de son portefeuille et en parcourant les adresses : Pour Madame, pour Madame... pour vous du... encore une, encore une, voyez et lisez.

L'agent prend, lit et demeure stupéfait. « Je « ne sais pas où est Madame ; je ne le sais pas « du tout ; sans doute, j'ai grande confiance en « vous ; mais je vous jure... Si vous vouliez « me confier ces dépêches il y aurait moyen « de les faire parvenir. »

— Vous n'y pensez pas, monsieur, confier à des mains étrangères pour être remises par des mains étrangères, ces lettres qui ont été remises entre mes mains et pour être remises par mes mains. Oh ! vous n'y pensez pas ! Après tout, si vous ne voulez pas que je voie Madame, je ne la verrai pas ;... je brûlerai mes papiers et... Deutz se lève pour sortir.

Quand Deutz est arrivé à la porte on le rappelle : —Vous irez,... mais je ne sais vraiment pas où est Madame. Quand voulez-vous partir, je prendrai des informations ?

— Je puis partir demain.

— Revenez ce soir.

Deutz sort, et en sortant il dit : Enfin !!

Aucune parole ne peut peindre sa jubilation. Il va voir Madame, il va trahir Madame; il va être riche à tout jamais !

Faire une action infâme, cela surtout est la source de sa joie; cela est sa joie tout entière. Deutz va à la police; il y annonce qu'il est en mesure de tout découvrir. Il dit : Je pars demain avec l'adresse de Madame ; Madame m'admettra auprès d'elle parce que Madame a toute confiance en moi ! et... combien me paierez-vous le corps de Madame? faisons notre prix.

— Mais, ce que vous voudrez.

— Mais encore ?

— Dix mille francs.

— Dix mille francs? Ah! vous riez, mon beau sire ; par Jésus, notre Sauveur, vous croyez donc que je suis à manquer de pain et d'eau. Dix mille francs pour livrer Madame, lorsque je puis gagner plus de deux cent mille francs pour la cacher. C'est une mauvaise plaisanterie. Je croirais, pardieu, que vous ne voulez pas la prendre.

— Mais...

— Si encore c'était votre roi qui fît le marché et payât de ses deniers, je comprendrais qu'il pût y regarder de près et compter; mais vous, qui puisez dans les coffres de l'état...

— Mais, monsieur Deutz!

— Allons donc! pas de diplomatie. Voulez-vous Caroline ou ne la voulez-vous pas?

— Je la veux.

— Combien me la payez-vous?

— Cent mille francs.

— Encore.

— Deux cent mille fr., quatre cent mille fr.

— Encore! encore!

— Mais... pas un écu de plus. Nous vous emploierons à autre chose.

— Vous m'allez donner un à-compte.

— Je vais vous donner un à-compte.

Deutz reçoit une liasse de billets de banque, Deutz reçoit aussi les mots d'ordre de la police et des lettres de confiance.

Deutz quitte la préfecture de police, hâte les apprêts de son départ, et quand ils sont finis, il retourne à son rendez-vous du matin.

Deutz est attendu; mais cette fois, aucune défiance ne lui est montrée; on dit seulement à Deutz : Ayez grande prudence, parce que vous serez surveillé, vous serez suivi : voilà une lettre pour Madame ; voici une autre lettre que vous remettrez vous-même à son adresse, parce qu'à cette adresse seulement vous trouverez qui pourra vous faire admettre chez Madame. Je ne sais d'honneur pas où est Madame. Deutz ne peut cacher la joie dont ces paroles l'emplissent; alors il dit tout bas et comme craignant d'être indiscret :

Mes nombreux voyages m'ont épuisé toutes mes économies, et j'aurais besoin....

— Combien voulez-vous?

— Le strict nécessaire.

— Mille francs?

— Ce serait trop.

— Cinq cents francs?

— Cinq cents francs me suffiront.

— Les voici; mais j'oubliais les mots d'ordre et de ralliement.

Deutz reçoit et répète les différens mots, et étudie les différens signes : il renferme dans sa poche les cinq cents francs, et, les saluts faits, il se retire.

Le lendemain à huit heures, Deutz prend la diligence et part : avec la diligence, il descend à l'hôtel de France.

C'était le 22 octobre.

La première action de Deutz, arrivé à Nantes, est d'aller porter la lettre à son adresse. Lorsque la lecture en est prise, comme l'on reste encore silencieux, Deutz demande à voir Madame. Deutz se nomme Hyacinthe, il dit :

« Madame me connaît particulièrement : dites-lui que j'ai des dépêches importantes à lui remettre, dépêches que je ne puis confier à personne. »

La commission est faite ; le nom de Hyacinthe est connu en effet de Madame ; mais Madame craint un piége de la police, et Madame refuse de voir Deutz, ou plutôt aucune réponse n'est faite.

Cependant des instances sont réitérées auprès de Deutz ; on lui demande ses dépêches, et Deutz refuse de les donner ; il ne veut les donner qu'à Madame.

Après ce refus, Deutz annonce qu'il va à Paimbœuf, et qu'il sera de retour sous quelques jours. Il est sûr que la curiosité de la princesse, aiguillonnée par son silence, l'obligera à le demander tôt ou tard : aussi il ne désespère pas du succès de son entreprise, et c'est avec confiance qu'il s'embarque pour Paimbœuf.

Cependant, de retour après quelques jours d'absence, Deutz se présente de nouveau et obtient la même réponse. Madame demande les lettres; mais elle les demande instamment.

Deutz remet les lettres et dit : « J'ai bien des choses à dire à son Altesse royale : ces choses sont d'une gravité telle, que l'on n'a point osé les confier au papier. »

Les papiers et les paroles sont portés à Madame.

Comment donc est cet homme? dit alors la princesse. Donnez-moi son signalement; car je suis tellement curieuse de le voir et de l'entendre, que si, au portrait que vous allez m'en faire, je reconnais mon Hyacinthe de Rome, je n'hésite pas à lui accorder l'audience qu'il me demande.

Alors la personne interrogée se hâte de répondre :

« Ce Hyacinthe est d'une taille moyenne; son teint est basané; ses cheveux sont noirs et crépus; ses yeux petits, vifs et enfoncés; sa bouche est grande, ses lèvres sont très épaisses; mais son nez est ordinaire; sa vue est basse. »

Madame interrompt, disant : « N'a-t-il pas une main petite, blanche et bien faite? N'affecte-t-il pas de montrer sa main ? »

Sur la réponse affirmative, Madame autorise la présentation de Hyacinthe ; elle le nomme son bon, son fidèle Hyacinthe.

Madame elle-même prend plaisir à raconter les différentes circonstances de la conversion de Gonzague : Madame parle de la protection que lui donna le pape ; Madame énumère les différens services que Hyacinthe lui a déjà rendus, et Madame dit aussi :

« Hyacinthe n'est que son nom d'adoption ; il
« s'appelle Deutz : né juif, et converti à la re-
« ligion romaine ; je lui ai fait tout le bien que
« j'ai pu lui faire.

« J'ai fait du bien à Deutz et à Drack, son
« beau-frère ; Drack, le bibliothécaire du roi,
« mon fils. C'est moi qui, après leur conver-
« sion, les ai mis eux et leurs enfans à l'abri
« de la colère de leurs co-religionnaires. Deutz
« et Drack ont été pensionnés et leurs enfans
« ont été élevés à mes frais dans les maisons
« d'éducation de Paris..... Je suis sûre de
« lui... »

Alors le jour et l'heure du rendez-vous sont indiqués.

Le mercredi 31 octobre, sept heures du soir, dans la maison de mademoiselle Daguiny.

Cependant, pour dernière mesure de sûreté, il est convenu que Deutz y sera conduit en voiture et les yeux bandés.

Sur l'heure cette réponse est portée à Deutz. Il est alors trois heures du soir; ce jour est le 30 octobre.

Là, seul dans sa chambre, n° 8, à l'hôtel de France, Deutz apprend cette nouvelle avec une joie difficile à peindre : pendant une heure il se promène à grands pas et parlant haut, si bien qu'un des garçons de l'hôtel ouvre sa porte et entre, croyant être appelé.

Enfin, enfin, dit Deutz, elle a été bien longue à se décider; mais à cette heure, c'est une affaire finie, et vaut mieux tard que jamais.

Jusqu'à ce jour, les personnes de l'hôtel ont vu Deutz avec un visage triste et sombre; maintenant Deutz est joyeux, Deutz descend les escaliers et fredonne. Une des demoiselles de l'hôtel le rencontre et lui dit : « Monsieur a fait de bonnes affaires? » Deutz répond : « Oui, j'ai fait de bien bonnes affaires. »

Deutz est regardé dans l'hôtel comme un commerçant.

Deutz sort, et sa première occupation est d'aller à l'église : Deutz passe toutes ses journées à prier dans les églises; il ne manque pas une messe, pas un office; toujours à genoux, les mains jointes, le front bas, les lèvres s'agitant et comme marmottant une prière, se signant souvent le front, Deutz attire les regards des légitimistes dévots; il obtient la confiance de ceux-là qui d'abord se défient de lui.

Deutz sait que tous ses pas sont épiés et qu'une inconséquence peut le perdre; il s'abstient de paraître à la préfecture de police; il s'abstient de visiter ceux qui, comme lui, chargés des missions du pouvoir, doivent s'entendre avec lui pour en assurer la réussite.

Le soir seulement, lorsque la nuit est close, il sort mystérieusement de l'hôtel, et, se glissant de rues en rues jusque dans les quartiers les plus retirés, il y rejoint le nommé Joli, le commissaire de police qui a été mis en communication avec lui.

Ensemble, ils s'occupent des moyens d'arriver à leurs fins; dans la soirée du 30, Joli et Deutz conviennent de tout. Tout va être prêt.

Sur l'heure, et pour la seconde fois, le château de Nantes est arrangé pour recevoir la royale prisonnière; tous les moyens de résistance sont assurés en cas d'attaque ou de défense. Madame ne leur peut échapper. C'est dans cette confiance qu'ils se quittent et vont se coucher, mais non pas dormir : il n'est pas possible de dormir la veille d'une telle journée.

L'impatient Deutz trouve la nuit bien longue; bien des fois il se lève et ouvre ses rideaux; il cherche dans l'horizon si le jour ne commence pas à poindre; jamais il n'a été plus inquiet.

Il compte les heures une à une jusqu'au lever du soleil; ensuite il va compter les heures encore une à une jusqu'au soir : il va les compter dans le lieu saint. Si la chose eût été nécessaire, Deutz eût approché de la sainte table.

Enfin sept heures sonnent; la voiture s'arrête, Deutz y monte; on bande les yeux de Deutz; Deutz descend, monte des escaliers, entre dans une chambre; alors on lui ôte le mouchoir posé sur son front, on lui dit d'attendre.

Alors Madame de Berri, sans être aperçue, le voit par le moyen d'un vasistas, et alors paraissant subitement, elle dit : « Ah ! c'est vous, mon cher Deutz, je suis bien aise de vous revoir. »

Deutz reste immobile et sans oser proférer un mot. Madame le presse de questions, et c'est avec grande peine qu'elle en obtient quelques monosyllabes. Mais une chose surprend tous les assistans : Deutz, le premier parmi tous ceux qui ont été admis devant Madame de Berri, Deutz ne tombe pas à ses pieds !...

Cependant le misérable se remet peu à peu, et Madame daigne l'écouter pendant une heure et demie. Deutz continue toujours à parler, et semble ne devoir pas sortir, lorsque Madame se lève subitement et comme inspirée. « Adieu, au revoir, mon cher Hyacinthe ; soyez-moi toujours fidèle : je suis fâchée de vous congédier sitôt ; mais il faut que je parte sur l'heure ; je ne suis ici que pour le moment, et je craindrais que la police ne parvînt à m'y trouver. Adieu, allez-vous-en vite, je suis pressée de partir. »

Deutz se retire.

Je n'essaierai pas de peindre la confusion et la rage du traître. Arrivé à la porte, il s'arrête, ne sachant ce qu'il doit faire.

Joli l'attendait sur le port ; il le rejoint, et lui conte son désappointement. Ces deux infâmes se consultent : tous deux ils pensent qu'il serait imprudent d'aller à cette heure déclarer la maison que cependant Deutz a bien remarquée ; ils aiment mieux attendre ; ils se

fient sur ce qu'ils appellent la Providence....
Ils comptent sur la Providence pour arrêter
Madame!... La Providence vient encore de
sauver Madame!...

CHAPITRE VI.

Deutz. — Sa conversation dans plusieurs maisons, et surtout à l'hôtel de France à Nantes. — Lettre et dénonciation adressées à Madame. — Avis donné à Paris. — Retard inconcevable. — Trahison.

Deutz rentre chez lui désespéré.

Le jour de son paiement est retardé, retardé indéfiniment ; son amour-propre est froissé, injurié de n'avoir pu tenir sa promesse.

Ses deux mains jointes, suivant son usage, et tombant naturellement sur son ventre, les deux pouces unis et se pressant, se contractant ; le visage animé, les lèvres grimaçant un sourire, les yeux brillans et regardant le sol par-dessus leurs lunettes ; il se promène, s'asseoit, ne trouvant ni pose, ni allure convenables.

Une fois, il s'arrête devant les chiffres que quelques heures avant son ambitieuse avarice groupait avec volupté. Alors son œil devient terne, et tour à tour et ensemble, ses narines, ses lèvres, son front, enfin toutes les parties de sa tête se caractérisent, crispés et obéissant à une grande force intérieure. Cependant il demeure immobile, les mains fixes comme liées; ce n'est qu'après avoir subitement élevé ses regards au ciel, après avoir été illuminé par un rayon d'espérance, que Deutz reprend sa marche.

Une autre fois heurtant joyeusement l'une contre l'autre les paumes de ses mains, se pressant les lèvres, agitant lentement la tête, Deutz murmure : « Nous nous y laisserons reprendre; nous y reviendrons; oui, pardieu, nous y reviendrons. Après tout ce n'est que retardé, ce n'est vraiment que retardé. Elle consentira à me voir encore ; elle m'a appelé son bon Hyacinthe. Oui, j'aurai les quatre cent mille francs. » Alors Deutz regarde de nouveau ses papiers et ses projets chiffrés; il reprend sa promenade et ses réflexions.

Il n'est pas neuf heures; Deutz commence à avoir peur d'être seul; il n'a pas sommeil; il prend son chapeau et descend.

D'ordinaire Deutz vient passer quelques heures de la soirée chez les maîtresses de l'hôtel de France. Deutz vient s'asseoir entre elles trois, jeunes et jolies filles, auprès de leur mère, et là on cause : on cause temps, commerce, littérature, religion, politique ; quand il le veut, Deutz cause très bien de tout cela ; mais souvent Deutz est rêveur ; souvent ses paroles se contrarient et ses pensées se renient. Il est d'une préoccupation si grande qu'il tombe chaque jour dans des contradictions inconcevables. Il oublie et le nom qu'il a pris et l'état qu'il a prétendu exercer ; il oublie tout. Aussi les demoiselles, et la cadette par-dessus toutes, railleuse et point gênée, le persécute incessamment, contrôlant ses paroles passées et ses paroles présentes.

Deutz alors semble avoir pris plaisir à les intriguer ; mais les jeunes filles ont garde d'être ses dupes, et bien loin de là.

Sur-le-champ la cadette voit en Deutz un homme de la police, et plusieurs fois elle le lui répète.

— Vraiment, Monsieur, lui dit-elle une fois, vous êtes un personnage bien original et bien mystérieux ; aussi j'ai beau me creuser la tête et creuser la tête de mes sœurs, je ne puis me départir de la première opinion que j'ai portée sur vous !

— Quelle est la première opinion de mademoiselle?

— C'est que, voyez-vous, nous autres, habituées à voir tant de figures, nous ne nous trompons guères.

— Vraiment! vraiment, je serais avide de savoir ce que vous avez pensé de moi.

— Ah! tenez, ce n'est pas la peine.

— Mon Dieu, mademoiselle, il est toujours la peine de connaître le jugement de... (Deutz hésita et n'acheva point.) Mais enfin je vous en prie, instruisez-moi sur mon état, car je ne le sais pas encore.

— Vraiment!

— Mon état me rapporte-il beaucoup?

— Beaucoup, par le temps qui court.

— Beaucoup, beaucoup?

— Beaucoup, beaucoup; le plus de tous.

— Le plus de tous; pardieu! vous devriez bien me le dire, cet état qui par le temps qui court rapporte le plus de tous, car le mien...

— Tout à l'heure vous ne le saviez pas.

— Mais, après tout, vous n'êtes pas du bon bois. Vous n'entrez pas dans les grandes entreprises; vous ne travaillez que dans le commun.

— Mais, que suis-je donc?

— Vous êtes... (Ici la sœur aînée l'interrompt, lui disant de se taire.) Me taire! me taire! et pourquoi donc? Qui se sent morveux se mouche; et si je me trompe, il n'y a point de mal ni pour Monsieur, ni pour nous. Vous voulez savoir ce que nous pensons de vous?

— Je le désire.

— Vous ne vous fâcherez pas?

— Moi, me fâcher pour un propos de femme! (Deutz commence à être déconcerté, et sa bile fermente.)

— Eh bien! (vivement) nous pensons que vous êtes employé par la police!

Deutz reste un instant interdit et pour ainsi dire sans pensée; cet instant n'est pas long: il se remet, répétant plusieurs fois et lentement, comme pour saisir, le fil d'une phrase, le mot foudroyant de police.

—La police, vraiment oui; je suis donc de la police; pardieu, l'idée est charmante : j'appartiens à la police, à la haute police! N'est-ce pas, mademoiselle, que j'appartiens à la haute police?

— Je ne dis pas non.

— Mais je suis peut-être un des agens de la police étrangère; je suis en France pour don Pédro, pour Léopold, pour les Polonais : si le duc de Reischtadt n'était pas mort, je serais sûrement et infailliblement pour le duc de Reischtadt. Mais à propos! j'appartiens aussi à la police d'Holyrood, à la police de madame de Berri...

— Je ne dis pas non.

Ici Deutz ne trouve plus de paroles à répondre; mais comme il ne sait que faire il se prend à rire : pendant plusieurs minutes son rire continue, mais d'une façon tellement forcée, qu'il est facile de voir qu'il n'en a la moindre envie, comme il n'en a le moindre motif. Après cette conversation Deutz s'est retiré, disant : L'espion va se coucher.

Chaque soir Deutz revient prendre son siége et chaque soir bon gré mal gré la terrible confidence lui est faite, et chaque soir, malgré tous ses projets, Deutz se déconcerte et balbutie encore.

Deutz cependant s'est bien gardé de suspendre ses visites : le soir de son terrible désappointement Deutz descend donc comme de coutume. Ses hôtesses ne tardent pas à remarquer ses préoccupations, et la plus jeune, la plus railleuse, l'entreprend de nouveau et avec plus d'énergie que jamais : la jeune fille lui dit, étant loin de soupçonner la vérité de ses paroles, la jeune fille lui dit : « Ah ! pour le coup, « vous avez compté sans votre hôte, vous avez « été mystifié cruellement ! Vous êtes donc ar- « rivé trop tard ? Est-ce perdu ou seulement « retardé ? »

Chacune de ces paroles serrait son cœur ; ses nerfs se crispent, son sang se dessèche ; il eût été plus à son aise assis sur des charbons ardens. Le tintement aigre et déchirant d'une bouche à feu de petit calibre eût moins cruellement frappé et meurtri ses oreilles ; c'est que tout cela est vrai, horriblement vrai !

Cependant après plusieurs tentatives inutiles, un tour nouveau est donné à la conversation : on parle des réputations. Au milieu de toutes les paroles et de toutes les opinions jetées et échangées sur ce sujet, Deutz s'anime, s'oubliant pour ainsi dire.

Subitement et comme inspiré, Deutz jette dans la conversation ces paroles articulées lentement mais à voix haute :

—La réputation... Eh ! bien, moi aussi je me ferai une réputation, une réputation continentale, universelle. Mon nom appartiendra à l'histoire ; de grandes et terribles pages porteront mon nom ; mon nom sera dans toutes les bouches ; et vous autres, mesdames, vous montrerez aux étrangers la chaise où je suis assis à cette heure; vous leur direz les paroles que je vous dis. Pendant long-temps et bien long-temps il ne sera parlé que de moi.

La plus jeune des demoiselles se leva et marqua avec de la craie le dos de la chaise et la place où posaient les pieds de la chaise.

Deutz la regarde, et hochant affirmativement la tête, il lui répète les mêmes paroles, enchérissant sur les termes. L'assemblée écoute sans rire, et sans l'interrompre; mais quand il a cessé de parler c'est à qui le complimentera et lui demandera aide et protection.

Deutz se lève, prend congé de la société et s'en va se coucher.

Long-temps après, la conversation des demoiselles roule sur Deutz. L'avis de ces demoiselles est unanime sur lui; il est ce qu'il a été jusqu'alors. Quant à Deutz, il monte dans sa chambre, et après s'y être promené quelques instans, il se met dans son lit, mais sans doute il ne dort pas, ou s'il dort, son sommeil doit être bien agité.

En effet son sommeil est cruellement agité. Plusieurs fois dans la nuit on l'entend soit se plaindre, soit menacer. Le lendemain, lorsqu'on entre dans sa chambre, sa bougie est entièrement consumée; son lit renversé, tout défait, semble avoir dû être le théâtre d'une affreuse torture.

Les soupçons que Deutz inspire à l'hôtel de France sont conçus et partagés par tous ceux qui le connaissent à Nantes. Toutes les personnes que Deutz visite et celles qui vivent dans l'intimité de Madame la duchesse de Berri, et celles qui en sont les agens intermédiaires et détournés, et celles qui ne sont dans ses intérêts que de desir et celles qui n'y songent pas, toutes ces personnes ont Deutz en grande défiance.

Seule Madame l'aime et met bonne confiance en lui.

Cependant la plus jeune des demoiselles de l'hôtel n'est pas la seule qui ait eu l'occasion de lui dire sa pensée.

Dans une des meilleures maisons de Nantes, dans celle qu'il fréquente avec le plus d'assiduité, pendant plusieurs jours on s'est abstenu d'entrer avec lui en aucune explication politique, en aucune confidence.

En vain Deutz s'est présenté porteur des recommandations les plus belles et les plus intimes; son visage, sa voix, ont toujours prévenu contre lui, on s'est toujours défié de lui.

Sur-le-champ Deutz s'en est aperçu, et, pour dissiper ce pressentiment qui peut avoir pour lui les plus funestes conséquences, il met tout en œuvre.

Deutz a parlé avec grand détail, avec abandon, des différentes missions qui lui ont été confiées. Il a déroulé les recommandations de sa Sainteté le pape; les lettres amicales du roi de Portugal, don Miguel; il a donné et développé dans tous ses points la mission qu'il a à cette heure; il a nommé tous les personnages influens du parti, et tous les agens du parti.

Les auditeurs sont dans une surprise à chaque instant croissante; mais leur conviction n'augmente pas, et bien s'en faut. Chaque confidence de Deutz augmente leurs soupçons et leurs incertitudes : aussi, le voyant si bien instruit, ils ne savent de quelle manière lui parler.

Lors de ses premières visites, Deutz a été reçu avec une froideur sans égale : on s'en est tenu avec lui à cet échange de paroles, à ces honnêtetés usitées chez les personnes de bonne société. Pour le reste, on est demeuré dans une grande réserve; on a gardé, pour toutes ses questions, une négative entière.

Mais après toutes les preuves que Deutz donne de sa bonne foi, il est bien difficile de garder cette position, devenue ridicule, sinon impossible à tenir.

Dès lors on traite Deutz avec plus d'égard, mais non pas avec plus de confiance. Dans cette maison aussi le terrible mot de police est jeté à ses oreilles. A ce mot, Deutz est encore ému :
— La police, la police ! et Deutz rit.

Bien des fois une conversation semblable commence et finit semblablement. On se défie toujours de lui.

Cependant Deutz ne se laisse pas déconcerter par tous ces tracas ; son impatience se raidit contre les difficultés, et, pour être retardée, il ne voit pas sa fortune perdue. Seulement il pense incessamment à aviser à un nouveau moyen d'approcher de Madame. Deutz voit donc Joli, commissaire de police, et tous les deux tiennent conseil.

Deutz et Joli ont tous deux une bonne part à revendiquer dans la prime nationale promise à la trahison ; c'est pour eux deux que le peuple sue son existence en ses travaux sans fruit ; c'est pour eux deux que les mères portent aux caisses de l'impôt la dot de leurs filles, cette dot acquise par vingt ans de privations et d'épargnes, c'est pour eux que les boutiques surchargées de taxes se ferment, la clef sous la porte, la faillite affichée et timbrée sur la porte ; c'est pour eux que, réduits déjà au nécessaire, les artisans s'arrachent une partie du pain de leur bouche, incertains qu'ils sont d'en trouver le lendemain.

Ces impôts chaque jour augmentés, ces douzièmes provisoires, plaie rongeuse, gangrène de la moelle épinière de la Charte, lèpre constitutionnelle ; ces douzièmes provisoires votés pour une armée de parade, pour des guerres de pacotille, pour des patrouilles, pour des héros de grands chemins, de fermes et de châteaux ; ces douzièmes provisoires sont pour Joli et pour Deutz ; ils sont pour payer les ministres, les préfets, les grands entrepreneurs de trahisons, délations, conspirations, provocations, arrestations.

Allons, payons ces douzièmes, M. Humann le ministre nous le demande; payons donc, payons! Peut-être on a des comptes à régler avec la Bourri.

Oh! à cette heure, on ne va point par les villes, cherchant des hommes de talent ; on ne demande pas des hommes de talent; il faut des traîtres, et les traîtres sont le *nec plus ultrà* de leur philanthropie.

Oui, des traîtres ! les traîtres ont une part bien ample à revendiquer dans notre budget ; bientôt on fera une liste civile pour eux ! quatre cent mille francs pour Deutz !

Oui, les Deutz et les Joli ont leur part à revendiquer dans cette curée, dans la grande curée. Aussi Deutz et Joli travaillent sans perdre courage ; il faut qu'ils aient Madame ; il faut, bon gré mal gré, qu'ils aient Madame !

Cependant le ministère, haletant de joie et d'espérance, attend avec impatience la nouvelle de sa victoire. Ce n'est pas sur Anvers que les yeux sont tournés. Il faut du courage ou du temps pour prendre Anvers ; le courage ne fait pas partie de ses attributions ; on est pressé !

Alors, pour sortir de la crise affreuse dans laquelle ils sont, il faut qu'ils optent entre le courage ou la trahison ; ils n'hésitent pas.

Une partie de la grande somme a déjà été comptée à Deutz. Montalivet prend courage ; et à voir la joie qui brille sur son visage et sur le visage de ses amis, l'on doit s'attendre à une catastrophe.

Le petit Thiers et l'intendant de liste civile, M. de Montalivet, ont ensemble de longues conférences ; ensemble ils lisent les différens rapports adressés par Deutz ; ensemble ils ont reçu la dépêche télégraphique qui leur annonce pour le 31 octobre l'arrestation de Madame.

Leur joie à cette nouvelle est si grande qu'ils ne peuvent la renfermer en eux-mêmes. Bientôt ceux qui les approchent la connaissent et ne peuvent s'empêcher de trembler : aux yeux de tous, l'arrestation de Madame est un véritable coup d'état.

En quelques heures cette nouvelle a franchi le seuil des ministères ; on se la dit à l'oreille, tout bas, mais on refuse d'y ajouter foi.

Mais les personnes influentes parmi les légitimistes en reçoivent des avis nombreux et circonstanciés. Une stupeur soudaine se répand parmi eux, mais sa durée n'est pas longue: on sait que le traître a été induit à erreur; on sait que Madame n'est point encore prise ; on sait qu'elle ne peut l'être de plusieurs jours.

Alors un avis est donné ; cet avis, attribué à la tante de Madame, porte que son altesse royale Madame de Berri, trahie par un de ses agens vendu à la police, va être livrée à Nantes. On est à temps pour l'avertir, à temps pour la sauver. Sur l'heure plusieurs hommes se présentent, et tous ces hommes sont prêts à partir; ils seraient déjà en route, sur le grand chemin, courant de nuit et de jour, à bride abattue, s'ils savaient où est leur Duchesse, s'ils savaient comment donner à leur bonne Duchesse avis du malheur qui la menace.

Mais eux, jeunes gens pleins de force et d'énergie, n'ont pas été initiés à ce secret ; ce secret, un seul homme en est le dépositaire, et cet homme ne part point et ne peut partir.

Cependant, parmi ces jeunes gens, l'un est choisi. Ce jeune homme doit partir le jour même ; à l'instant du départ on doit lui donner ses instructions ; l'heure du départ arrivée, le jeune homme se présente prêt à se mettre en route ; on dit au jeune homme : *Le danger n'est pas aussi grand qu'on le dit; nous avons du temps à nous; nous verrons demain.* Le lendemain est le 31 octobre.

Le lendemain le même homme se présente encore, et la même réponse lui est faite : *Nous avons du temps ; revenez demain.*

Le lendemain et tous les lendemains arrivent ainsi, et le sixième lendemain, le mardi 6 novembre à cinq heures du soir, il est répondu : *Ce n'était qu'une fausse alerte; les nouvelles de Madame nous tranquillisent.*

Ces paroles sont proférées le 6 novembre, et le 6 novembre même, Madame la duchesse de Berri est arrêtée.

A cette heure, lorsque sans passion l'on voit ces événemens, lorsqu'on les voit avec le sang-froid de la méditation, on ne peut s'empêcher de détourner la tête, effrayé que l'on est d'une aussi funeste assurance; on ne sait que penser alors que l'on voit Madame arrêtée, le 6 novembre, par le même infâme, avec les circonstances honteuses dénoncées dès le 30 octobre aux agens les plus directs de Paris.

Aucun messager n'a donc été envoyé à Madame à l'effet de lui annoncer la trahison de son protégé; mais en revanche plusieurs personnes ont reçu ordre de se tenir prêtes. Une noble et jeune dame est demeurée jusques à minuit, attendant la voiture qui la devait conduire à Nantes : son passeport, ses ordres étaient donnés. A minuit point de voiture; le lendemain seulement il est dit à la dame : *C'est une fausse alerte.*

Je n'en finirais pas si je voulais dire dans tous leurs détails les déceptions et mystifications de cette semaine, tant elles ont été nombreuses et variées

Cependant, chaque jour de cette semaine, des rapports plus graves sont arrivés.

Le secret de toutes les phases de la trahison de Deutz a été connu à Paris; mais Madame avait écrit; Madame écrivait que rien de nouveau n'était arrivé; Madame écrivait qu'elle était sûre de Deutz. Madame pouvait-elle en effet imaginer une infamie semblable, une trahison aussi lâche?

Cent fois déjà des dénonciations avaient été mandées à Madame; cent fois déjà ses plus fidèles serviteurs, noircis à ses yeux, s'étaient lavés sans grande peine.

La politique de la police avait pris à tâche, par ses confidences, de jeter le doute dans l'esprit de la bonne duchesse; à chacun de ses chargés de pouvoir avait été tour à tour donnée une attitude de trahison; l'événement en avait bientôt montré la fausseté au grand jour.

Madame de Berri ne pouvait se résoudre à soupçonner Deutz; Deutz, le nouveau chrétien; Deutz qu'elle avait traité comme un orphelin que Dieu confiait à sa bonne garde et sa bonne protection; Deutz qu'elle avait comblé de bien, de confiance jusqu'à faire des jaloux.

Aussi, lorsque les lettres arrivent à Madame, lorsque Madame lit dans ces lettres : *Votre nouveau messager vous trahit*, Madame dit subitement et avec aigreur : Me trahir! me trahir! vraiment nos Messieurs de Paris n'ont que cela à me dire. Puis sa voix devient plus

douce lorsque Madame ajoute : « Sainte Vierge!
« quel serait mon sort s'il fallait que je tinsse
« ainsi en grande défiance tous mes amis; si je
« ne pouvais avoir de confiance en aucun de
« mes amis! Encore s'ils m'en donnaient des
« preuves; mais non, pas une; toujours cette
« parole poignante : Votre messager vous trahit.
« Et pourquoi me trahirait-il? Qui donc a pu
« en concevoir la pensée? Ah! mes ennemis
« respectent assez encore l'honneur national
« pour ne pas songer à l'entacher ainsi ; et puis
« que feraient-ils de moi? Si une fois je venais
« à être sur leurs bras, là, toute droite comme
« un drapeau hissé, cette fois pourrais-je en-
« core dire à mes bons et fidèles gars de la
« Vendée et de la Bretagne : Enfans, restez
« tranquilles, votre mère et princesse vous
« l'ordonne; pourrais-je ordonner la modéra-
« tion aux peuples du midi, eux qui chaque
« jour furieux, las de ronger leur frein, at-
« tendent avec impatience le jour de la déli-
« vrance. Mais ceux-là qui veulent acheter mon
« corps ou ma tête, comme on achète le corps
« d'un animal féroce et destructeur, ne sa-
« vent-ils pas que dès que je ne serai plus là
« pour les retenir, les étrangers inonderont la
« France, ma belle France? ne savent-ils pas

« qu'ils l'ensemenseront de sang, qu'ils la meur-
« triront, qu'ils se la diviseront? Mais, si j'étais
« cloîtrée, emprisonnnée, les Messieurs de
« Paris seraient perdus, perdus à tout jamais;
« moi seule, femme et mère, à la tête de mes
« bandes, je serai plus forte que leurs milliers
« de soldats; ma voix sera mieux entendue que
« la voix de leurs canons. Quel roi de l'Europe
« alors que je me présenterais sur la frontière,
« tenant mon fils dans mes bras, se prendrait
« à passer outre.

« Hélas ! dans quel temps la France a-t-elle
« pu songer pouvoir résister à une invasion?
« Quel peuple de l'Europe, si tous les peuples
« ses voisins songeaient à l'envahir, leur pour-
« rait résister? Oh! non, je ne serai pas leur
« prisonnière, et je ne serai pas trahie. Etre
« trahie, ah! que cette pensée est affreuse!
« non, Hyacinthe n'en est point capable; je le
« connais, il m'est dévoué; il me doit tout :
« c'est moi qui ai fait pensionner toute sa fa-
« mille; mais je ne veux plus y penser. »

C'est ainsi que parle la duchesse, et en même
temps elle froisse dans ses mains la lettre accu-
satrice; elle la chiffonne, la déchire, la chiffonne encore et la jette aux flammes, murmu-
rant : Si seulement ils me donnaient une preuve!

Dès lors Madame n'y songe plus.

Madame ne songe qu'à tirer la France de la crise affreuse dans laquelle elle se trouve. Chaque jour elle écrit aux souverains de l'Europe, les priant de ne rien entreprendre contre la France. Chaque jour visitée par ses généraux les plus expérimentés, visitée par ses chefs de bandes et ses plus habiles négociateurs, elle discute avec eux les chances de l'entreprise qu'ils vont exécuter; l'heure en va bientôt sonner. Madame de Berri prend la part la plus active à ces discussions, et les avis qu'elle ouvre sont d'ordinaire les meilleurs.

Madame est à la fois une femme de conseil et d'action.

Or, pendant que toutes ces choses s'agitent à Nantes et à Paris, Deutz entre dans de nouvelles négociations avec la police; Deutz demande et obtient une somme d'argent nouvelle, et avec elle un courage nouveau.

Quelques jours se sont écoulés à peine, et déjà Deutz demande avec grandes instances une seconde entrevue; Deutz demande cette entrevue parce qu'il a bien des choses à communiquer à Madame; ces choses sont de la plus haute importance; Deutz les eût confiés à Madame, lors de la première entrevue dont il a été honoré, sans le trouble dont l'a rempli cette faveur insigne.

Deutz joint encore vingt autres motifs à ces motifs, et tous sont soumis à Madame. Loin de s'offenser de cette demande et de la prendre en ombrage, Madame s'empresse de s'y rendre; Madame en est même joyeuse; Madame a encore à parler à Deutz; elle a des dépêches à lui remettre.

Le jour de la demande d'audience n'est pas encore écoulé et déjà l'audience est accordée; elle aura lieu le 6 novembre à l'hôtel Duguiny.

Il n'est pas de joie humaine qui puisse égaler la joie de Deutz à la réception de cette réponse, parce que cette réponse est au-delà de tout ce qu'il peut désirer; parce que cette fois rien ne peut faire avorter son projet; parce que cette fois il n'existe pas de motifs capables de le faire avorter : Deutz connaît l'heure et le lieu de l'entrevue.

La joie de Deutz n'est cependant pas de longue durée; bientôt son front se rembrunit; ses yeux deviennent immobiles et puis bientôt hagards; pendant une heure il reste comme étourdi, anéanti; pendant une heure il se promène à grands pas sans prendre repos. Deutz couve son remords.

Deutz a déjà un remords, un remords poignant, un remords qu'il ne peut ni dompter ni adoucir; une sueur tantôt bouillante, tantôt glacée, coule de tout son corps; tout son corps tremble; chaque bienfait de la bonne Duchesse se réveille dans sa mémoire avec toutes ses circonstances les plus généreuses et les plus belles.

Toujours il entend tinter plaintivement à ses oreilles la voix tant douce et tant avenante de la bonne Duchesse, de la royale protectrice, de sa mère adoptive : *Vous êtes fidèle, Hyacinthe; Hyacinthe, vous m'êtes dévoué, et vous ne me serez jamais ingrat?. Hyacinthe, je vous traite à l'égal de mes plus anciens et plus ardens défenseurs !* Telles sont les paroles que Madame lui a dites cent fois, et maintenant ces paroles tintent cruellement aux oreilles du traître.

A chaque instant Deutz se meut violemment et subitement; il lui semble qu'une main le saisit; il lui semble qu'une voix lui dit : *Deutz, pourquoi me trahis-tu?* Deutz ne peut plus se renfermer dans sa chambre; sa solitude lui fait peur; il lui faut du bruit, du monde qui passe et le heurte; il lui faut le tracas et les mille voix du port et des marins.

Deutz chemine par les rues les plus fréquentées et par le port; mais ses terribles visions ne se perdent pas dans la foule; les cris de sa conscience ne sont pas étouffés par les cris du peuple; bien loin de là, le matelot dont le visage rit sous ses haillons et son chapeau ciré, le manœuvre qui, courbé sous sa charge, retourne en chantant à son ouvrage, tout cela l'irrite; ces gens sont pauvres et sont joyeux; lui, Deutz, est riche; il est sûr d'être plus riche encore, mais...

Oh! vous qui passez, ne regardez pas Deutz; ne cherchez pas ses regards sous le verre de ses lunettes; vous le feriez trembler; Deutz croit que son front est marqué; il croit qu'une main a écrit sur son front : Hyacinthe Deutz, le protégé de Madame, a vendu Madame. Pauvre homme!

Ah! si à cette heure un ami eût été là, à l'oreille d'ami, au cœur d'ami, au conseil d'ami; cet œil d'ami eût découvert sur l'heure le combat affreux de Deutz, il eût arraché à Deutz son secret et son crime. Mais point d'ami.

Deutz n'a point un ami avec lequel il puisse s'ouvrir. Deutz ne connaît à Nantes que Maurice Duval et Joli.

C'est à Joli que Deutz va s'adesser dans son anxiété. Les phrases que Deutz emploie alors qu'il aborde Joli sont tellement incohérentes, que lui-même il en est un instant épouvanté; il craint de voir s'écrouler l'échafaudage de sa fortune. Grande est donc sa patience à entrer avec lui dans toutes les discussions ; grande est sa nécessité de combattre son remords et physiquement et moralement. A chacune de ses paroles, Deutz répond par ces mots : *Je suis un monstre!*

« Savez-vous bien, lui dit aussi Deutz; savez-
« vous bien que Madame est ma bienfaitrice;
« savez-vous bien que dans tous les temps elle a
« pris plaisir à me combler de faveurs et d'a-
« mitiés; mais je serais un infâme que tout l'uni-
« vers mépriserait et repousserait. Figurez-
« vous, monsieur Joli, qu'elle m'appelle son
« bon Deutz... »

« Comme vous le voudrez, lui réplique Joli. J'en sais assez pour trouver Madame à moi tout seul; à moi tout seul le demi-million. Quant à vous, je vous conseille de vous sauver en grande hâte, parce que, avancé comme vous l'êtes avec le pouvoir, vous êtes trop dangereux pour qu'il ne lui soit pas juste et nécessaire de s'emparer de vous, et puis.... »

Deutz frissonne.

Deutz et Joli ont une longue conversation

ensemble; et quand elle est achevée, Deutz est décidé ; il n'a plus de remords. Et bien loin de là : au sortir de son entrevue, Deutz doit livrer Madame!

Aussitôt tout est préparé pour conduire l'entreprise à bonne fin. L'autorité municipale fait ses arrangemens, prépare ses proclamations, commande son millier de soldats. Cette fois seulement il n'organise pas son émeute d'usage ; une émeute ne serait pas prudente.

Une partie de la garnison est consignée dans ses quartiers : on fait nettoyer les armes, on se munit d'armes, on arme, on charge les fusils et les pistolets ; les épées et les poignards sont passés sur les pierres, aiguisés et raffraichis à leur pointe. Si on l'osait, on marcherait canon en tête et mèche allumée.

Pendant les heures qui précèdent l'heure de sa trahison, Deutz passe plusieurs fois devant l'hôtel Duguiny; chaque fois, il y jette un regard à la dérobée. A la deuxième heure après midi, Deutz, un instant, s'arrête appuyé contre le mur du château de Nantes; et là, voyant à la fois et le château de Nantes, et l'hôtel Duguiny, et le Cours Saint-Pierre, il tombe en contemplation.

Là, un nouveau combat se livre dans son

âme ; là aussi le remords vient oppresser sa poitrine et faire trembler tout son corps ; mais là le crime est le plus fort; là aussi la pensée d'une fortune splendide fait luire ses yeux et sourire sa bouche.

Une fortune ! pour acquérir une fortune, c'est avec grand'peine que la plus longue vie honnête peut y suffire. Pour acquérir une fortune, il faut briser ses mains et son corps au travail ; il faut suer du sang ; il faut s'en aller affrontant les tempêtes par les grandes mers ; il faut donner une partie de son corps aux glaces des pôles, une partie de son corps à la sécheresse ardente des tropiques. Pour s'enrichir, il faut user ses yeux, enflammer son cerveau, dessécher ses poumons en d'arides et continuels labeurs ; et encore ! combien après une vie de privations et de peines, combien arrivent à leur vieillesse sans pouvoir lui donner une heure de repos dans un large fauteuil, une douce méditation dans les mille étincelles de son foyer, un joyeux refrein dans une coupe pleine ! Combien d'existences laborieuses et honorables trouvent le fumier du Job, l'Israélite, l'hôpital de Gilbert, le poète !

Eh bien ! Deutz va avoir cette fortune ; il va avoir plus d'or que son imagination n'en a pu rêver; il va avoir cet or sans travail, sans génie; il va être riche à l'égal de M. Vidoc, le forçat libéré; à l'égal de M. Thiers, le ministre.

Oh! oui, Deutz va livrer Madame, sa bienfaitrice, sa seconde mère : s'il eût été le disciple du Christ, Deutz eût livré le Christ.

Cependant l'heure de l'entrevue approche, et Deutz va s'y rendre : il attend avec impatience que la dernière minute soit écoulée, et cette minute est bien longue à ses vœux Enfin elle est arrivée, et Deutz heurte le marteau de la porte : on ouvre; il est introduit.

Deutz est introduit dans la petite chambre de la Duchesse : Deutz s'avance les yeux baissés. Madame regarde Deutz attentivement; elle le fait asseoir. Mais, pendant plusieurs minutes, tous deux demeurent silencieux.

—Eh bien! mon cher Hyacinthe, dit enfin Madame, vous avez désiré me parler encore, et je vous en remercie, parce que vos visites me font plaisir, parce que j'ai grande confiance en vous! (Madame regarde toujours Deutz, et Deutz tient toujours ses yeux baissés.) Vous m'êtes fidèle, n'est-ce pas, Hyacinthe? Vous m'êtes bien fidèle?

Deutz se confond en protestations.

— C'est que, voyez-vous, Hyacinte, il en est qui vous suspectent, qui vous accusent.

Deutz se récrie fortement.

— Tenez, je veux que vous sachiez tout ce qu'on m'écrit sur votre compte : lisez....

Madame donne à Deutz une lettre. Deutz lit : *Votre messager vous trahit; il doit vous livrer après la première entrevue dont vous voudrez bien l'honorer.*

Aucune émotion n'altère le visage de Deutz; Deutz demeure impassible.

— Vous le voyez, je ne crois pas un mot de ce que l'on m'écrit : aussi qu'il n'en soit plus question.

Alors la conversation s'engage; et pendant une heure et demie Deutz est admis à s'entretenir avec Madame.

Pendant une heure et demie Deutz dissimule; il réitère ses protestations d'amitié et de dévouement.

Madame donne à Deutz des dépêches à porter, et ce n'est qu'après l'avoir comblé de bons égards qu'elle le congédie.

Pendant que Deutz est resté près de Madame, il a tout écouté, tout observé; il a entendu les gens de la maison, parlant dîner, personnes attendues, personnes arrivées. Il a observé une table avec six couverts ; il a la certitude que Madame dîne dans l'hôtel de Duguiny ; il est sûr du succès de sa trahison. La trahison de Deutz va être consommée.

Ah ! c'est maintenant qu'arrivé au point le plus grave de notre entreprise, deux fois vainement arrêtés par le ministère, cités devant une Cour d'assises, nous voyons, sans en être effrayés, la gravité de notre ouvrage, et la responsabilité que nous avons assumée sur nos têtes Dans cette première partie de nos livraisons, nous avons traité avec toute notre vigueur, mais en restant toujours dans les convenances légales, la vie de Son Altesse royale Madame, depuis son départ de France jusqu'à l'heure de son arrestation. Maintenant il nous reste à développer des scènes plus affreuses et plus héroïques ; maintenant nous ne quitterons plus Madame.

C'est à Nantes que nous avons été puiser tous les détails donnés sur la vie de Deutz ; nous-mêmes nous nous sommes mis dans la cachette ; et nos dernières scènes, nous les écrirons en vue des remparts de Blaye. Nous aussi, nous allons partir pour Blaye, et nous n'en reviendrons que lorsque nos procès en Cour d'assises nous redemanderont à Paris :

alors nous plaiderons nous-mêmes notre cause. Jeune homme, sans reproche dans le passé, sans crainte pour l'avenir, nous trouverons des paroles plus fermes, plus justes encore ; c'est le nom de notre Duchesse que l'on a attaqué en nous ; nous ne le trahirons pas en reculant devant les dangers d'une vérité à dire hautement. Nous avons notre conviction, la conviction de la vraie France.

CHAPITRE VII.

Siége. — Visite domiciliaire. — Madame dans sa cachette. — Prise de Madame.

Le jour tombe, le ciel est pur et pointillé d'étoiles : belle à l'horizon, et comme au milieu d'un cortége, la lune monte lentement : semblable à une lampe d'albâtre ronde, illuminée, réfléchissant une clarté douce et mystérieuse, la lune est belle à voir.

Ah! combien alors l'obscurité d'une chambre est précieuse! combien on a de volupté, alors qu'au milieu des ténèbres, entier dans ses méditations, on regarde le beau spectacle du jour qui finit et de la nuit qui commence! Oh! ce moment de silence et de recueillement a bien des charmes, a de bien douces émotions. Alors les cœurs s'ouvrent, les pensées s'entendent, les distances se rapprochent; tout se confond dans l'obscurité.

Tel est le spectacle, telles sont les pensées de l'hôtel Duguiny. Madame en prend aussi sa noble part : la princesse de Sicile est silencieuse, mais c'est pour d'autres temps et d'autres lieux que s'enflamment ses yeux et son âme.

La princesse de Sicile rêve des belles soirées de la Sicile, avec leur air pur, embaumé; avec leurs danses à chaque village ; avec leurs chansons si joyeusement cadencées ; ces soirées sur les golfes avec les gondoles illuminées apparaissant et se reflétant dans les flots comme des couronnes d'étoiles.

Oh! Madame entend les chansonnettes ; elle sourit à chaque danse; elle s'attache à chaque nacelle : Madame a aussi sa chansonnette, sa danse et sa nacelle.

Oh! Madame voit encore dans la nuit de l'horizon l'Etna s'élever jaillissant en flamme et semblable à un filet tendu le soir pour surprendre et retenir le soleil, ardent et désireux qu'il est de lui dérober ses feux.

Oh! Madame est encore la princesse fêtée,

couronnée; elle est encore la fille d'un roi puissant, la fiancée d'un fils de roi; elle traverse encore la mer avec sa longue suite, avec l'espérance et un diadème au gouvernail. La proue et la poupe de son navire se tiennent et se correspondent par des guirlandes, la mer est belle; elle se soulève orgueilleuse, la portant jusque dans la nue, jalouse de lui faire voir la fille de son roi.

Et puis la France, et puis Toulon, et puis Marseille: souris, fille royale de la Sicile, fille royale de l'Italie, souris au beau ciel de la Provence, la seconde Italie. En Provence comme en Italie, le ciel bleu, toujours bleu; le soleil chaud, les forêts d'orangers, la mer semée de gondoles. Là aussi des fêtes, là aussi de l'orgueil et de l'amour, tout l'orgueil et tout l'amour qu'on a pour une fiancée belle, jeune, parée, royale.

Oh! Madame voit aussi ses bals aux Tuileries, au milieu de leur mille cristaux enflammés, au milieu de leur atmosphère de feux et de parfums, avec leurs groupes variés, parés, dorés, embaumés. Et puis les danses, et puis la musique, le mouvement, la gaieté, les hommages, oh! oui, des hommages, un torrent d'hommages pour la princesse; dans ce torrent d'hommages, princesse, tu entends encore et tu distingues l'hommage des d'Orléans, tes cousins, *les bonnes gens*. Oh! les bons cousins, *les bonnes gens* n'ont que des protestations de reconnaissance, d'amour et de dévouement à lui offrir; alors il n'y a pas de *race déchue*. Alors Montalivet, le malencontreux Montalivet, n'a point mal au cœur... alors... La princesse chasse ces souvenirs loin d'elle; l'ingratitude fait tant de mal!

Madame a présentes à la mémoire ses soirées dans la bonne Vendée; ces soirées sur un banc de bois, dans une ferme, au milieu de ses gars dévoués et courageux.

Madame a mille pensées et mille souvenirs lorsque subitement M. Guibourg, jetant ses regards dans la rue, donne l'alarme...

Trahison, dit-il, trahison; un bataillon de troupe de ligne entoure en silence notre hôtel... Hyacinthe!

Madame sort de sa méditation; Madame regarde elle-même: Oui, dit-elle, trahison! Hyacinthe, est-ce donc toi qui m'as trahie?

Alors une agitation immense est dans tous les appartemens. Alors on presse Madame de se soustraire aux recherches; la moitié des convives doit se cacher, et pour recevoir la force armée les courageuses demoiselles Duguiny, madame de Charette et une demoiselle de Kersabiec demeures seules.

Une cachette est prête. Depuis long-temps il a été décidé que son Altesse royale Madame, que mademoiselle Stylie, que M. Guibourg, que M. de Mesnard y chercheront un commun asile. Madame n'entend pas se dérober seule aux persécutions : la liberté de ses serviteurs lui est chère, au moins autant que la sienne propre. Aussi depuis long-temps toutes les conventions ont été prises, tous les préparatifs ont été faits : l'heure de les mettre en exécution est venue. Une cheminée renferme derrière sa plaque de fer le local préparé pour recevoir, contenir et cacher la royale princesse et ses dévoués serviteurs.

Lorsque l'alarme est donnée, l'on va se mettre à table; mais Madame ne doit pas manger, ou du moins elle doit manger bien peu. Madame a son jour de fièvre; une fièvre tierce depuis plusieurs mois tient et fatigue Madame.

La duchesse de Berri a tant souffert dans la Vendée, et des veilles, et de l'intempérie des saisons, et des marches forcées, et des émotions violentes, que son corps déjà faible en a été fortement secoué. La délicatesse de sa santé n'a pu y résister, et maintenant la fièvre la mine. Madame n'a donc pris aucun aliment depuis la veille, lorsque mademoiselle Stylie de Kersabiec s'élance dans sa chambre avec MM. de Mesnard et Guibourg.

C'est dans la chambre de Madame, dans une petite mansarde, au troisième, que la cache se trouve située. Quelle cache!

Moi-même, peu de jours après l'affreuse trahison, je me suis transporté à Nantes. J'ai vu l'hôtel Duguiny. Je suis entré dans la cache sacrée, ou plutôt j'ai rampé pour y pénétrer; alors j'ai dit : C'est impossible, quatre personnes n'ont pu tenir dans ce trou ; moi-même j'y suis à l'étroit. Ah! combien elle a dû souffrir dans cette espèce de crevasse sous un toit! Elle, princesse royale, ici, debout, encaissée au milieu de trois êtres existans, sans atmosphère, se disputant l'air ; sans alimens, affamés en y entrant : oh! c'est affreux, c'est incroyable, impossible! j'y serais mort. Mais encore, moi, seul, j'y suis à l'étroit, courbé, étouffé : pourtant la plaque n'est point échauffée, un feu d'enfer ne lui est point apposé maintenant; elle n'est point rouge, ardente, dévorante, cette plaque! Pauvre Duchesse! Telles ont été mes pensées et mes paroles, lorsque moi-même je me suis posé dans la cachette.

Ah! combien mon cœur a été vivement agité dans cette cachette! combien j'y ai tressailli de tout mon corps, en m'appuyant à l'endroit que, pendant vingt heures, la fille des rois, la mère de mon roi (car mon roi à moi c'est Henri, cinquième du nom) avait occupé, immobile, héroïque, expirante.

Ah! combien pourtant j'étais fier de ce poste; combien, s'il l'eût fallu, j'en eusse chèrement payé l'honorable faveur !

Ah! si bientôt le ciel comble l'unique pensée de mes jours et de mes nuits; si mes vœux de bonheur, de paix, de gloire pour la France donnent bientôt bonheur, paix et gloire à la France, il faut que l'hôtel Duguiny devienne un temple; il faut que la sainte cachette en soit le sanctuaire; il faut que de tous les points de la France on y vienne en pèlerinage, attiré par cette inscription posée à la porte : *Mater Salvatoris refugium*, refuge de la Mère du Sauveur.

Alors, quand on verra cette cachette renfermée entre le mur d'une cheminée; le mur extérieur d'une maison et les chevrons de la toiture ; cette cachette avec ses deux extrémités inégales, avec ses extrémités de huit pouces et de seize pouces ; cette cachette longue de trois pieds à peine ; cette cachette haute de cinq pieds un pouce dans sa plus grande hauteur, et s'en allant plus basse vers la partie la plus étroite ; cette cachette ayant pour porte la plaque mobile de la cheminée, plaque étroite, porte que l'on ne franchit qu'agenouillé, que rampant ; quand on verra cette cachette avec ses murailles brutes, ses murailles chargées d'araignées et de leurs toiles ; quand à quatre personnes on s'essaiera à entrer dans son enceinte ; lorsque l'on réfléchira que la fille des rois, Caroline de Naples, la mère de Henri, y est restée vingt heures entières, alors on restera immobile et stupéfait ; on refusera de croire ; on rira du rire de l'incrédulité ; on nommera cette histoire un conte de fées, une chronique populaire grossie de père en fils, bonne pour occuper une veillée, bonne pour édifier un roman.

Pourtant ce que l'on appellera un conte de fées s'est passé parmi nous, sous nos yeux ; ce conte de fées a commencé le mardi 6 novembre 1832, à cinq heures du soir ; il a fini le 7 novembre 1832, à midi.

Il y a eu des témoins de ce conte ; le procès

verbal de tout ce conte a été dressé; M. Guibourg, un de ses héros, a lui-même écrit ce conte.

Moi aussi, à mon tour, je vais le narrer dans tous ses détails; j'ai été à Nantes pour les apprendre. Là dans un coin, dans la mansarde sacrée, j'ai trouvé, oubliée, la plume qui à cette heure va me servir à tracer ce chapitre. Cette plume je la garderai soigneusement, souvenir glorieux pour mes fils, cette plume a été la plume de Madame.

Je la mettrai dans mon reliquaire; elle sera mon saint panache; elle sera mon scapulaire protecteur.

A peine l'alarme est donnée, et déjà toute la maison est dans l'appartement de Madame; toute la maison presse Madame de se cacher; on attend qu'elle soit à l'abri pour ouvrir la porte; si Madame tarde la porte va être enfoncée, brisée par les pieds des autorités municipales, brisée par la hache des sapeurs.

Un sous-préfet, parce qu'aucun mercenaire ne voulait le faire, a bien lui-même, habit bas, manches relevées (1), sous les coups de hache,

---

(1) M. de Cholet, *Charte de 1830 en action*; Paris, Hivert.

fait tomber une croix de mission (1) carpentras).

Ni Dieu, ni la loi ne peuvent arrêter dans leur règne ceux-là qui ne sont arrivés à leur règne qu'en reniant et blasphémant et leur Dieu et la loi.

La cachette est ouverte ; Madame ne s'avance pas pour y entrer ; mais voyant que personne ne se meut, elle reproche joyeusement à ses dévoués serviteurs d'avoir oublié les conventions ; elle ajoute : *C'est comme à la répétition.*

La princesse et ses trois compagnons sont en effet depuis long-temps préparés à entrer, à se blottir, à s'encaisser dans cette cache, dans laquelle une personne seule serait encore à l'étroit.

Plusieurs fois, dans leurs momens perdus, madame la duchesse, mademoiselle Stylie de Kersabiec, M. de Mesnard et M. Guibourg se sont exercés à y entrer et à s'y placer. L'expérience, la forme du local, la taille et la corpulence de la royale princesse et des trois heureux qu'elle veut bien s'associer, ont décidé l'ordre d'entrée, la position et l'allure nécessitées dans la cachette. Si l'entrée était décidée, la sortie l'était aussi ; elles devaient se faire par le rang et la progression de la taille.

Alors donc M. de Mesnard entre ; M. Guibourg le suit et après lui, mademoiselle Stylie de Kersabiec ; madame de Berri s'introduit la dernière : c'est ainsi que la princesse et le local l'ont voulu.

Pendant que tout cela s'opère, les domestiques descendent, criant de toute la force de leurs poumons : On y va, patience ; on y va. On ne veut pas résister de peur d'inspirer des soupçons, de peur d'augmenter trop fortement la colère, à chaque instant croissante, des visiteurs patentés.

La porte est ouverte à l'instant où la plaque est poussée ; la préfecture entière de Nantes s'avance le pistolet au poing. Imbéciles !

Ces hommes, revêtus d'habits d'hommes, de distinctions d'hommes, à la tête, escortés, environnés de quelques centaines d'hommes payés un sou par jour pour les défendre, pour se mettre devant eux, boucliers convenus ; ces hommes municipaux, ces magistrats de paix au milieu d'une haie de baïonnettes, ils s'avancent, eux aussi, armés de pied en cap, dans une maison habitée par deux femmes, et où ils viennent chercher une troisième femme. Hommes de la trahison, ils ne rêvent que trahison.

Cependant, la porte à peine ouverte, ils franchissent quatre à quatre les escaliers des trois étages ; l'un d'eux, conduit jusques à la mansarde, disant : Elle est là. Il entre dans la chambre, et la reconnaissant subitement tant elle lui a été décrite exactement et soigneusement, il dit aussi : *Voici la salle d'audience.* En l'entendant, la pauvre Marie Bossy laisse tomber ses mains le long de son corps, et inclinant sa tête affaissée elle murmure tout bas : Deutz a trahi. Ces paroles sont aussi répétées dans la cachette; les cœurs en sont serrés ; Madame seule refuse d'y croire.

Cependant les troupes entrent et montent en ordre, lorsque subitement une explosion se fait entendre au troisième étage ; c'est un coup de pistolet. Alors tout le monde se presse, se heurte en désordre, renversant, brisant, s'élançant là où le bruit a été entendu. Les habitans de la maison et les réfugiés dans la cachette tremblent. Qui a tiré ?

On interroge, on écoute, on ouvre les rangs; un des commissaires passe, la main meurtrie et sanglante. Ce malheureux, soit qu'il ne comprît pas un pistolet, soit que le trouble fît et trembler sa main et s'agiter convulsivement ses doigts, soit qu'il pensât en tirer un bon parti, ce malheureux déchargea son pistolet et se laissa cheoir. Bientôt l'émotion occasionnée par cet accident diminua et passa entièrement.

Les chercheurs se prirent à rire ; la princesse, qui entendait tout, ne rit pas ; elle dit : Pauvre homme !

Cependant les sentinelles sont posées dans tous les appartemens et à toutes les portes.

La force armée ferme toutes les rues environnantes, enveloppant le quartier dans une haie de baïonnettes ; personne ne peut approcher. Dans toutes les maisons voisines des recherches sont faites, toutes les armoires et les portes sont brisées ; dans toutes l'arbitraire, la vexation, la violation, le droit du plus fort : on dirait une ville prise d'assaut. Les murailles sont profondément sondées ; on les ébranle, on les crevasse, on les démolit.

Plus que tous, l'hôtel Duguiny est soumis aux rigueurs d'une visite chèrement payée. On sait que madame de Berri doit dîner à l'hôtel Duguiny, et on sait qu'elle y habite.

Les clefs de toutes les portes en sont demandées, et de la cave au grenier rien n'est épargné pour trouver sa retraite.

On sait que souvent les cheminées renferment des cachettes : on veut alors faire du feu à toutes les cheminées ; mais long-temps on demande en vain le bois nécessaire, les maîtres et les servantes refusent de le donner : ce n'est qu'après avoir été en butte aux plus indignes propos, ce n'est qu'après avoir vu l'inutilité et le danger même d'un refus plus long-temps prolongé, que la fille Bossy, la fidèle servante consent à le leur livrer, glacée et frissonnant de tout son corps. La pauvre fille ne songe qu'aux dangers et à l'ennui de la fumée ; aussi elle donne pour la cheminée de la mansarde le bois le plus sec, celui qui fumera le moins.

Ces feux sont allumés et alimentés avec soin pendant six heures consécutives : pendant ces six heures, des masses de fer ébranlent les murailles, frappant de préférence et avec plus de force celles de la cachette. A chaque coup les murailles menacent de crouler, écrasant la cachette et ceux qu'elle renferme ; pendant ces six heures, toutes les recherches sont inutiles. En vain on a voulu acheter la fidélité des servantes de la maison ; toutes les deux sont demeurées silencieuses et insensibles : 200,000 fr. qu'on leur a offerts ne les ont point ébranlées ; les pauvres filles n'ont même pas balbutié leurs refus. Des caresses inutiles on est passé aux menaces, tout au moins aussi inutiles. La plus légère indiscrétion n'est point sortie de la bouche de ces femmes ; elles n'ont point fait un geste ; elles n'ont pas eu un regard qui pût faire présumer aux chercheurs que la noble princesse les entendait, qu'elle était là.

Si ces jeunes femmes ont mérité un tribut d'admiration et d'éloges, elles qui pauvres ont refusé une fortune ; elles qui timides n'ont pas été effrayées par une masse d'hommes armés ; elles qui délicates n'ont pas été vaincues par les mauvais traitemens, si, à tout jamais fameuses et l'honneur de leur sexe, elles sont dotées par la France entière, les demoiselles Duguiny, leurs maîtresses, n'ont pas moins mérité de leur sexe et de la France.

Elles aussi ont été livrées à la brutalité de la soldatesque ; elles aussi ont été menacées, insultées ; elles aussi ont montré un sang-froid imperturbable et que leur présence d'esprit a pu seule égaler.

Lorsque la force armée est entrée une table était mise, et sur cette table huit couverts. Quatre personnes seulement étaient présentes : madame de Charrette, mademoiselle de Kersabiec et les deux demoiselles Duguiny. La vue de cette table et de ses préparatifs dénoncés par Deutz et remarqués hautement par le préfet, n'émeut pas ces nobles dames ; pendant que l'on cherche, toutes quatre disant que leurs parentes invitées ont été épouvantées et repoussées par la force armée déployée à leur porte, finissent par se mettre à table : elles mangent même : elles se seraient étouffées pour manger. Toutes quatre elles rient, elles plaisantent, tandis que leur table, ainsi que toute la maison, ébranlée, secouée, menace ruine ; toutes quatre elles sont dignes de leur princesse; Marie Bossy et Charlotte Moreau, leurs servantes, sont dignes de leurs maîtresses.

Cependant ces nobles femmes commencent à désespérer; elles savent bien que la cachette ne sera pas découverte, mais elles savent aussi que la fatigue, la faim, le manque d'air, l'ardeur du feu, va incessamment obliger les nobles prisonniers à se rendre : elles se trompent.

Si aucune souffrance ne peut égaler celles auxquelles Madame est en butte et partage avec ses compagnons, aucun courage aussi ne peut égaler celui de Madame.

Long-temps, malgré les probabilités, malgré toute l'évidence de la trahison de Deutz, elle a refusé d'y croire; elle a pensé qu'il en serait de cette visite comme de toutes les autres; qu'il leur serait bientôt permis d'avoir de l'air, du pain et un siége pour s'asseoir. Hélas ! avant la sixième heure de recherches, leur estomac crie famine ; leur bouche est béante, embrasée ;

leurs jambes défaillissent. A la sixième heure, son espérance commence à être moins grande : la visite cesse ; le préfet se retire harassé, parce que lui-même a mis la main à l'œuvre ; mais en partant il pose des sentinelles dans chaque appartement. La mansarde de Madame est confiée à deux gendarmes.

La nuit est grande et le froid intense : le feu s'est éteint, et la mansarde comme la cachette, toutes deux sous les toits, ne tardent pas à devenir humides, glaciales, insupportables.

Alors aussi les gendarmes se plaignent, demandent et exigent du bois : les gendarmes allument et entretiennent des feux si grands, que de chaude qu'elle est d'abord, la plaque de la cheminée ne tarde pas à devenir entièrement rouge. Elle brûle, elle brûle l'air, elle brûle les vêtemens, elle brûle les mains, elle brûle le corps ; bientôt la cachette est une fournaise dont l'ardeur et les souffrances augmentent incessamment.

Oh ! je ne me charge pas de peindre cette scène affreuse, cette agonie mesurée, cette mort de douze heures, cet enfer long d'un siècle ; la plume ne peut rendre ce qui passe l'imagination, et ce que ses grands yeux ne peuvent mesurer, ne peuvent seulement atteindre.

. Douze heures passées debout, passées sans air, passées au milieu des flammes, passées sur un gril ardent! A la douzième heure elles ne s'étaient point rendues, elles n'étaient point mortes.

Pourtant la plaque était devenue comme un gril ardent, et tellement ardent, qu'il était impossible d'y pouvoir demeurer, que chacun à son tour y venait faire sa pose. Voyez la fille des rois, la bonne duchesse, la princesse des fêtes et des aumônes, la femme délicate, dans cette cachette en feu, sans position, sans repos, mouvant et tournant incessamment, elle et trois compagnons.

Jamais un crayon d'homme ne pourra tracer les poses hideuses de cette agonie : pourtant des hommes se sont trouvés qui l'ont raillée, qui l'ont chansonnée, et ces hommes-là, nés en France, ont du mépris pour Deutz, l'étranger. Insulter à une femme, insulter au malheur, à l'héroïsme, n'est-ce donc point aussi une trahison?

Néanmoins, pendant tout ce temps-là, pas un cri de douleur ne leur est arraché; pas un des captifs n'ose se plaindre, pas un n'ose désespérer. Madame dit qu'elle ne souffre pas, elle ne se plaint pas; elle a bonne confiance.

Elle, la plus faible, elle est la moins abattue;

elle avec la fièvre, elle qui devrait être dans un lit, chaudement, bien aérée, soignée, dorlotée, elle reste debout; elle donne l'exemple de la patience; elle rendrait le courage à ses compagnons, si ses compagnons le pouvaient perdre.

Je ne chercherai pas à peindre plus longuement, et à tracer dans tous leurs détails ces scènes cruelles, parce qu'être faible dans une pareille circonstance c'est être coupable. Je paie à cet heure un assez fort écot à la persécution pour ne point exposer mes lecteurs à être encore privés de ces nouvelles pages. Je laisse parler M. Guibourg.

« La nuit se passe au milieu des tortures, que l'on pouvait à peine adoucir en s'ingéniant de mille façons. Les ouvriers n'avaient pas attendu le retour de la lumière pour recommencer leurs travaux. Il semblait qu'on voulait abattre l'hôtel Duguiny et les maisons voisines. Les barres de fer, les madriers frappaient à coups redoublés, et l'on ne savait si, après avoir résisté aux flammes, Madame ne serait pas écrasée sous la pierre.

« Qui le croirait! cette affreuse position n'était pas sans charmes pour les trois serviteurs de Madame. Souffrir avec et pour une princesse qu'on admire dès qu'on la connaît et à laquelle on appartient pour toujours; voir la police entière se consumer en vains efforts pour prendre et livrer au pouvoir celle dont naguère il eût baisé les pas ; entendre leurs plaintes et leur mécontentement de ne pas trouver la princesse dont la capture était pour l'un la condition d'un horrible salaire, pour l'autre un gage de réconciliation, pour tous peut-être un motif de récompenses et d'honneurs, était une satisfaction qui calmait les brûlures, faisait oublier la fatigue et la faim. Indépendamment des devoirs sacrés que le malheur et l'opinion imposent, il est des hommes dont l'âme aime à lutter avec les orages de la vie, et trouve une sorte de bonheur à vaincre et dominer tous les mouvemens d'une nature ordinairement ennemie des souffrances et des périls.

« Cependant les gendarmes de garde avaient cessé d'entretenir le feu ; peu à peu l'air s'était renouvelé et la plaque attiédie. En revanche, les recherches paraissaient se concentrer autour de la cachette. Revenu dans ce lieu pour la vingtième fois, on brisait un placard, on examinait l'ardoise dérangée qui laissait passer un peu d'air aux captifs ; on sondait de nouveau le mur qui les touchait ; la cachette retentissait des coups de marteau qui frappaient autour de la plaque ; le plâtre se détachait ; c'en était fait, lorsque les ouvriers abandonnent cet endroit si minutieusement exploré. *Non*, dit tout bas l'un des prisonniers, *ils ne la trouveront pas désormais ; Dieu veut la sauver ; nous n'avons plus d'ennemis que la fatigue et la faim.* Courage, disait l'illustre mère de Henri V, *ils se lassent de chercher, de briser, et peut-être touchons-nous au terme de notre délivrance.* En effet, les ouvriers avaient abandonné une seconde fois la maison ainsi que les autorités. Les gardes s'étaient repliés au rez-de-chaussée ; le troisième étage n'était plus gardé que par deux gendarmes qui se tenaient dans la chambre de la cachette. Mais cet espoir ne fut pas de longue durée. Les gendarmes avaient rallumé le feu ; la plaque, qui n'avait pas eu le temps de refroidir, était devenue brûlante une seconde fois ; le mur ébranlé laissait passer la fumée ; il fallait appliquer la bouche contre les ardoises pour échanger une haleine de feu contre l'air extérieur. Ce n'est pas tout : au danger d'être asphyxiés venait se joindre la crainte d'être brûlés tout vifs. Le bas des vêtemens menaçait de s'enflammer ; déjà cet accident était arrivé à la robe de Madame, et l'on frémissait à la vue d'un danger si imminent.

L'espoir devenait impossible; il était remplacé par la conviction qu'on ne pouvait plus rester une heure dans cette fournaise sans compromettre les jours de Madame. Elle le sentait aussi, mais ne pouvait se résoudre à se livrer elle-même. Son grand cœur fut obligé de souscrire à la nécessité; elle ordonna d'ouvrir tout doucement la porte de la cachette; mais le fer dilaté par la chaleur résista aux efforts de mademoiselle Stylie de Kersabiec et ne céda qu'à des coups de pieds répétés de ces messieurs.

« A ce bruit inattendu, les gendarmes stupéfaits crièrent : Qui est là? — Vos prisonniers qui se rendent, répondirent des voix de femmes. Ces pauvres gens éperdus s'empressèrent d'ôter le feu de la cheminée à la première demande; redoutant pour les détenus les atteintes d'un foyer brûlant, ils aidèrent à chacun d'eux à sortir de la cachette, en commençant par mademoiselle Stylie de Kersabiec. Je suis la duchesse de Berri, s'écria la princesse, en se relevant courageusement : vous êtes Français et militaires, je me fie à votre honneur. La plume ne saurait rendre les émotions qui se manifestèrent en ce moment pour tout ce qui porte un cœur d'homme. Ces anciens soldats de la garde tremblaient pour la première fois en pressant la main de celle qui les aimait tant. Ah! c'étaient des serviteurs fidèles, et il a fallu de grandes catastrophes pour que S. A. R. soit devenue leur prisonnière.

« Hommes généreux ! jouissez du témoignage de votre conscience ; votre main ne s'est jamais souillée du sang d'un ennemi désarmé, d'un Français surtout, et vous n'êtes pas de ceux qui sont devenus des assassins dans ces malheureux temps.

« Le bruit de cette scène si attendrissante fit bientôt monter une partie des troupes stationnées au rez-de-chaussée. Madame était passée dans la petite pièce où elle avait reçu l'abominable Deutz. Il n'y avait ni haine, ni colère sur aucun visage ; c'était l'étonnement, la stupéfaction d'un événement qui semblait incroyable. La puissance du malheur régnait dans toute sa force. Madame demanda le général d'Erlon, et l'on s'empressa de lui obéir. Il parut bientôt avec le général d'Hermoncourt et le préfet. Ces fonctionnaires avaient été précédés par les substituts du procureur du Roi. S. A. R. obtint du général d'Erlon l'autorisation de garder avec elle ceux qu'elle nommait si obligeamment ses prisonniers, et lorsque cette infortunée princesse annonça cette bonne nouvelle à M. Guibourg, pour le dédommager de la liberté qu'il perdait une seconde fois, celui-ci répondit avec une émotion qu'il n'éprouvait pas seul : Je suis trop heureux de partager le sort de Madame, et je préférerais à la liberté même une captivité si glorieuse à mes yeux.

« Il était alors environ midi, et Madame n'avait pris aucune nourriture depuis la veille, dix heures du matin. Cependant ses forces ne l'abandonnaient pas plus que son courage; elle se contenta de demander un verre d'eau. »

C'est ainsi que monsieur Guibourg a tracé l'historique de ces vingt heures, heures affreuses, heures d'agonie, les vingt plus affreuses heures de toute la vie de la duchesse de Berri.

Ah! pendant ces vingt heures, que de pensées l'agitèrent, que d'angoisses se succédèrent dans son cœur; combien elle dut vieillir : pauvre princesse! de sa cachette, espèce de sépulcre, madame de Berri avait entendu les mille conversations des soldats changés à chaque heure : tous ces soldats avaient leur histoire, leurs révélations qu'ils se faisaient auprès du feu, les jambes dans le feu. L'un dit :

« Il y a quinze jours environ, madame la duchesse de Berri a été reconnue dans la ville sous le déguisement d'une sœur de charité par quelqu'un qui, la regardant fixement, s'est borné à lui adresser ces mots : « Madame, vous êtes bien imprudente. » Une autre fois, elle a assisté à une messe à Saint-Nicolas. — Enfin une troisième fois on l'a aperçue se promenant sur la promenade de la Bourse. » — Aussi bien sûr, disent les soldats, Madame la duchesse est à Nantes. »

L'un d'entre eux ajoute : « Je donnerais bien cher pour l'apercevoir un instant, et sur l'honneur je ne la livrerais pas. Après tout c'était une bien brave femme ! Son fils était si gentil ! » Bien d'entre eux soupirent ; tous dans leur âme font des vœux pour que la royale princesse échappe cette fois encore à la poursuite de ses ennemis payés, pour que si Madame doit être prise aujourd'hui, il leur soit donné de n'en être ni les témoins, ni les agens.

Ce bonheur ne leur est pas donné, aussi lorsque Madame sort de la cachette, tous stupéfaits perdent la parole et le geste, tous inclinent le front, soit respect, soit honte.

Oui, tous à cette heure se cachent le visage, et sont honteux comme des écoliers que l'on prend sur le flagrant délit d'une faute.

Le général Dermoncourt lui-même tremble

alors qu'il arrive, lui aussi, militaire brave, rougissant de la mission qui lui est confiée. Aussi, long-temps avant la reddition de ceux que Maurice Duval nomme ses prisonniers, il a voulu abandonner cette partie honteuse; il a fait observer à ce Maurice Duval le ridicule de cette visite infructueuse; il lui a dit qu'il était temps de se retirer, et de laisser du repos à deux femmes sans défense. A tout cela Maurice Duval a répondu qu'il ne sortira de l'hôtel que lorsqu'il aura pris madame de Berri; pour prendre madame de Berri Maurice Duval va faire détruire la maison; il va la dépecer pièce à pièce, pierre à pierre.

Ce sont ces dernières paroles qui, dites bien haut, et répétées par la foule, arrivent jusqu'aux oreilles de Madame, et mettent le désespoir dans la cachette.

Déjà des ouvriers ont été demandés. On va commencer l'œuvre de destruction; sans arrêt, sans ordre, un préfet prend sur lui de faire démolir un hôtel, payant ses impositions, ayant son propriétaire. Un préfet ordonne cela sans crainte : lui qui doit faire observer la loi, lui devant qui les portes de l'hôtel Duguiny se sont ouvertes au nom de *la loi*, il viole la loi de propriété; il est sûr de demeurer impuni; bien plus, il est sûr d'être récompensé.

Aussi, à toutes les observations des demoiselles Duguiny, Maurice Duval a répondu : *Les ouvriers qui démoliront la maison seront chargés de la reconstruire.* Ses ouvriers arrivent, l'œuvre commence ; toute la maison retentit de nouveau. Plus d'espoir alors; alors Madame se rend.

A cette heure la plume échappe à mes mains, et je recule effrayé devant le tableau qui me reste à dessiner; ce travail demande des forces surhumaines, parce que tout en lui a été surhumain.

Il n'est dans l'histoire de tous les temps qu'une scène que je lui trouve comparable pour l'effet de la stupeur : c'est la sortie du Christ de son sépulcre.

En effet, resserré et gardé par la soldatesque, le Dieu sort subitement, brisant les entraves de la mort, tuant la mort pour ainsi dire et s'élançant dans une autre vie immortelle.

Là pour le Dieu fait homme, commence une autre vie; dans le sépulcre et dans son agonie le Dieu rachète les hommes et sacre sa mission; là, le premier et le plus sublime de tous les êtres existans, il serait digne d'être leur Dieu s'il ne l'était déjà.

Il en est ainsi de Madame de Berri, autant que le profane peut ressembler au sacré.

Elle aussi, elle est gardée entre quelques pierres que l'on croit devoir être son sépulcre, ou tout du moins celui de sa cause.

Elle en sort glorieuse et puissante; elle commence une autre vie; épurée par le feu, par cet autre enfer; elle a racheté son peuple; elle a mérité le haut rang où le ciel l'a mise.

Madame va être conduite au château de Nantes.

Dès long-temps le château de Nantes a été préparé pour la recevoir : toute la nuit des travaux y ont été faits, le préfet a des instructions de longue date; depuis le mois de juillet, depuis la première visite faite à Nantes pour trouver Madame, le ministère a mandé ses volontés. Madame doit être conduite au château de Nantes, et puis bientôt embarquée pour Blaye.

Nantes et Blaye!

CHAPITRE VIII.

Arrestation de Madame. — Effet produit par cette arrestation. — Procès-verbal. — Madame conduite au château. — Le château de Nantes.

La nouvelle de l'arrestation de Madame se répand subitement dans Nantes et ses environs ; mais partout on refuse d'y ajouter foi. Depuis bientôt six mois, pas une semaine, pas un jour pour ainsi dire ne s'est passé sans une une visite domiciliaire, sans l'investissement d'une propriété, et chaque fois le nom de madame la duchesse de Berri a été prononcé. Chaque fois on l'a dite, surprise, arrêtée.

Aussi chacun se prend à rire, alors qu'une autorité affirme tenir la princesse entre ses mains.

On regarde cette prise, toute vraie qu'elle est, comme impossible; aussi personne ne s'émeut, personne ne se rassemble; on considère la tentative contre l'hôtel des demoiselles Duguiny comme les tentatives contre le couvent des Ursulines, comme tant d'autres pas moins arbitraires que ridicules et inutiles.

Personne à Nantes ne peut soupçonner une semblable trahison! En vain un millier de troupes armées défend la sortie et l'entrée des rues voisines, les travaux continuent, rien n'est suspendu; pas de commotion à Nantes.

Cependant Madame est prise, cependant soutenue par le général d'Hermoncourt, Madame, qui a refusé de se rendre au préfet, Madame, qui s'est mise sous la protection de l'armée, elle, la mère de Henri, le fils de l'armée! accable de tout son mépris le préfet, et souriant au général, elle lui dit: *Vous m'avez fait une guerre de Saint-Laurent.*

Madame s'est assise sur un siége, parce que l'émotion et plus encore le besoin et le changement de température la mettent en défaillance. Alors elle demande du pain et de l'eau; la fille du roi de Naples, veuve d'un Bourbon. la mère de Dieudonné, le comte de Chambord, dit à la foule armée qui l'environne, debout, chapeau bas : *Donnez-moi du pain et de l'eau : je me meurs de faim et de soif.*

Cependant tous ces hommes ont les yeux attachés sur l'auguste princesse, honteux des douleurs et des tortures qu'ils lui ont données a souffrir; se frappant la poitrine, alors qu'ils voient ses vêtemens desséchés et à demi consumés par la flamme, alors qu'ils voient la cruelle brûlure qui sillonne sa pauvre main de femme, alors qu'ils voient sa poitrine oppressée par la fumée, se soulever, et se briser dans une toux déchirante. Le préfet Duval avait dit : *Il faut la forcer par la famine, par la fumée, par la flamme; il faut que nous l'ayons morte ou vive.* Le préfet Maurice Duval avait dit cela : Madame, du fond de sa fournaise, avait entendu cela.

Pourtant Madame n'a aucune parole de haine pour lui, mais elle a tant d'énergie dans le mépris de son regard, que l'homme de M. Thiers se retire, ne le pouvant soutenir plus long-temps.

Le préfet espérait n'avoir à saisir qu'une femme soit tremblante, en larmes, évanouie; soit colère, emportée, folle de rage; Madame de Berri n'est ni tremblante, ni colère; elle donne l'exemple aux compagnons de sa fortune, elle est au milieu d'eux comme une reine puissante, et tant est grand l'ascendant qu'elle inspire que nul n'ose l'interroger, que nul n'ose donner le signal du départ pour le château.

Cependant la chambre s'emplit et se désemplit incessamment, parce que tout le monde est curieux de pouvoir contempler la royale princesse, parce que tout le monde veut connaître les traits de ses heureux et fidèles serviteurs, mademoiselle Stylie de Kersabiec, M. le comte de Mesnard et M. Guibourg. Ces derniers seuls ont pu rester auprès de Madame. En vain les demoiselles Duguiny en ont demandé la faveur à grands cris; en vain, les mains jointes, elles ont supplié pour pouvoir partager la prison de la princesse ; elles ont été repoussées ; il ne leur est même pas donné de la pouvoir saluer alors qu'elle va partir pour le château. Le préfet commande, il a des ordres supérieurs.

Quant à la seconde demoiselle de Kersabiec, quant à madame de Charette, dès le commencement de la visite, elles ont, sous bonne escorte, été ramenées dans l'hôtel de la famille de Kersabiec; madame de Charette a eu la présence d'esprit de se faire passer pour une demoiselle de Kersabiec. Pendant que madame de Berri fait l'admiration de tous ceux qui la veulent approcher, pendant que M. de Mesnard revient à lui après une longue défaillance, M. Guibourg assiste les commissaires chargés de dresser le procès-verbal de cette visite et arrestation.

Avec les commissaires, il parcourt de nouveau toute cette maison, pleine encore de Madame; mais dévastée, brisée, et comme sortant des mains d'une horde de Vandales.

Mais chaque fois qu'il passe d'un appartement dans un autre, tous les fronts se découvrent : il est le compagnon de la duchesse de Berri. Le procès-verbal suivant est rédigé et signé.

PROCÈS-VERBAL DE L'ARRESTATION DE LA DUCHESSE DE BERRI.

(An 1832, 6 novembre, 6 heures du soir.)

Nous, Louis Joly, commissaire spécial de police attaché au ministère de l'intérieur, en mission extraordinaire dans l'Ouest, présentement à Nantes;

Auguste Lenormand, commissaire central à Nantes;

Jean-Joseph-François Prevost;

Gustave Delaralde;

Et Joseph Bretault, commissaire de police à Nantes, officiers de police judiciaire, auxiliaires de M. le procureur du roi;

En exécution des ordres de M. le pair de France, préfet du département de la Loire-Inférieure;

A l'effet de faire des recherches dans diverses maisons, notamment dans celles numérotées 1, 3 et 5, situées dans la rue Haute-du-Château, désignées comme pouvant recéler Madame la duchesse de Berri et autres personnes de sa suite, saisir dans lesdites maisons toutes armes, munitions de guerre, ainsi que toutes les proclamations, correspondances, notes, manuscrits, registres, écrits imprimés, presses d'imprimerie, caractères, et généralement tous les objets de nature à compremettre la sûreté extérieure et intérieure de l'état;

Nous nous sommes transportés, accompagnés de forts détachemens de troupe de ligne formant la garnison, et composés des 32e et 56e régimens de ligne, sous les ordres de MM. les colonels et officiers de ces régimens, dans les trois maisons sus-désignées où étant, après avoir fait occuper intérieurement et garder toutes les issues extérieures, soit dans les rues, soit dans les maisons voisines;

Nous avons fait une exacte perquisition dans toutes les pièces, dans les caves, greniers et souterrains dépendans des trois maisons; nous n'avons trouvé aucune des personnes comprises dans l'objet de nos investigations. Nous avions préalablement fait connaître nos qualités et l'objet de notre transport à tous les habitans desdites maisons, notamment aux demoiselles Duguiny, occupant la maison n° 3, fortement soupçonnée d'être celle dans laquelle pourrait s'être réfugiée Madame duchesse de Berri et autres personnes de sa suite.

Nous avons occupé pendant la nuit ladite maison et plusieurs autres du même quartier, afin d'empêcher toute personne de sortir ou de communiquer avec qui que ce soit du dehors, la gendarmerie étant placée à l'intérieur de toutes ces maisons et assistant les soussignés.

De tout ce que dessus nous avons rédigé le présent procès-verbal pour être continué, le cas y échéant, demain 7 du courant et sans désemparer, et avons signé, etc.

Et le 7 novembre audit an, nous, commissaires de police susdits et soussignés, à l'effet de continuer les opérations par nous commencées, avons de nouveau procédé à d'exactes et minutieuses perquisitions et recherches dans toutes les pièces, armoires, buffets, commodes, secrétaires, tables, placards, etc., de la maison n° 1, où nous n'avons absolument rien trouvé. Rentrés dans la maison n° 3, occupée par les demoiselles Duguiny, où étaient réunis M. le préfet du département et M. le général d'Hermoncourt, nous avons requis un ouvrier maçon de procéder en notre présence à la démolition de partie d'un mur auquel est adossée une soupente servant de chambre de domestique. Le lit ayant été retiré, nous avons remarqué qu'il existait une planche garnie d'une serrure et d'un loquet en dedans, couverts en papier collé et fermant une cachette de dix pieds de longueur sur six de large et cinq de haut, contenant divers ouvrages in-folio reliés, une assez grande quantité de journaux politiques, la *Quotidienne*, le *Brid'Oison*, et plusieurs paquets de linge, le tout laissé à la disposition des demoiselles Duguiny.

Montés au troisième étage de ladite maison, et étant entrés dans une chambre donnant sur le derrière et prenant jour par une croisée sur la cour, dans laquelle chambre est bâtie une petite cheminée garnie d'une plaque en fonte, et où des gendarmes avaient été placés en surveillance, nous avons entendu, partant de l'intérieur de la cheminée, les mots suivant : *Ouvrez-nous, nous étouffons*. Au même instant, l'ouvrier maçon mis à notre disposition ayant frappé quelques coups, la plaque de ladite cheminée s'est ouverte, et nous avons découvert une dame que nous avons reconnue pour être Madame la duchesse de Berri, tête nue et vêtue d'une robe brune. Dans ladite cache pratiquée derrière ladite cheminée, nous avons trouvé aussi trois individus : l'un dit se nommer comte de Mesnard, l'autre mademoiselle Stylie de Kersabiec, le troisième, enfin, M. Guibourt, avocat, évadé des prisons de cette ville.

Tous les prisonniers arrêtés ont été conduits dans une chambre en face de celle où se trouvaient présens M. le préfet, le maréchal de camp commandant le département, et autres officiers supérieurs d'état-major, qui ont donné à Madame duchesse de Berri tous les soins que demandait sa position. Dans la chambre où était pratiquée la cache, nous avons assisté à la remise faite à un agent désigné par M. le préfet de plusieurs sacs d'argent monnayé, d'une correspondance, de caractères et outils d'imprimerie, de papiers, notes, proclamations et autres objets que nous avons fait placer sur une table, pour la description desdits objets être faite par

M. le juge d'instruction près le tribunal de cette ville, qui s'était transporté, ainsi que MM. Dufresne et Badeau, substituts du procureur du roi, dans ladite maison.

De tout ce que dessus nous avons rédigé le présent procès-verbal, etc.

Tel est le procès-verbal de l'arrestation de Madame de Berri; mais sur ce procès-verbal on ne consigne pas l'émotion produite par Madame, et le respect inspiré par Madame.

On ne dit pas que jusqu'au dernier instant, tandis que sa robe brûle, tandis que ses mains brûlent, tandis qu'elle meurt de faim et d'asphixie, Madame refuse encore de se rendre et quelle veut plutôt mourir que se rendre.

Le procès-verbal ne dit pas non plus que, lorsque heurtant du pied la plaque ardente, mademoiselle de Kersabiec a répondu au *qui est là* des gendarmes, par ces mots : *vos prisonniers*, madame de Berri à voulu sortir la première : alors les deux gendarmes présens, mais immobiles et baissant leur tête, lui ont entendu dire : *Je me confie à l'honneur français;* l'honneur français !

Le procès-verbal n'a point mentionné les larmes répandues devant Madame, dans les rangs des autorités; il n'a pas mentionné la robe à demi brûlée de Madame, arrachée des mains auxquelles elle est remise ; cette robe sainte, divisée en mille morceaux, recherchée, payée au poids de l'or, relique sacrée, parcelle de la croix d'un nouveau sauveur.

C'est que des choses semblables ne se consignent pas dans les procès-verbaux, que doivent signer les Maurice Duval et les Joli. Ces hommes n'ont pas cru devoir augmenter le prix de leur mérite par cette nouvelle torture. Ils ont assez fait en en demeurant les témoins.

Partout ces deux hommes ont reçu mépris et affronts. Toutes les bouches, après Deutz, ont nommé Joli et Maurice Duval.

Tantôt un ouvrier leur refuse son aide ; tantôt un soldat se croise les bras, haussant les épaules à leur approche.

Dès le commencement de la visite, ils ont eu à supporter le choc violent des légitimes réclamations des demoiselles Duguiny ; en vain on les renferme dans une chambre ; à chaque instant leurs voix courageuses retentissent par toute la maison.

Plusieurs fois, surpris de leur sang-froid et de la force de leur volonté, les commissaires pensent à se retirer, commencent à croire que Madame a bien pu s'évader.

Mais lorsque Madame est prise, lorsque tout espoir leur est ravi, elles demandent à grands cris à être admises auprès d'elle, et à lui pouvoir prodiguer leurs soins.

Elles ne peuvent voir Madame, mais elles l'entendent : elles entendent Madame répétant aux autorités, ces paroles dont l'histoire s'emparera.

« *S'il y a un coupable ici*, c'est moi : ces messieurs et mademoiselle Stylie de Kersabiec n'ont jamais fait qu'exécuter mes ordres. Quant à mes généreuses hôtesses, elles ont reçu sans examen tous les effets qui m'appartiennent, et de ce nombre sont une presse et tous les objets qui vous paraîtront suspects ; j'en prends toute la responsabilité. »

Telles sont les paroles généreuses de Madame; ces paroles sont entendues dans toute la maison et ne laissent pas que d'y faire une vive sensation. Ce qui fait surtout sensation, c'est le mépris que Madame de Berri jette sur la police. Le préfet Maurice Duval a surtout sa large part dans ce mépris. Madame de Berri ne veut en aucune manière avoir à faire à lui.

Pendant le peu de temps demeuré par Madame dans ses retraites investies, son beau caractère et sa présence d'esprit se sont développés au-delà même de toute attente. Ni les douleurs aiguës de ses brûlures, ni les secousses violentes que son corps frêle avait eu à soutenir, ni le changement subit de température, rien n'a pu la tirer de son assiette ordinaire, elle a été pour les soldats ainsi qu'elle était pour eux dans ces temps où ses mains leur présentaient son fils né pour être roi. Elle n'a eu que des paroles aimables pour eux; elle les a plaints du service déplorable auquel la nécessité les avait soumis. A voir leur visage honteux, à voir les larmes que leurs yeux répendaient, Madame avait compris combien les cœurs de ces braves, la plupart anciens soldats de la garde, avaient à souffrir et souffraient encore. Madame la première se prit à leur donner des consolations.

Retiré au fond de l'appartement, rongeant sa vieille moustache, la tête baissée comme un écolier en pénitence, Madame aperçoit dans la foule un capitaine de gendarmerie.

Madame l'observe d'autant plus qu'il veut éviter les regards de Madame, et qu'à cet effet il se tient à l'écart. Madame l'a reconnu.

— Capitaine, si je ne me trompe, vous serviez dans la garde?

— Madame, j'ai une femme et cinq enfans à nourrir?

Madame tend la main au vieil officier, et un silence religieux règne dans toute l'assemblée. Il a une femme et cinq enfans à nourrir, et n'a pas un denier comptant de patrimoine, car sans cela il ne servirait pas. Pour servir à cette heure il ne faut pas avoir un morceau de pain à se mettre sous la dent ; il faut voir une femme et des enfans mourir de faim ! C'est que l'on fait faire à l'armée un service affligeant, un service de garnisaire, un service de police, un service d'exécuteur de hautes œuvres.

Pauvres soldats, le capitaine de gendarmerie a répondu pour vous tous ; il a une femme et cinq enfans ! Le pauvre capitaine ne veut pas se faire voleur ! il n'est pas ministre, et pourtant il faut bien qu'il mange.

Aussi en entendant cette réponse une larme a scintillé dans les yeux de la bonne duchesse ; ses souffrances à elle n'avaient pas pu la lui arracher ; elle la donne à la souffrance d'un brave.

Cette anecdote et cent autres semblables se sont passées lors de l'arrestation de Madame, et sans les précautions prises par le préfet elles eussent pu avoir des résultats bien graves.

Sans donner aux soldats le temps de se reconnaître, et profitant de ce que plusieurs d'entre eux sont ivres de vin, le préfet donne le signal du départ pour le château.

Mais point de cris, point d'exclamations joyeuses, point de Vive le roi! point de fenêtres ouvertes, point de peuple inondant les rues et se groupant sur le cours. Là rien que les passans habituels, rien qu'une haie de troupes de ligne et de gardes nationales. Là, sans ordres, obéissant à leurs sentimens intimes, avant même que son Altesse Royale Madame la duchesse de Berri passe par devant eux, ils ont caché la cocarde de leur schako.

Il est vrai, ce sont aussi ces gardes nationaux qui l'ont reçue et qui l'ont escortée il y a quelques années. Alors Madame était plus puissante et plus fêtée, mais à coup sûr elle n'était pas plus admirée.

Alors la princesse, la fille des rois avait une grande part à revendiquer dans les hommages; maintenant c'est à la veuve, c'est à l'exilée, c'est à la femme héroïque, c'est à la femme miraculeuse que tous les cœurs et tous les éloges se donnent; les larmes qu'elle voit couler sont pour elle, et rien que pour elle. Les acclamations joyeuses peuvent s'acheter, s'ordonner, se fabriquer, lors du passage des puissans; les rois ont des claqueurs, ainsi que les directeurs de théâtres.

Louis-Philippe, lors de ses voyages, a bien été applaudi et complimenté; M. Hugo a bien été applaudi lors de la première représentation de son *Le Roi s'amuse*.

Mais la consternation répandue subitement, mais le silence morne de Nantes, mais le deuil pris subitement, tout cela ne se commande pas; Madame a trouvé tout cela à Nantes : la population l'a vue passer avec terreur; il lui a semblé qu'une révolution était accomplie; que les temps de la terreur allaient recommencer, qu'elle avait retrouvé son *Carrier* avec ses noyades.

Une fille des rois était prisonnière. Encore un Bourbon et un d'Orléans. En vain une proclamation est affichée; les paroles de cette proclamation semblent une ironie : elle est loin de calmer l'anxiété publique.

PROCLAMATION DU MAIRE.

Nantais,

La duchesse de Berri est arrêtée; elle est détenue au château de Nantes, confiée à l'honneur de la garde nationale et à l'armée.

Votre contenance calme dans une circonstance solennelle pour la justice de la France attestera de votre patriotisme.

Le maire de Nantes, Ferdinand Favre.

Le préfet de la Loire-Inférieure, Maurice Duval ; le lieutenant-général d'Erlon, pair de France, commandant la 12e division militaire.

Aussi, et en même temps, d'autres proclamations semblent annoncer des fêtes et des illuminations ; partout la main du peuple les déchire, et tous les journaux indépendans les attaquent énergiquement, mettant au grand jour l'impudeur de leur pensée.

Partout on se demande quelle est donc la pensée des gouvernans alors qu'ils ordonnent de semblables choses ; on se demande si le pouvoir de Nantes a dans sa pensée de fêter Madame de Berri comme le même pouvoir l'avait fêtée il y a quelques années, lorsqu'elle était haute et puissante princesse.

Cependant pas une illumination n'a été faite comme aucun cri n'a été proféré lors de la translation de Madame. La force armée est seule présente. Alors pas un drapeau, pas une fenêtre ouverte.

Madame marche lentement, et la tête haute,

regardant tour à tour le visage de chaque homme, le sourire sur les lèvres et bien avenante pour tous : son visage ne porte qu'une expression, celle de la fatigue. En la voyant passer au milieu des triples rangs de cette foule sous les armes, immobile, on la croit à une belle et joyeuse revue ; elle va en prison : une prison pour Caroline de Naples, la duchesse de Berri, et cette prison est le château de Nantes, vieux château des ducs de Bretagne, château aussi ancien que la monarchie de France, agrandi d'années en années jusqu'en 990, époque où Conan-le-Tors en a fait un véritable château, un palais ducal.

Posée à l'extrémité du magnifique cours Saint-Pierre, et baignant dans la Loire les pieds de ses murailles, cette antique demeure des ducs de Bretagne mérite encore l'attention ; ornée d'arbres, de toutes parts entourée de magasins d'artillerie et de remparts, elle inspire en même temps et l'effroi et l'admiration.

Ce château avec ses douze grosses tours, avec ses créneaux, avec leurs machicoulis, avec tout l'accessoire d'une défense ; mais à cette heure abandonné, fatigué, à demi détruit par le temps, il ne vit plus que de ses souvenirs.

Ah ! combien ce château est changé à cette

heure; cet ancien préau des hommes d'armes est confié à des vieillards invalides; les fossés profonds, les fossés qui lors des guerres de la Bretagne ont enseveli tant de cadavres sont à cette heure transformés en jardins potagers et en jardins à fleurs.

Ces jardins ceignent le château dans trois de ses faces; la quatrième de ces faces, autrefois posée dans les flots mêmes de la Loire, en est maintenant distante de quinze toises : le quai Maillard l'en sépare, et, exhaussé jusqu'à moitié des remparts, il leur ôte toute leur élégance et leur aspect imposant.

Devant ces remparts s'étend, magnifique et paisible, l'immense prairie des mauves, prairie verte, à perte de vue, et tant de fois retentissante des cris des gars de la Vendée. La Vendée est là, après la prairie des mauves et, des hautes murailles du château, on la devine dans le lointain de l'horizon.

Ah! combien il est déchu de ses temps de gloire et de prospérité ce château, à cette heure une caserne; des soldats et un matériel d'armes occupent ces appartemens tout pleins encore des souvenirs de leurs habitans royaux; ces appartemens qui tour à tour donnés à tout ce que nous avons eu de sommités ont été occupés en même temps et par Caroline de Naples, la fille des Bourbons, et par la soldatesque.

Ce château habité par Louis-le-Grand, et dont les murailles virent signer le fameux édit sur les protestans, édit tellement funeste à la France et à la monarchie que l'intérêt de la France et de la monarchie exigèrent sa révocation; Louis XIV, le grand roi, lui aussi, eut ses frondeurs et protestans, nos prétendus libéraux.

Mais avant Louis-le-Grand, Henri le Béarnais y posa les pieds; devant Henri s'abattirent les ponts-levis; devant lui les hommes d'armes se réunirent immobiles.

Avant et après Henri IV, combien de grands et illustres seigneurs ont habité le château de Nantes !

Là s'est reposé Philippe-Auguste, lui roi légitime, légitimé encore par l'élection de ses hommes d'armes, et sacré pour ainsi dire à Bouvines.

Là aussi Louis XII, le père du peuple; là François Ier, le roi chevalier, le roi artiste, le roi restaurateur de la chevalerie et des arts.

Là aussi Charles IX et sa mère, là Médicis; là Henri III, le roi assassiné.

Mais après ces rois de France, d'autres hauts et puissans seigneurs y ont reçu l'hospitalité:

les appartemens étaient pour ainsi dire pleins encore de souvenirs royaux et de dynasties expirées.

Là, Jacques II, le roi détrôné, à son tour, vient sans suite abriter sa tête mise à prix.

Là aussi Marie Stuart.

Oh! Marie Stuart, la reine belle et bonne, Marie Stuart, si innocente et si persécutée, si historique et si malheureuse : Marie Stuart et Caroline de Berri!

Ah! quelle ressemblance! quels rapports de gloire et de malheurs!

Marie Stuart morte sur un échafaud! morte sans couronne, ni pour elle, ni pour ses enfans! là se bornera la similitude.

Là, dans ce château de Nantes, Joseph II, l'empereur d'Allemagne.

Là, M. le Dauphin de France; là, Charles X, là encore, mais plus heureuse, mais non pas plus grande, cette duchesse de Berri.

Cette même duchesse de Berri est déjà venue dans le château de Nantes; elle a été reçue dans ce château au milieu des acclamations et de la joie. Alors une foule nombreuse était là, couronnant les murailles et battant des mains.

Maintenant encore elle entre dans ce château,

mais prisonnière, mais toujours respectée; les soldats sont sous les armes, les présentant et baissant la tête.

Telles sont donc les circonstances de l'arrestation et de la translation de Madame au château de Nantes.

Bientôt tous les journaux de la province et de Paris en donnent avec grands détails la nouvelle, et tous prennent plaisir à en augmenter les circonstances déjà assez prodigieuses.

Le premier, le *Journal de Nantes*, *l'Ami de la Charte*, lui dont les rédacteurs visitèrent Madame lors de son voyage à Nantes, la complimentant dans des vers très heureux, *l'Ami de la Charte* et *le Breton* oublient parfois la vérité, et leur imagination supplée à leur ignorance.

Alors encore Madame trouve des défenseurs : resserré dans une prison, M. Guibourg se hâte de leur écrire une lettre que nous-mêmes nous nous faisons un devoir de répéter.

Nantes, 11 novembre 1832.

Monsieur le Rédacteur de *l'Ami de la Charte*,

Avec la meilleure foi du monde, il était bien difficile de ne pas commettre beaucoup d'erreurs en donnant si promptement sur l'arrestation de madame la duchesse de Berri tous les détails contenus dans votre feuille du 9 de ce mois. Séparé de son altesse royale, je ne puis prendre sur moi de rectifier une à une les inexactitudes qui la concernent, mais elle ne désapprouvera pas, je l'espère, les observations que j'ai l'honneur de vous transmettre en mon nom.

Au lieu de ces voyages si nombreux, de ces travestissemens si bizarres d'après vos renseignemens, et dont le résultat infructueux pourrait exciter le rire ou la pitié de ceux qui jugent les événemens par le succès, on ne pourra se lasser un jour d'admirer le courage d'une faible femme à supporter la fatigue de quelques marches nécessaires, la privation du sommeil et des alimens, dormant au besoin sur la paille et dans une crèche, en rompant le pain noir de la ferme avec la gaieté du soldat.

Madame la duchesse de Berri a été trahie par un homme sur la foi duquel elle devait compter, d'autant plus que c'est dans le malheur qu'il avait paru s'attacher à son auguste personne. Le misérable était accouru de cinq cents lieues, comblé des bontés, honoré de la confiance entière de son altesse royale; heureusement il n'était pas Français ! Il a vendu la fille des rois, comme ses ancêtres, dont il avait abandonné le culte, ont vendu et crucifié le Dieu fait homme pour les sauver. Qu'il se couche maintenant sur les tas d'or de la police. Il est plus malheureux que moi, disait la généreuse princesse, devenue sa victime. Elle n'a perdu qu'une demi-liberté; lui mourra, comme Judas, sous le poids de la honte, des remords et de l'infamie.

Habitant depuis quelques jours le même asile que son altesse royale, j'ai appris de sa bouche qu'elle avait en effet le projet d'établir pour quelques jours à Nantes le siége de son gouvernement, et sans doute les Nantais n'auraient pas eu lieu de s'en plaindre.

Quant à la formation de sa cour et à son premier ministère, je n'ai pas besoin d'affirmer, d'après mes connaissances personnelles, que c'est une fable inventée à plaisir. Dans sa première proclamation, madame la duchesse de Berri disait que son fils n'avait point d'ennemis en France; elle appelait auprès de lui tous les hommes de cœur, de conscience et de talent, et je suis bien sûr qu'elle eût tenu parole. Les personnes qui dans ces derniers temps avaient l'honneur d'approcher de Madame, ne connaissaient qu'un désir et qu'une volonté, veiller à sa sûreté, obéir à ses ordres. Du reste, elle connaissait les conseils et les intentions de chacun, et saura bien rendre justice à tous.

La plus grave et la plus évidemment fausse de toutes les erreurs qui ont été commises est l'annonce d'un soulèvement pour le 19 de ce mois. Jamais cette pensée n'est venue à l'esprit de son altesse royale.

Au milieu de la douleur et de l'indignation qu'on dit si généralement senties, et qui font tant honneur aux Nantais, il est bien pénible de parler de soi. Cependant la vérité me force à dire que malgré des privations et des souffrances de toute espèce, aucun de ceux qui étaient enfermés avec Madame n'a senti *s'anéantir*, ni son cœur *défaillir*. N'allez pas croire que je veuille me faire un mérite d'un peu de courage et de fermeté. Quel mérite pour un homme de souffrir sans se plaindre les privations et les tourmens qu'une jeune femme, une princesse naguère habituée à tous les délices de la terre, supportait si gaiement! Qui aurait manqué de courage quand elle étouffait sans mot dire de ses mains délicates le feu qui dévorait peu à peu ses vêtemens? Aussi, lorsque son altesse royale, avec sa bonté si touchante, voulut bien me dire devant une foule nombreuse : *Vous perdez une seconde fois la liberté; mais du moins vous resterez avec moi*, ni mon cœur ne manqua d'émotion, ni ma voix d'énergie pour lui répondre : *Je suis bien heureux de partager le sort de Madame, et je préférerais à la liberté même une captivité si glorieuse à mes yeux.*

Il paraît que l'autorité n'a pas eu le pouvoir de tenir la promesse qu'elle avait faite. Avant son départ, Madame la duchesse de Berri a eu la bonté de me réclamer de nouveau : partager ses hautes infortunes est désormais le seul bien que j'envie, et je le solliciterai, acquitté ou condamné.

Puisque vous enregistrez avec tant de soin tout ce qui a rapport à cette princesse, qui sera grande parmi les rois, voici deux anecdotes dont je garantis l'authenticité. Elle écrivait il y a quelque temps à l'un de ses plus fidèles serviteurs : *Tout est perdu hors l'honneur, disait un de mes aïeux ; mais je dis que rien n'est perdu tant qu'on a du cœur et des amis fidèles; je compte sur vous, comptez toujours sur moi.*

Lorsque prisonnière au château de Nantes, auquel Madame vient d'ajouter une nouvelle célébrité, on parlait à cette princesse si grande et si malheureuse, des ravages du feu sur la robe qu'elle venait de quitter. *Je vous permettrais d'en parler*, disait-elle en souriant, *si c'étaient les traces des balles des ennemis de la France.* Que chacun décide en lui-même si elle eût noblement soutenu l'honneur de sa patrie adoptive.

Nous ignorons tous les décrets de la Providence à son égard; mais dût-elle terminer dans un château fort ou sur la terre d'exil des jours qui auraient jeté tant d'éclat et de prospérité sur la France, on peut le dire hautement, personne ne méritait mieux qu'elle la plus brillante couronne du monde, et c'est l'opinion de bien des gens que la princesse d'Autriche aurait conservé la couronne impériale à son fils si elle avait eu le cœur et l'âme de l'héroïne de Naples.

Je vous prie et vous requiers au besoin d'insérer cette lettre dans votre plus prochain numéro.

J'ai l'honneur, etc.

GUIBOURG, Avocat.

Qui le croirait! des rédacteurs de journaux ont refusé de donner cette lettre au public et par cette coupable détermination ont mérité cette seconde lettre de M. Guibourg.

Nantes, 15 novembre 1832.

Monsieur le Rédacteur de l'*Ami de la Charte*,

C'est une lâcheté d'attaquer dans un journal, quand on refuse de publier la défense, c'est un infamie de tronquer et de corrompre les faits. Tout ce que vous dites sur l'entrée et la sortie de la cachette est le comble de la fausseté: c'est moi qui le premier ai prevenu son altesse royale de l'arrivée des troupes; c'est le fidèle comte de Mesnard qui, sur l'ordre positif de Madame, est entré le premier dans la cachette. Il ne s'est écoulé aucun intervalle entre notre sortie à tous, et ceux qui savent ce qui s'est passé depuis ce moment jusqu'à l'arrivée des soldats et des autorités témoigneront peut-être un jour de mon sang-froid et de ma présence d'esprit. Du reste je ne réponds ni aux saletés dégoûtantes, ni à ce qui concerne les autres personnes désignées par votre feuille. Le public honnête en jugera. J'en ai déjà trop dit peut-être ; il me suffisait que vous fussiez condamné à démentir vous-même vos propres impostures.

Je vous requiers de publier cette réponse dans votre plus prochain numéro.

A. Guibourg, Avocat.

Partout on a eu des applaudissemens pour le noble courage de M. Guibourg. L'arrestation de Madame la duchesse du Berri a été telle qu'il l'a dite, et cette lettre insérée dans le *Constitutionnel*, comparée à sa lâche et coupable version, a mis au grand jour l'impudeur de ce journal, dont les plumes ne trempent que dans la boue et le sang : journal de mensonge, journal anti-national, journal éhonté !

CHAPITRE IX.

Anniversaire. — M. Joli. — Séjour dans le château de Nantes. — Départ d'Holyrood. — Henri Dieudonné. — Départ de nuit pour Blaye.

Pendant qu'une princesse royale, la fille et la mère des Bourbons, étouffée dans un brasier ardent et demi-consumée refuse encore de se rendre prisonnière, grande fête et grande représentation ont lieu à l'Opéra.

Le cousin de la femme brûlée est à l'Opéra, emplissant jusqu'à la dernière banquette sa loge louée.

La salle est pleine, parce qu'un ballet nouveau, *Nathalie,* dès long-temps annoncé, ne peut manquer d'attirer foule ; cependant c'est à tout hasard que l'on s'aperçoit de la partie de plaisir des princes ; alors même, personne ne se lève de son siége, les hommes placés sous le lustre ne s'ébranlent pas : seuls, dans une loge, les rédacteurs d'un journal autrefois spirituel, les rédacteurs du Figaro s'avisent de battre des mains, mais bientôt s'asseient, poursuivis par des sifflets et des trépignemens improbatifs.

A l'Opéra, il n'y a pour l'heure ni enthousiasme organisé, ni courtisans de parade. Ah ! c'est que ce jour-là personne ne s'est attendu à voir arriver à l'Opéra l'héritier du Palais-Royal, l'héritier de Philippe-Égalité, ex-duc d'Orléans : on eût craint d'offenser le maître en prenant pour se réjouir un pareil jour, un si terrible et si lugubre anniversaire. On avait mémoire du mot de Napoléon lors de l'anniversaire de la mort de Louis XVI : *On ne se réjouit pas le jour de mort d'un honnête homme!* Louis XVI n'était pas le père de Napoléon.

Mais le prince d'Orléans est à l'Opéra ; il est joyeux ; il bat des mains pour Taglioni, la sylphide ; il bat des mains pour les décors, pour l'orchestre, pour le lustre ; il ne voit que Taglioni, que les décors, que le lustre ; il n'entend que l'orchestre !

Et le peuple de l'Opéra ? Lui, il entend et il voit autre chose ! il entend les tambours de Santerre et les houras du peuple ; il voit cet océan mobile de têtes d'hommes, s'agitant, rugissant, tempêtant, inégal, curieux et terrible à voir. Au milieu de cet océan vivace, une estrade, façon de trône, tout rouge, rouge pourpre, rouge sang : au dessus une couronne d'acier, un bandeau pour les têtes est là bien vu et ne faisant point envie.

Une grande représentation va être donnée sur ces planches; on paie les places, et jusqu'à la cime des toits les hommes et les femmes se pressent et se perchent. Les mères lèvent leurs fils dans leurs bras; les fiancées se hissent sur les épaules de leurs fiancés; on crie, on se heurte, on s'étouffe. On commence, le tambour bat; un homme vient, puis un autre, puis un autre. Le premier monte, s'assied; on le coiffe, on le pare; son siége chavire... la couronne, un collier... l'acteur n'a plus de tête : cette tête, celle de Louis-Philippe-Joseph duc d'Orléans Égalité, est dans un sac; on la met dans la chaux; la tête a rebondi, sautant moins haut que mademoiselle Taglioni : applaudissez à mademoiselle Taglioni, c'est aujourd'hui le 6 octobre; applaudissez, mademoiselle Adélaïde d'Orléans; n'est-ce pas, le spectacle est bien beau?.. l'Opéra ou la place de la révolution.

La pièce de parade a commencé à Nantes; le télégraphe l'a dit. Oh! la belle journée! quelle mémorable trinité de journées!

Est-il un homme parmi nous capable de consentir à des œuvres joyeuses le jour anniversaire de la mort de son père, surtout lorsque de ses fenêtres il peut voir à chaque instant la place où sa tête a roulé sous le fer du bourreau, au milieu des cris de haine et des imprécations.

Mais la politique l'ordonnait; la politique voulait que l'on se réjouît pendant que l'on arrêtait Madame. Si on eût su que Madame se consumait dans le feu, se mourait de faim, s'asphyxiait dans une atmosphère ardente et fétide, alors peut-être on eût dansé, on eût ordonné réjouissance et feu d'artifice sur la place Louis XVI ou de la Révolution.

Sans doute en s'abstenant de fête publique, en se couvrant de deuil, on eût craint de donner à comprendre que l'on regrettait le prince bourreau de la république une et indivisible; on eût craint de laisser voir aux mille regards de l'opposition un sentiment de respect pour la cousine, la bonne duchesse de Berri, la femme *aux coupables tentatives de la race déchue!*

Oh! non, ne les accusez pas de tous les égards, du respect dont on a environné la mère de

Henri-Dieudonmé; les parens de Paris n'y sont pour rien, rien du tout. Si on l'eût garrottée, si on eût pressé et fait saigner ses bras dans des menottes ; si on lui eût fait traverser Nantes entre deux gendarmes, M. Maurice Duval eût été fait conseiller-d'état, plus méritant encore que M. Gisquet, le préfet lors du choléra. On n'a pas trouvé qu'il en eût fait assez alors qu'il a ordonné de l'étouffer avec de la fumée.

Sans doute, M. Joli, le commissaire, n'a point été envoyé à Nantes pour environner la duchesse de ses bons services : M. Joli !

M. Joli a été une grande surprise pour madame la duchesse Berri. En le voyant la princesse a été émue et bouleversée : elle connaît ce visage. Ce visage, oui, madame la duchesse de Berri l'a vu lors de l'assassinat de son époux, le duc de Berri. Ce Joli, commissaire de police, était ce jour-là de service aux Tuileries; ce Joli est le protégé de M. de Cases.

Le duc de Berri est assassiné; M. Joli, commissaire de police lors de l'assassinat du prince, est commissaire de police lors de l'arrestation de la princesse.

La princesse a détourné la tête en l'apercevant; elle s'est voilée dans ses mains ; elle a dit: *Qu'on m'ôte cet homme !*

Qu'ils sont maladroits!

Cependant madame de Berri semble un instant accablée, une affreuse révélation vient de lui être faite subitement. La soirée de l'Opéra apparaît à ses yeux avec le lit de mort de son époux, avec le poignard de Louvel, avec les pièces perdues de la procédure, avec le témoin assassiné, avec M. de Cases.

Un instant l'épouse et la veuve ont pris la place de la mère. Envoyer M. Joli pour l'arrêter! Ils sont fous ou forcenés.

Bientôt, ainsi que la duchesse, tout le monde reconnaît le fatal commissaire, et c'est avec plaisir que l'on voit les appartemens gardés par des soldats, et la princesse confiée à l'honneur de l'armée, et mise sous la garde des généraux d'Erlon et d'Hermoncourt. Si on l'eût crue laissée entre les mains de M. Maurice Duval et de M. Joli, on en eût eu une grande inquiétude et tremblement par tout le corps.

Pendant que madame de Berri va sous nombreuse escorte habiter un instant le château de Nantes, son fils aussi quitte le triste château d'Holyrood, Holyrood aux souvenirs royaux et lamentables.

Son fils, Henri-Dieudonné, le comte de Chambord va chercher un sol plus hospitalier et moins intéressé à son exil et à l'infortune de sa famille. Il fuit la police de l'Angleterre et la police de la France.

Oui, à cette heure, le fils de France accompagne ses vieux parens, et avec eux il parle de sa mère, de sa bonne mère. Les yeux du jeune prince sont tournés vers la France, et loin dans l'horizon; il la cherche de toute la force de ses regards.

Chaque fois que le prince parle de sa mère, ses yeux se mouillent de larmes, et pourtant il ignore tout ce que sa mère souffre pour lui : il ne sait pas qu'à cette heure elle est poursuivie, persécutée, arrêtée, demi-brûlée, demi-morte de faim; il ne sait pas que cette bonne mère a passé par toutes ces épreuves sans que sa tête ait été obligée à se courber, sans que ses mains se soient jointes pour demander grâce, sans qu'elle ait proféré un mot, une plainte indigne d'une princesse royale, indigne d'une régente de France.

Ah! les exilés d'Holyrood sont loin de penser que la première lettre qu'ils recevront de France leur annoncera l'arrestation de leur duchesse, de celle qu'ils appellent leur fille bien aimée. Aussi ils cheminent tranquillement et sans grande inquiétude sur son compte. Ils la pensent paisible chez quelques uns de ses bons serviteurs de la Bretagne ou de la Vendée. Ils s'imaginent n'avoir rien à craindre des ministres de France, alors qu'un d'Orléans leur cousin est roi des Français, certains qu'ils sont que la leçon terrible de son père a dû profiter au fils.

Il ne pensait pas, le jeune comte de Chambord, lorsque passant à Francfort il a été visiter le champ de bataille de Kunersdorf, il ne pensait pas en voyant exécuter devant lui cette fameuse manœuvre de Frédéric le Grand qu'à cette heure sa mère voyait aussi passer une armée devant elle, une armée qui la menait prisonnière.

C'est qu'il est beau à voir le jeune prince, alors que tête nue il court gracieusement et curieusement voyant tout, et s'intruisant de tout.

Alors son cœur tressaille ; on parle soldats, victoire, gloire, et ces mots ont tant d'écho dans son jeune cœur ! Le pauvre enfant rêvait et rêve encore de tout cela.

Le jeune prince placé sur une élévation d'où il peut voir tous les mouvemens des troupes, se les fait soigneusement expliquer et y donne l'attention la plus soutenue. Souvent il est obligé de changer de place, soit pour ne pas se trouver sur le passage des troupes, soit pour en mieux

17

observer les évolutions, et d'ordinaire alors il se met à courir suivi de son gouverneur et de la foule curieuse et admirant sa vivacité et sa grâce. C'est de la sorte qu'il traverse le terrain de Laudon, en gravissant vitement un chemin assez escarpé.

Vingt fois pendant la route, le prince assiste à de semblables spectacles : chaque fois il est reçu avec tous les honneurs dus à son rang, et chaque fois sa vivacité noble, ses reparties pleines de grâce lui gagnent l'amour et l'admiration de tous. Aussi les peuples étrangers, alors qu'ils le voient passer au milieu de sa royale famille, se demandent si ce sont bien ces princes que le peuple français exile à tout jamais! ils se demandent en voyant Charles X avec sa parole affectueuse, avec son sourire bénévole, avec ses aumônes et sa religion, ils se demandent si c'est là ce roi nommé le sanguinaire, l'homme féroce ! C'est qu'il s'est rencontré en France des hommes qui ont osé dire cela, qui ont osé écrire cela.

Allez en paix, fils de S. Louis et d'Henri IV; traversez l'Europe, escorté par l'estime publique et par de justes respects, vous martyr du respect aux lois et à la Charte jurée, vous qui n'avez pas hésité lorsque votre sceptre et une goutte du sang français ont été mis dans la balance; fils des rois, et roi vous-même, vivez en paix, et tâchez d'oublier un peuple ingrat et trop tard désabusé, un peuple que ses mandataires ont trahi comme ils vous ont trahi vous-même. Ah! maintenant dégagé du fardeau d'une couronne, comme arraché violemment à la douce habitude de faire des heureux, de présider à des fêtes, de raffermir les trônes voisins ébranlés, de châtier par le fer le pirate roi du littoral de l'Afrique, ô vous! endormi dans le parfum des lauriers et sur des lauriers, prince trop loyal et partant trop vieux pour votre siècle, prince trop ami, trop confiant, trop débonnaire, trop sanctifié, prince toujours trompé, trompé depuis le premier jour de votre vie, vous le seriez jusqu'au dernier. Ah! ne rêvez plus de trône et de main de justice! ah! déjà vous avez assez payé d'impôts à vos aïeux et à votre patrie; vous avez assez mérité de nous, véritables Français, pour que nous aussi, obéissant à votre désir, nous vous absolvions de la couronne en même temps que nous en absolvons le prince votre fils. Qu'il la porte, lui le Dieudonné! Il faut qu'il porte une couronne, ce jeune enfant du miracle, victime immolée aux intérêts de la France.

Ah! c'est que nous voulons qu'il soit roi, l'enfant de la France. Il serait heureux, prince riche et bien venu parmi tous les princes; il grandirait joyeusement, consolant sa mère et dérobant à sa pensée et à ses yeux une tombe, et dans cette tombe un époux assassiné. Il ne songe plus à sa couronne tombée et ramassée, lui, enfant gâté, fils unique d'une monarchie; le premier, il vivrait pour lui sans crainte du poignard; et nous pendant ce temps, vendus, rachetés, revendus, nous, peuple de France livré aux glaives, et décimés lorsque trop nombreux et trop pauvres, nous demanderons du pain, livrés à l'inquisition, aux lois prévôtales, au bon plaisir d'une commission dont on pourra recruter les membres aux bagnes, nous, régis par une Charte chaque jour reconnue insuffisante, lorsque ceux-là seuls qui doivent gouverner par elle sont insuffisans, déportés dans notre patrie, soumis à des taxes énormes, nous n'aurons d'espoir qu'en lui, parce que lui seul nous pourra sauver. Nous voulons qu'il paie son tribut à nos lois, lui né en France, qu'il soit soumis aux lois françaises, à la volonté de la nation! Henri Dieudonné, comte de Chambord, garde-toi pour la France.

Oui, mon enfant, sois notre apanage, majeur

bientôt et assez grand pour une couronne, puisque ta mère te tient dans ses bras.

Ah! c'est que ta mère, princesse et tutrice, a bien travaillé et bien souffert pour toi; pour toi, son fils et roi, elle a passé deux fois les grandes mers, elle a vécu errante et exilée, elle a renoncé à la cour du roi son père et aux fêtes de Naples, sa belle patrie. Elle, femme faible, elle a fui le repos d'une vie de femme, elle a couru au-devant des dangers, des fatigues, des privations de sommeil et de nourriture. Oh! pour toi, elle a bien souffert et de l'âme et du corps; pour toi elle a affronté le fanatisme d'une ligue; elle a affronté un d'Orléans, son oncle, elle, parente de Louis XVI et de Marie-Antoinette, elle, épouse du duc de Berri assassiné!!

Elle est cependant demeurée en France, couchant jusqu'à la ceinture dans un étang, passant vingt heures dans une fournaise, elle a été emprisonnée à Nantes; elle est emprisonnée à Blaye; un d'Orléans est roi des Français!...

Dans l'étang, dans la fournaise, à Nantes, à Blaye, ta royale mère, Henri, a été historique et miraculeuse, elle a été le bras et le cœur de la légitimité, elle a pour ainsi dire donné une seconde vie au fils de France, à Henri son roi.

C'est qu'elle est vraiment grande et sublime, cette femme ; c'est que son cœur ne s'est pas démenti un instant ; c'est que la force de sa volonté a suppléé aux forces de son corps ; c'est qu'elle n'est pas morte d'asphyxie, de fatigue et de faim, parce qu'elle n'a vraiment pas voulu mourir ; c'est qu'elle a été toujours française dans toutes les circonstances et devant tous ceux qui ont été admis à l'honneur de l'approcher.

Prisonnière dans le château de Nantes, Madame a vraiment parlé en souveraine. Elle a commandé, elle a eu une cour nombreuse et dévouée. Tout le monde a demandé l'honneur de l'approcher et de la servir. Si on eût cru à Nantes à la possibilité de son arrestation, la jeunesse de Vendée, accourant tout armée à sa défense, l'eût peut être délivrée et vengée.

Mais il n'en a point été ainsi. L'arrestation de Madame était consommée lorsque la nouvelle en a été répandue ; Madame était entre les mains du commissaire Joli et du préfet Maurice-Duval. Cependant ces hommes ne l'ont point approchée, Madame le leur a défendu ; ils lui faisaient horreur comme ils font horreur à tous les partis. Eux, ils n'ont point assisté à cette journée de présentations et de pèlerinages pieux; à l'admiration pieuse de la population de Nantes. Ils n'ont pas vu la joie de ceux dont la princesse recevait tour à tour les salutations respectueuses jusqu'à l'instant où fatiguée, et cédant au besoin du repos, elle a suspendu leur cours.

Combien de paroles françaises et belles Madame a dites pendant tout ce temps-là à une foule inconnue! C'est à cette foule inconnue qu'elle a dit le mot sublime, qu'elle a communiqué cette pensée loyale sur son traître, fière et contente qu'elle était de voir qu'il n'était pas Français! « Ce qui me console c'est qu'il n'est pas Français! »

Quelle terrible leçon dans ce peu de mots!

Aussi ces paroles, ainsi que cent autres non moins heureuses, ont vivement ému, ont électrisé la foule attentive, passant de bouche en bouche, et se marquant au front de ceux-là qui, Français, ont acheté l'étranger, le juif.

Son royal époux, le duc de Berri, avait dit: « Grâce pour l'*homme* qui m'a tué! »

Cependant Madame est à Nantes, prisonnière, gardée par une armée; mademoiselle Stylie de Kersabiec a seule été laissée auprès d'elle. Les courageuses demoiselles Duguiny demandent en vain à être admises à l'honneur de servir leur princesse, leur royale hôtesse; en vain elles joignent les mains, en vain elles offrent leur fortune en ôtage et en caution; les demoiselles Duguiny sont repoussées inhumainement toutes deux; renfermées dans la prison de Nantes, mises au secret, elles s'adressent à tous ceux qui les peuvent entendre, elles écrivent, elles demandent!.. Écoutons-les, ces généreuses demoiselles, dans le peu de mots qu'elles présentent au général d'Erlon, dès le 8 novembre 1832.

Monsieur le général,

Nous vous supplions de nous accorder la grâce la plus précieuse pour nous; permettez-nous de passer une journée aux pieds de son Altesse Royale Madame. Nous devons à notre devoir, nous devons surtout à notre cœur de remercier Madame de la marque de confiance qu'elle nous a donnée, de la grâce qu'elle nous a faite en venant prendre asile dans notre maison.

Signé PAULINE DUGUINY,
MARIE-LOUISE DUGUINY.

Cette lettre simple et expressive n'est point finie ainsi : une phrase et une signature y sont ajoutées. Cette phrase et cette signature sont de

Charlotte Moreau, la femme de chambre fidèle.

« Si Madame n'en trouve pas indigne une pauvre femme de chambre, qui l'a servie de tout son cœur, je demande la même grâce que mes maîtresses. »

Signé CHARLOTTE MOREAU.

De son côté Marie Bossi, la cuisinière, a demandé la même faveur : toutes deux en étaient dignes : toutes l'eussent obtenue de Madame, si Madame eût été libre, si Madame l'eût seulement appris.

Mais on n'a point laissé arriver jusqu'à elle ces lettres et ce dévouement; on les a livrées à l'arbitraire et aux mauvais traitemens. Même après la capture de Madame on leur a demandé des dénonciations, et pour les obtenir on les a soumises à toutes les investigations, à la vaine tentation de l'argent. Toutes, les demoiselles Duguiny et les deux servantes, les ont repoussées avec horreur : en vain on a voulu les effrayer, le sourire du mépris n'a pas quitté leurs bouches. On avait besoin de révélations sur les nombreux papiers saisis dans les différentes caches de la maison. Une lettre surtout les intriguait au delà de toute expression, parce que nouvellement arrivée et à demi soumise à la réaction du feu, elle ne laissait voir que quelques lignes tracées en encre sympathique.

Ces lignes annonçaient à Madame la trahison d'un de ceux qui l'approchaient. Madame les recevait lors de la visite de Deutz; aussi Madame avait dit a Deutz : « Au moins n'allez pas nous trahir ! »

Bien d'autres lettres ont aussi été saisies, mais aucune d'elles n'a inquiété ni Madame de Berri, ni les demoiselles Duguiny, parce qu'aucune d'elles ne pouvait compromettre ses fidèles serviteurs.

Cependant les papiers trouvés à l'hôtel Duguiny ne sont pas sans importance et sans danger, non pas pour Madame de Berri et ses serviteurs, mais pour le pouvoir. Ce sont les projets et les volontés de la princesse, de la mère de notre Henri.

Ce sont plusieurs lettres des souverains de l'Europe; lettres où la plus grande admiration est professée pour madame la duchesse, lettres comme écrites à une reine ou régente. Mais le gouvernement les a tenues secrètes : nous nous tairons aussi, obéissant à des raisons supérieures. Ces choses-là trouveront leur place et leur temps.

Mais que tous nos amis soient sans inquiétude;

il n'y a pas dans tous les papiers saisis un seul homme de nommé !

Avant tout madame la duchesse de Berri était prudente, sinon pour elle, du moins pour ses soutiens et amis.

Ainsi donc toutes les espérances du pouvoir ont été déçues, et rien n'a pu motiver l'arbitraire des mesures prises subitement sur plusieurs des points de la France; rien n'a pu motiver l'arrestation de MM. de Chazelles et Jauge. Après un jour de dépôt, force a été au pouvoir de rendre à la liberté ces deux honorables citoyens que rien n'incriminait et qu'un seul motif faisait atteindre : c'étaient des hommes d'honneur et des hommes fidèles.

A Nantes des arrestations ont été faites, mais sans résultat autre qu'une honte et un arbitraire inutiles. La honte et l'arbitraire leur sont une habitude à ces gens qui font de leurs besoins et bon plaisir une nécessité, et de cette nécessité une loi, une charte. Tout dans l'arrestation de son Altesse royale Madame porte ce caractère inaliénable, comme à cette heure encore tout le porte dans sa détention. Toutes leurs phrases, tous leurs accidens, toutes leurs paroles n'ont qu'un point de départ: la peur! qu'un point de ralliement, le hasard !

Ils sont semblables en tout à la belette du bon Lafontaine : cette belette maigre et affamée entre dans un grenier, se faufilant bien petite à l'aide d'un trou bien étroit, mais aussitôt faisant si large curée dans le grenier, qu'elle s'emplit, et, trop épaisse pour pouvoir revenir sur ses pas, ne trouve plus d'issue.

Les hommes du pouvoir ont ainsi fait : ils se sont fourvoyés avec tant de force et tant d'aveuglement qu'ils ne peuvent à cette heure ni sortir ni rester. Leurs moindres actes, il est vrai, ont concouru à les enchâsser dans cette fausse position, donnant la mesure de ce qu'ils sont capables de faire.

Ce Deutz, dont la France doit avoir à rougir moins que d'eux-mêmes, Deutz aussi a été soumis à toute la brutalité de leur arbitraire.

A Dieu ne plaise que les traitemens éprouvés par le renégat nous soient ou à pitié ou à regret : il a mérité un sort pire. Mais ce n'était ni à M. Thiers ni à M. Maurice Duval à s'instituer ses inquisiteurs !

Deutz pendant que Madame de Berri était dans la fournaise, Deutz même, emprisonné dans un cabinet de la préfecture, était livré, lui aussi, à une espèce d'inquisition.

Un agent de police, un pistolet chargé et

armé, incessamment dirigé contre lui, est là immobile, muet et suivant tous les mouvemens de Deutz. Ah! quelles heures affreuses Deutz passe dès lors! quelle angoise! quelle agonie! C'est alors que son crime lui devient patent dans toute son abomination; c'est alors qu'il sent tout ce que sa trahison a eu d'infâme; c'est alors qu'il tremble pour sa propre liberté, pour sa propre vie : il sait que, dès qu'il le trouve trop lourd ou dangereux, le pouvoir brise l'instrument de son crime; lui, Deutz, il est l'instrument d'un crime, et Joli, son ami, n'est point là pour lui montrer dans la trahison l'honneur et le salut de l'état.

Deutz marche à grands pas; il s'arrête, il s'assied, et puis subitement s'élance et marche encore. Ah! combien il souffre et combien il se repent, le coupable! à cette heure, lorsqu'il n'y a plus d'espérance de retour, lorsque rien ne le peut racheter, il se maudit et chemine en se frappant la poitrine, se meurtrissant le front et s'arrachant les cheveux.

« Je suis un monstre indigne de la vie, indigne du titre d'homme. J'ai trahi ma maîtresse, ma protectrice, ma mère adoptive. Ah! c'en est fait de moi à tout jamais; mais je veux réparer mon crime. Je veux.... Mais laissez-moi sortir sur l'heure, je veux aller moi-même la défendre.

« Ah! combien je suis coupable et malheureux! pitié, pitié!

« Elle était si bonne, si avenante! elle me voulait tant de bien! Et cependant je l'ai indignement livrée; mais je veux sortir! »

Deutz vient battre la porte avec ses pieds; il se meurtrit les mains en secouant de toute sa force cette porte; ne consentant à se retirer que lorsque la bouche du pistolet qui le menace vient se poser sur son front, lorsque l'agent de la police lui dit :

« J'ai ordre de te tuer si tu bouges, Juif...! Il ne manquerait plus que ce gaillard-là s'avisât d'avoir des remords et de nous contrarier dans nos opérations. »

Deutz recule plusieurs pas sans mot dire, pâle, les cheveux hérissés et suant à grosses gouttes et de tout son corps. Il grince des dents d'une force affreuse, rappelant ces terribles paroles du prophète : *Peccator videbit et irascetur, dentibus suis fremet et tabescet desiderium peccatorum peribit.* Le pécheur verra et s'irritera, il grincera des dents : le désir du pécheur périra.

Deutz mesure son crime, mais il est trop

tard; son remords est inutile, il en porte la peine terrible.

C'est dans cet état que Deutz passe plusieurs heures. Rendu à la liberté seulement lorsque madame de Berri est prise et renfermée dans le château de Nantes, alors Deutz sort aussi de sa fournaise, et en toute hâte il est traîné à Paris pour y rendre ses comptes et se conserver pour une autre mission; Deutz est un de ces hommes comme il en faut pour exécuter les hauts crimes d'état : il suffit de le former.

Mais il n'est pas Français !

Madame de Berri était loin de comprendre toute la sublimité de ces paroles et combien elles lui seraient à gloire, alors que le soir, fatiguée de tous les tracas de la journée, tombant subitement en défaillance, elle demande aide.

Le colonel Raindre, le commandant du château, accourt en grande hâte : « J'aurais besoin d'air, monsieur ! » Monsieur le colonel lui offre son bras, et la conduit sur la plate-forme avoisinant son appartement. La princesse lui serre le bras avec un mouvement nerveux ! « Monsieur, ce qui me contrarie le plus, c'est d'avoir été trahie, vendue par un homme que j'avais comblé de bienfaits, qui me doit plus que la vie, et dans lequel ma confiance était entière...

C'est un malheureux ; du moins ce n'est pas un Français, et je m'en réjouis, car j'ai le cœur français. »

L'homme qui a vendu la duchesse pour cinq cent mille francs dit-on, est né à Cologne.... Madame la duchesse de Berri a oublié qu'elle-même est étrangère.

Madame rentre, et tout est préparé pour son départ : on le lui annonce, mais sans la consulter, mais vaguement, mais sans lui dire où on va la conduire.

On veut la surprendre afin de lui ôter le temps de la réflexion, et par là s'assurer la réussite de toutes les tentatives.

A trois heures, monsieur le commissaire général de la marine reçoit des ordres. Il expédie pour le brick *la Capricieuse*, stationnée à Saint-Nazaire, un canot transmettant des ordres au commandant du brick, et lui portant des vivres.

A quatre heures de l'après-midi, monsieur le maire, ses adjoints et monsieur le colonel de la garde nationale se rendent chez monsieur le préfet ; messieurs les généraux y sont, on se concerte sur ce qu'il y a à faire à l'égard de madame la duchesse de Berri.

Il est arrêté que les instructions du gouvernement seront toutes exécutées ponctuellement. Ces instructions prescrivent d'envoyer la duchesse à Blaye.

Monsieur le maire ne peut s'absenter de Nantes dans les circonstances actuelles; il est remplacé par un de ses adjoints : M. Polo est désigné.

La garde nationale de Nantes est représentée par son colonel, M. Robineau de Bougon, auquel est adjoint M. Rocher, porte-étendard de l'escadron d'artillerie de la même garde.

M. le colonel de gendarmerie Chousserie est arrivé exprès d'Angers pour cette mission.

M. Ferdinand Petit-Pierre, adjudant de la place de Nantes, est également désigné.

La duchesse de Berri est prévenue de la détermination; toutes les précautions sont prises dans le plus grand secret.

Le matin, à trois heures et demie, les principales autorités civiles et militaires se rendent au château. Plusieurs voitures entrent dans la cour : la duchesse, mademoiselle Stylie de Kersabiec et M. de Mesnard y montent. La force armée est toute prête à agir, s'il est nécessaire; mais tout est paisible, tout s'exécute avec autant de calme que de rapidité.

Messieurs les adjoints du maire de Nantes sont à bord du bâteau à vapeur pour hâter les préparatifs et voir si tout est bien disposé; le capitaine du bateau à vapeur ignore lui-même quels voyageurs il va transporter.

Les voitures arrivent; les prisonniers sont conduits à bord du bateau à vapeur, le départ est ordonné; mais M. Rocher, officier de l'artillerie de la garde nationale, n'est pas encore venu : on l'attend; il tarde peu de momens à arriver, et le départ s'effectue aussitôt.

Outre les personnes désignées pour aller jusqu'à Blaye, la princesse est accompagnée, jusqu'à Saint-Nazaire, par M. le lieutenant-général comte d'Erlon, commandant la division; M. Maurice Duval, préfet de la Loire-Inférieure; M. Ferdinand Favre, maire de Nantes, et M. L. Vallet, un de ses adjoints. Ils ne doivent quitter la princesse qu'après avoir assisté à son embarquement sur le brick de l'état *la Capricieuse*.

Une escorte de gendarmerie est placée sur le bateau à vapeur.

Sur le brick doivent s'embarquer avec la duchesse, avec la mission précise de ne la quitter que lorsqu'elle sera renfermée dans la citadelle de Blaye, M. Polo, adjoint du maire de Nantes; M. Robineau de Bougon, colonel de la garde nationale; M. Rocher, porte-étendard de l'escadron d'artillerie de la même garde; M. Chousserie, colonel de gendarmerie; M. Ferdinand Petit-Pierre, adjudant de la place de Nantes, et M. Joly, commissaire de police de Paris.

Toujours M. Joly!

Dans la nuit, à la lueur des torches, les portes du château s'ouvrent, et l'héritière des Bourbons s'avance soutenue par le général d'Erlon.

Quelques hommes ont eu avis de ce départ, et lorsque son mouvement commence tous sont immobiles et debout sur le port.

On arrive au bateau, et tandis que la duchesse y monte, s'élançant gracieusement, la foule attentive l'entend répéter en agitant son sac et sa bourse: « Moi, princesse de France, duchesse de Berri, j'ai pour toute fortune cinq livres dix sous ! »

— *Le général d'Erlon* : « Toute ma fortune vous appartient. »

— « Grand merci, monsieur le général, M. d'Orléans, mon cousin, est assez riche pour pourvoir à mes besoins. »

Et le bâtiment s'éloigne du port : on passe devant Saint-Nazaire.

Là Madame de Berri demande du lait : les

habitans de Saint-Nazaire connaissent à peine son désir, que leur meilleur lait est envoyé à Madame, et quand Madame le veut payer, il lui est répondu : « On est trop heureux d'avoir pu être agréable à Madame, à notre bonne duchesse. »

Partout le plus grand respect lui est témoigné, partout on met à ses pieds l'expression de la plus profonde consternation.

Madame de Berri a déjà parcouru cette route dans des temps heureux, et maintenant, au lieu des fêtes d'autrefois, elle rencontre partout des chagrins!

Cependant Madame est à peine partie que des affiches mises sur les murailles de Nantes portent :

LE MAIRE DE NANTES A SES CONCITOYENS.

« Citoyens,

« Le gouvernement avait décidé que la duchesse de Berri, aussitôt après son arrestation, serait conduite à Blaye.

« M. le lieutenant-général, comte d'Erlon, pair de France, commandant la 12e division militaire, M. le préfet, le maire de Nantes, l'ont accompagnée jusqu'à Saint-Nazaire, lieu de son embarquement.

« M. lieutenant-général a désigné un adjoint du maire de Nantes, M. le colonel de la garde nationale et M. le porte-étendard de l'artillerie, pour la conduire jusqu'au château-fort de Blaye, afin qu'ils puissent donner à leurs concitoyens l'assurance qu'elle a été remise en mains sûres.

« La garde nationale verra, par ce choix, la satisfaction que sa noble conduite a donnée à M. le lieutenant-général, à toutes les autorités et à la France entière dans cette circonstance, qui assure à jamais la tranquillité de l'Ouest.

« Le maire de Nantes, Ferdinand Favre. »

Alors Caroline de Naples, la duchesse de Berri, la mère de Henri-Dieudonné, prisonnière d'état, sous la surveillance de Joli, vogue vers Blaye : à Blaye ! à Blaye !

CHAPITRE VIII.

Départ de Nantes. — Traversée. — Arrivée à Blaye. — Débarquement.

Elle est vêtue d'une robe brune, simple et d'une étoffe de peu de prix ; cette robe drapée monte jusqu'à son cou, ainsi qu'on le peut apercevoir chaque fois que le vent soulève les plis de son manteau vert et broché ; elle marche, froissant à peine le parquet de son pied léger, qu'une chaussure fourrée étreint tout entier.

Quant à son visage, il est droit, point soucieux et souriant gentiment, posé dans un petit et gracieux chapeau de velours violet.

Elle est bien simplement vêtue la fille des rois, semblable en tout à ses compagnons fidèles : la demoiselle de Kersabiec, cette bonne demoiselle, la suit s'aidant du courage de sa maîtresse, et cachant à ses yeux l'appareil de sa main brûlée. La plaque de la cachette a brûlé deux de ses doigts. Sur ses pas, mais plus réfléchi que ces deux jeunes femmes, M. de Mesnard vient aussi grave et ferme : lui aussi porte encore l'empreinte du feu, et l'habit qu'il revêt brûlé dans ses pans, est celui de la cheminée Duguiny, témoignage du dévouement et du martyre.

C'est ainsi que les trois prisonniers s'embarquent, nouveaux Bias, portant avec eux toute leur fortune ; nouveaux Césars, contenant la fortune du monde.

C'est ainsi que de nuit se mettent en marche la duchesse de Berri et ses compagnons de destin, tous en imposant à la foule armée qui les environne, et partout suivis des respects d'une royauté haute et puissante.

C'est à qui les admirera et à qui cherchera à les approcher ; aussi, par cet empressement de la part même de ceux que l'on pourrait traiter à l'égal de ses ennemis, l'on peut comprendre facilement l'émotion que sa royale présence a dû faire sur les serviteurs et amis dévoués.

L'on peut comprendre aussi combien d'hommes lui sont demeurés encore fidèles et jaloux de son approbation.

Ni les baïonnettes, ni les menaces du pouvoir ne peuvent éloigner ceux-là qui, envieux d'obtenir ses regards bienveillans, affrontent tout pour les attirer. Alors aussi il n'est pas une espèce de dévouement qui n'ait été imaginé pour elle.

Tantôt l'on demande à l'approcher, à la servir, et de toutes les parties de la France des lettres arrivent au ministère, petite poste pour Blaye, mais petite poste bien infidèle.

Madame n'est pas encore à Blaye, et déjà de toutes parts les notabilités s'y rendent, jalouses de la voir débarquer : Blaye est devenu un centre, une cour. Moins de monde se pressait devant l'épouse du préfet anglais en Belgique ; et la famille d'Orléans tout entière avec fourgons et omnibus, n'a point dans toute sa route recueilli autant d'hommages et autant de vœux d'amour.

Pour la voir passer, une femme ne s'est point élancée toute vêtue dans la vase d'un canal, s'y enfonçant jusqu'aux hanches, désireuse de tromper les lignes de soldats qui l'empêchaient d'arriver jusqu'à sa princesse. Mme Disle a fait cela à Blaye.

Ah! combien de vœux l'accompagnent, la fille des rois, alors qu'elle se met en route au milieu d'un équipage armé.

Le bateau à vapeur qui transporte Madame la duchesse de Berri à Saint-Nazaire part à trois heures et demie du matin. Vingt gendarmes composent l'escorte. Le trajet se fait sans aucun accident remarquable. La princesse s'entretient tout le temps avec les différentes personnes qui l'entourent, elle s'entretient plus particulièrement avec les personnes qui doivent la quitter à Saint-Nazaire. Le bâtiment de l'état *la Capricieuse* a envoyé à Paimbeuf une embarcation par mesure de précaution ; on n'en a fait aucun usage. Le bateau à vapeur a passé, pour ainsi dire, inaperçu le long de la Loire. Arrivé à Saint-Nazaire, le même canot envoyé à Paimbeuf par *la Capricieuse* sert au transbordement ; il s'opère à neuf heures et demie du matin.

Madame la duchesse est constamment l'objet des égards qui sont dus au malheur, et elle est reçue à bord de *la Capricieuse* avec les attentions les plus cordiales.

En montant à bord du brick qui doit la transporter à Blaye, Madame la duchesse paraît affectée, et cette gaîté qu'elle manifeste depuis son arrestation semble l'abandonner. Elle s'attendait à être conduite partout ailleurs qu'à Blaye, aussi elle a demandé plusieurs fois à M. Maurice Duval s'il était bien vrai qu'on la conduisît dans cette citadelle; elle n'est restée convaincue de sa véritable destination que sur l'affirmation positive que c'était à Blaye qu'elle allait être détenue.

Pendant la traversée il n'a pas été question de politique, on n'a parlé que des beautés des rives de la Loire, des côtes pittoresques des environs de Cherbourg et autres ports de France.

En causant avec M. Polo de la conduite de Madame la duchesse, mademoiselle Kersabiec franche Bretonne, a tenu entre autres le propos suivant : « Soyez sûr, monsieur Polo, que si Marie-Louise eût déployé en 1815 le quart de la résolution et de l'énergie de Madame la duchesse de Berri, jamais le duc de Reichstadt ne fût mort à Vienne. »

On a appris, par cette même conversation, que deux fois le feu avait pris à la robe de la duchesse, tant elle était pressée contre la plaque du foyer qui cachait leur retraite. Mademoiselle Kersabiec s'est brûlée deux doigts en poussant le ressort qui retenait la plaque fermée, et la duchesse de Berri s'est brûlé le pied en traversant l'âtre pour se livrer aux gendarmes.

La Capricieuse, bâtiment où se trouve la duchesse, est un brick de seize canons, commandé par le capitaine Mollier; il a un fort équipage. La goëlette *la Mésange,* de douze canons, avec un équipage plus fort encore, stationne aussi dans la rade de Saint-Nazaire, où doit encore arriver, s'il ne l'est déjà, un autre brick. Enfin le bateau à vapeur *le Nestor* a reçu des ordres pour se rendre de Brest à Saint-Nazaire, et prendre à son bord la duchesse afin de la conduire de suite à Blaye, si le vent est toujours contraire.

Quoi qu'il en soit, la plus active surveillance a été strictement recommandée par le comte d'Erlon; les forces militaires qui se trouvaient aux environs de Saint-Nazaire ont été concentrées sur ce point, et un détachement d'élite est parti cette nuit de Nantes pour les aller renforcer.

Les canons des deux bâtiments sont armés. Le service se fait à bord avec autant de rigueur que si c'était devant l'ennemi. La plus sévère discipline est maintenue. Il en est de même des troupes qui sont à terre; toute tentative d'évasion est donc absolument impossible.

Les vents contraires s'opposent seuls à ce que l'on mette à la voile. Le départ peut s'exécuter d'un instant à l'autre si le vent devient favorable.

Enfin on part malgré le vent et las de l'attendre. Les rassemblemens remarqués sur la côte donnent de grandes inquiétudes; on craint un coup de main : on prend le large.

Aussi on gagne la pleine mer en faisant de grandes haltes et luttant contre une mer à chaque instant devenue plus mauvaise et plus insupportable.

Le vent grossi insensiblement et bientôt devient dangereux.

La traversée est pénible. Le bâtiment ne fait pas six heures de bonne route. Presque tous les passagers sont atteints du mal de mer, et notamment madame la duchesse de Berri aussi elle désire vivement le terme du voyage, quoique ce soit pour entrer dans une prison; le château de Blaye, quelque vaste et bien décoré qu'il puisse être, n'en est pas moins une prison.

Madame est résignée à son sort et ne fait pas entendre une seule plainte. Pendant tout le voyage, son calme ne se dément point. Aussi elle est traitée avec tous les égards dus au malheur, et souvent elle témoigne ses remercîmens des attentions dont elle est l'objet.

La conversation, sur *la Capricieuse*, entre souvent dans la politique. Madame la duchesse du Berri y prend part; elle parle fort tranquillement, mais avec franchise, sur des questions qui la touchent de si près. Au reste la franchise ne manque pas non plus du côté de ses adversaires.

Mademoiselle de Kersabiec montre de l'esprit et du caractère. Ce n'est pas une femme de cour; mais c'est une Vendéenne franche, dévouée exaltée, aussi elle parle sans aucune dissimulation.

Hélas! la bonne jeune fille espère pouvoir partager long-temps le sort de sa royale maîtresse; elle pense que si l'on trouve juste de resserrer dans des chaînes la brûlure que la plaque de la cachette a imprimée sur ses mains, la citadelle de Blaye devra paraître suffisante. Elle se trompe amèrement, ignorante qu'elle est de tout ce qu'il y a d'impudent sur le front de M. Dommengeat, le procureur de Nantes, de tout ce qu'il y a de glace dans son cœur: elle espère que l'on n'osera point l'arracher aux instances de sa maîtresse, la cousine de Philippe d'Orléans, de celui que M. Dommengeat appelle son roi. Dans cette pensée elle voyage aussi joyeuse que le lui permettent et le mauvais temps et le mal de mer.

Mais c'est en vain qu'elle veut rendre à sa royale maîtresse tous les soins et offices que son cœur lui inspire; ses forces l'abandonnent, et elle se repose un instant sans crainte, Madame est bien servie.

Dès le départ le capitaine de navire a donné son mousse à Madame.

Jeune, le visage vermeil, tont gentil et tout adroit, ce nouveau serviteur, natif d'Aurai, fils de brave Vendéen, comprend bien vite l'honneur qui lui est accordé, et fait plaisir à voir tant il met de zèle et de respect à servir sa princesse.

Là, toujours debout près d'elle, tantôt il la soutient dans le peu de pas que ses forces et le mal de mer lui permettent de faire; tantôt étayant la tête royale dans ses petites mains, il l'aide dans les élancemens de son mal de cœur, lui-même les larmes aux yeux de la voir tant souffrir.

Aussi la duchesse lui témoigne toute sorte de bienveillance et d'amitié, et dans les instans où elle souffre moins elle s'entretient avec lui, lui parlant de son pays.

Le mousse est d'Aurai ; il connaît M. Cadoudal ! les passagers entendent :

« Tu connais M. Cadoudal.

— Oui, Madame, beaucoup. Il faisait souvent travailler mon vieux père.

— Où est-il maintenant ?

— Madame, il est en fuite, il est bien loin, bien loin d'ici ; on lui voulait du mal parce qu'il nous voulait du bien.

— Es-tu sûr qu'il est loin, bien loin ?

— Oui, madame.

— Tant mieux, car c'est un bien brave homme que M. de Cadoudal, j'aurais grand chagrin si je le savais au pouvoir de ceux qui lui en veulent ; lui au moins n'a pas été livré.

— Ah ! c'est que, madame, il ne s'est confié qu'à nous autres, il est bien sûr que ses gars ne le trahiront jamais. Nous ne sommes pas des juifs et de ces hommes... »

En achevant ces mots, l'enfant montrait de son doigt le commissaire Joli !

Madame de Berri a ainsi bien des conversations avec ce gars de la Vendée, pauvre enfant qui ne demande au ciel que l'occasion de mourir pour sa princesse.

Madame de Berri lui donne des pastilles; madame de Berri l'embrasse : pauvre petit! il est de l'âge de son fils. Madame de Berri lui dit qu'elle se rappellera de lui et qu'elle lui vaudra tous ses bons services, lorsqu'elle-même pourra en rendre. Elle lui donne une pièce d'or, et l'enfant, l'œil en pleurs, la met dans son sac de cuir, disant : « Je dirai à mon père que vous l'avez touchée. Ah! c'est qu'il vous aime bien mon père. »

Plusieurs fois Madame la duchesse a parlé de son amour pour la France, et comme on lui demande si elle se repent d'être venue apporter la guerre civile dans nos contrées, elle déclare que, loin de là, elle ne croit avoir rempli que son devoir de Française et de mère : « Oui, dit la princesse, lorsque je songe à l'abandon que Marie-Louise a fait de son fils et *des droits* qu'il pouvait avoir au trône de France, je doute qu'elle fût sa mère. Quant à moi, je redoutais pour la France l'invasion étrangère, et c'est pour lui éviter ce malheur que je suis accourue. »

« J'aime la France, ma bonne et belle France; j'aime mieux vivre prisonnière que d'en être éloignée. »

C'est ainsi que parle la fille des rois à ceux

qui l'écoutent sont remplis d'aise et d'admiration. Il y a dans ces paroles une sublimité et une force qui depuis plus d'un siècle données à elle seule contrastent fortement avec la faiblesse de sa complexion et de sa santé.

Cependant la mer devient à chaque instant plus mauvaise : le vaisseau poussé, jeté loin de sa route par un vent violent et contraire, ne fait pas un instant de bonne traversée.

Aussi l'on avance bien lentement, et ce n'est que le 15 que la princesse parvient au Vernon.

Le bateau à vapeur *le Bordelais* y est déjà depuis quelque temps, attendant pour la recevoir sur son bord.

En vain les deux navires se rapprochent et pensent se joindre pour échanger leurs passagers. Le vent est tellement violent et la mer tellement houleuse, que le transbordement ne peut se faire qu'avec des embarcations et avec la plus grande peine comme avec les plus grands périls.

Cependant madame de Berri, toute souffrante qu'elle est, n'hésite pas à se confier à sa destinée.

On voudrait en vain pouvoir donner une idée de l'imposant tableau qu'offre la navigation de Madame. Représentez-vous d'abord le commissaire de police Joly, enveloppé dans son manteau, et ne cessant de suivre des yeux tous les mouvemens de Madame, comme s'il craignait qu'elle pût lui échapper. Figurez-vous d'une autre part son Altesse Royale elle-même, se promenant du gaillard d'arrière au gaillard d'avant avec cette liberté et cette grâce de manières qu'elle ne cessait de montrer en de meilleurs jours. Ici, Madame adresse la parole aux personnes qui l'entourent; et lorsque le mal de mer lui fait ressentir de plus vives douleurs, elle prend avec bonté le bras de son plus proche voisin, en disant : « Aidez-moi, s'il vous plaît, à me promener un peu. »

Là le maire de Nantes, croyant sans doute intimider Madame, lui annonce qu'elle sera gardée à Blaye par trois mille hommes: Madame se contente de répondre : *Tant mieux, j'aime fort la compagnie.*

Lorsque le général Janin annonce à M. Chousserie, colonel de gendarmerie, que le gouvernement lui confie le commandement de la citadelle, Madame l'ayant entendu, lui a dit en souriant : *Comment, Chousserie, vous êtes commandant! J'en suis bien aise.*

Combien d'autres paroles et d'autres conversations non moins remarquables sont entendues pendant la longue traversée du bateau jusqu'à cet endroit où *le Bordelais* l'attend suivant les ordres reçus.

Un canot de médiocre grandeur reçoit et porte Madame la duchesse de Berri, mademoiselle de Kersabiec et le capitaine Le Blanc ; la lame menace à chaque minute d'envahir cette frêle barque et de l'engloutir. Le capitaine n'est pas sans inquiétude, mais Madame la Duchesse est calme et résignée.

Mademoiselle de Kersabiec, plus pâle que la mort, jette les hauts cris et couvre la voix du capitaine : — « Taisez-vous, mademoiselle, » dit celui-ci, dont les moindres ordres doivent être compris et exécutés par ses rameurs ; « taisez-vous ! » — « Mais je meurs de peur, » répond la pauvre demoiselle, qui pour la première fois a perdu son assurance accoutumée. — « Taisez-vous, réplique vivement le capitaine, et prenez exemple sur Madame. » Il dit, et montre Madame la duchesse de Berri ferme et résignée.

Arrivé à bord du bateau à vapeur et tout-à-fait hors de danger, ce brave marin ne put contenir ce qu'il éprouve ; on entend : « Savez-
« vous, Madame, qu'il s'en est peu fallu que
« nous n'ayons été submergés. Vous avez vu

« le danger et vous n'en avez pas été un mo-
« ment effrayée. »

A peine à bord du *Bordelais*, la première parole de Madame la duchesse du Berri est pour demander des journaux : M. Le Blanc, qui lui sert de lecteur, hésite à lui lire un article du *Mémorial Bordelais;* la conduite de Madame y est calomniée : « Continuez, monsieur, « dit-elle, je veux savoir tout ce qu'on pense « de moi. »

Bien que Madame la duchesse soit constamment aimable avec tous ses compagnons de voyage, elle ne peut s'empêcher de témoigner son antipathie pour le commissaire de police Joly, le principal instrument de son malheur. Joly doit rester à la forteresse pour veiller à sa garde : Madame de Berri veillée par Joly !

Dans une des conversations un interlocuteur manifestant la crainte d'être rejeté par la tempête sur une côte éloignée, dit : « Si nous étions obligés de relâcher en Portugal, à Porto, par exemple, vous ne changeriez pas de condition, Madame ; mais si le sort voulait que nous fussions obligés de chercher un refuge à Lisbonne, que deviendrions-nous ? » — « J'intercéderais « pour vous auprès de don Miguel, répond la « princesse, seulement je serais curieuse de

« voir la mine que ferait M. Joly. » Et en disant ces mots, son œil malin s'attache sur le commissaire.

Le commissaire baisse les yeux, se retourne, feignant de ne pas entendre.

C'est ainsi qu'elle vogue en souffrant beaucoup et du mal de mer et de la présence de M. Joly. Cet homme la poursuit et lui déplaît au-delà de toute expression. M. Joly est son supplice.

Le vent ne devient pas meilleur, et le bâtiment, à chaque instant repoussé dans la grande mer, semble ne devoir pas arriver, lorsqu'enfin après une si longue traversée, le 15 à cinq heures du soir on aperçoit au loin la rive.

Si les passagers du navire ont été dans une grande inquiétude, la France l'a vivement partagée, lorsque chaque jour on est venu inutilement soit l'attendre sur la rive, soit en demander des nouvelles.

On craignait tout.

Personne n'a perdu le souvenir de la fameuse galère d'Agrippine. Les jours s'écoulaient les uns après les autres, et point de navire arrivé, point de relâche fait en aucun lieu de la côte; aussi dans toutes les villes, les églises ne désemplissaient pas, et pendant que les feuilles publiques se perdaient dans les argumentations et la politique, les prières montaient au ciel, et pas une vierge, protectrice des mers, qui ne reçût des offrandes et des vœux.

C'était la destinée de la France ! On la demandait à Dieu comme on lui eût demandé gloire et bonheur !

Ah ! lorsqu'on a vu l'arrivée de la princesse si long-temps retenue, une vague inquiétude s'est manifestée de toutes parts, et la terreur a été à chaque instant croissante. On parle de mer agitée, de tempête, de naufrage ; on a parlé de trahison, de noyade, de mort violente. On a cru tout possible dans des temps pareils et de la part de tels hommes.

A Blaye comme à Bordeaux on aime Madame, et l'on garde le souvenir de son règne passé, comme on espère en son règne qui commence.

Sur ces rives autrefois, des arcs de triomphe; à Blaye autrefois, des fêtes, des guirlandes, des félicitations, le général Janin ; la citadelle !..

Là des bals, de la joie, de l'ivresse d'orgueil dans l'âme du général Janin ; Madame dansait avec lui, dans ce Bordeaux, le duché de son fils, le Dieudonné.

Toutes ces réflexions et bien d'autres passent fugitives dans leurs têtes, et tous les souvenirs reviennent brillans devant leurs yeux. Soudain le théâtre changeant à vue, Blaye est un château fort, une prison; Blaye est le cachot de Madame. Le général Janin encore là : là encore le 48e régiment d'infanterie de ligne.

La mer mauvaise et en tourmente se déroule immense au fond de ces tableaux, et tous les regards si vont perdre dans le vague de ses dangers.

Le journal de la Guienne a fait toutes ces réflexions, et mieux que nous il a dû le rendre, lui qui, posé sur les lieux, a été à même de tout voir et de tout entendre, écoutons-le parler.

« La femme héroïque à laquelle nous vouons tout à la fois un culte d'admiration et de douleur vogue pour se rapprocher de nous et trouver des fers sur ces rives où naguère on l'entourait d'hommages.

« Singulière vicissitude des choses humaines!... Un général est chargé de veiller à sa garde, de fermer sur elle les portes d'une forteresse.... Dieu veuille qu'une farouche inquiétude ne lui impose pas de plus affreux devoirs !

« Quel est-il ce général?... Il y a peu de temps encore on le chargeait de faire à une auguste princesse les honneurs de son commandement, et il ne restait pas au-dessous de sa mission; on le vit plein de zèle s'associer à tous les plaisirs offerts à Madame, et briguer au milieu des fêtes la flatteuse distinction de danser avec elle... Cette princesse est aujourd'hui sa prisonnière, et l'on en appelle à ce même zèle pour river étroitement ses chaînes !!.

« Il n'y a que douze années un cri d'allégresse retentissait dans cette ville, un prince nous était né ; on lui donnait le nom de notre cité. La population, ivre de joie, députait à son berceau ses plus joyeuses, ses plus naïves et ses plus dévouées interprètes. Qu'est devenu ce prince? Il est en exil.... Et sa mère? On l'emprisonne à Blaye. Et ces femmes, si heureuses d'aller la féliciter au nom de notre ville, ces femmes que nous avons vues il y a quatre ans, bénissant de nouveau et le souvenir du fils, et la personne de la mère, le temps et l'orage ne les ont point changées ?.,.

« Interrogez aujourd'hui leur cœur sans ambition, sans orgueil, et demandez-lui si la mère de Henri V est coupable. »

Tout à Blaye est prêt pour recevoir Madame ; une fois dans la citadelle, elle ne doit voir personne, et ne doit communiquer avec personne. Ceux qui seront attachés à son service seront des prisonniers comme elle. Cette nouvelle est annoncée, et cependant sur l'heure, un traiteur, M. Gabaud, tenant l'hôtel de l'Union, n'hésite pas à se constituer prisonnier, et déjà installé dans la citadelle il prépare tout pour le repas d'arrivée et pour le service de bouche de son Altesse Royale Madame.

Ainsi de toutes parts on accourt; et c'est avec le cœur serré que l'on voit une foule d'ouvriers occupée à palissader les murailles, à mettre les remparts sur le pied de siége, à garnir les fenêtres de grilles.

Les canons sont pointés et armés : de toutes parts on apporte des meubles pour les appartemens; on fait venir des guérites pour les sentinelles et des réverbères pour éclairer les longs corridors et les cours de la citadelle; la dernière main est mise aux préparatifs de la prison.

Le télégraphe joue incessamment, et de toutes parts une pluie d'agens de police tombe sur Blaye, ayant tous leur mission.

Les préfets et les généraux se croisent constamment sur la route de Blaye, des restaurateurs se transportent de toutes parts à Blaye; tous les hôtels sont tenus prêts, et avant l'arrivée de Madame la population est déjà doublée. Tout ce qu'il existe dans les environs de noblesse vient briguer l'honneur d'approcher de Madame et d'être admis à la servir.

Un service de poste est établi dans toutes les directions. Blaye va devenir une capitale ; Blaye va avoir sa cour et ses courtisans ; ceux-là du moins sont désintéressés et sont les serviteurs dévoués au malheur. Tous seraient jaloux et fiers de remplacer auprès de la royale princesse la fidèle demoiselle de Kersabec, comme tous les hommes de talent, qui font honneur à la France, briguent à cette heure la gloire d'être admis à son conseil et à sa défense, si toutefois Madame a besoin de conseil et de défense.

La cinquième heure du soir vient de sonner, tout le monde attend, inquiet et disant hautement ses craintes ; la foule se presse sur le port et sur la grève, malgré la pluie qui tombe incessamment. On attend la duchesse, et, comme il y a bientôt cinq ans, le même peuple est là, aussi aimant et plus dévoué peut-être.

Ah ! c'est que dans des temps plus heureux madame est déjà venue à Blaye : alors, comme à cette heure, le général Janin et le 48e régiment d'infanterie de ligne. Quels rapprochemens !

A cinq heures et un quart les pilotes côtiers signalent *le Bordelais*, et cette nouvelle, bientôt répandue, fait accourir la population entière.

Depuis plusieurs jours tout était décidé pour le mouillage : une embarcation était prête, attendant les autorités, le lieutenant-général en tête.

Sitôt *le Bordelais* signalé, on se met en mer, gagnant et abordant le navire tant désiré.

Pendant ce temps un bataillon du 48e, celui des fêtes de 1828, s'avance silencieusement tout en armes, et se pose en ligne et comme un cordon depuis le port jusqu'à la citadelle. Alors une voiture fermée s'approche, traînée par quatre chevaux ; une partie de la garde nationale l'escorte : ses officiers, en uniforme, la précèdent et dirigent sa marche.

C'est à six heures seulement que les autorités de Blaye parviennent à monter à bord du *Bordelais*, se pressant, curieuses et saluant jusqu'à terre. M. le lieutenant-général, M. le sous-préfet, un aide-de-camp de M. le maréchal Soult, M. Delort et les officiers du génie et de la marine montent à bord du navire pour conduire à terre Madame la duchesse.

Madame à cette heure est très émue ; sa gaieté semble l'abandonner. A quelques mots de M. le lieutenant-général, qu'on n'entend point, elle répond : « Général, comme par le passé j'aime à me persuader que vous ferez votre devoir. » Ensuite la prisonnière met le pied sur une chaloupe et descend sur le port. M. Janin lui offre son bras qu'elle accepte avec beaucoup de grâce, tandis que de même M. le sous-préfet de Blaye donne le sien à mademoiselle de Kersabiec; M. de Mesnard suit par derrière.

Au moment où madame met le pied sur le rivage, M. Merlet, le maire de Blaye, lui offre sa main, on dit : C'est le maire de Blaye.

Madame de Berri accepte la main de M. Merlet, et jetant un coup d'œil autour d'elle, laisse échapper ces mots : *Pauvre ville!*

Cette parole fait une sensation visible, et c'est sans effort que les assistans en comprennent toute la portée.

Madame est à peine descendue à terre, que le bruissement des paroles échangées sur le rivage, et s'unissant à la brise, s'est tu subitement; et le vent lui-même s'est arrêté, comme respectueux. Un silence immense et solennel a régné alors.

La nuit est noire; la lueur pâle des torches éclaire seule cette scène et cette marche triste et lente.

On n'entend que le bruit des pas, répétés par les échos et emportés au loin dans l'espace de la mer.

La voiture est là.

Madame y fait entrer ses compagnons d'infortune : elle-même y monte après eux. Le général Janin et le sous-préfet la suivent, ne la voulant quitter en aucune façon.

On part.

Un commissaire de police ouvre la marche : derrière lui marchent deux valets de ville agitant dans l'air des torches enflammées. La voiture marche au pas et environnée d'une double haie de soldats, la baïonnette au bout du fusil.

Rien de plus triste que cette marche ne peut être imaginé ; rien de semblable n'avait depuis bien des années été vu sur ces rivages.

A les voir on les prendrait pour un convoi funèbre, tant on est silencieux et portant bas la tête. Une foule se presse alentour, et à voir le visage de la majeure partie de ses curieux, on reconnaît la police et ses agens.

Le reste de la population a été repoussé ; elle se fût fait un crime d'être là immobile et inutile sur son passage : à cette heure elle ne pouvait et n'osait rien faire pour la royale prisonnière.

C'est ainsi que l'on marche pendant environ dix minutes et n'ayant à parcourir que quelques centaines de pas.

Madame de Berri tient toujours la conversation, quoique pourtant elle souffre beaucoup encore; quoique les mauvais chemins, les cahots continuels, la gêne occasionnée par le grand nombre des personnes de la voiture ni rendent; quoique bien moins forts, le mal et les angoisses de la mer.

Aussi Madame est très joyeuse lorsque, arrivée au chemin qui conduit à la citadelle, il lui est permis d'achever pédestrement sa route. On descend de voiture et dans le même ordre on va se mettre en marche. A peine descendue et après le premier pas, la mère de Henri s'arrête subitement, et se tournant vers mademoiselle de Kersabiec, elle lui demande son petit sac : sitôt qu'elle l'a reçu Madame l'ouvre, empressée; elle en tire le portrait du roi, son fils.

Alors son visage est devenu tout joyeux et sa bouche a souri d'aise : les cahots et les secousses violentes de la traversée n'ont en aucune façon endommagé sa miniature précieuse et chérie.

Une larme est venue mouiller ses yeux; à

cette heure, à peine ses souffrances venaient de cesser et déjà elle pleurait pour son fils. L'héroïque mère! la bonne mère!

Alors donc le cortége s'est mis en marche, et pendant tout le chemin, plus d'une fois on a entendu Madame prononcer le nom de son fils, de celui qu'elle appelle Monseigneur! aussi tous ceux qui l'entourent voient avec admiration et respect qu'à cette heure elle est bien moins occupée du sien que de l'avenir de la France. Le cortége arrive ; il entre par la porte Dauphine, le pont-levis est baissé ; mais sitôt que Madame est entrée, il se relève subitement : Madame est en prison....

CHAPITRE XI.

Madame dans le château de Blaye. — Blaye historique et descriptif. — Vie de Madame à Blaye.

Blaye, anciennement Blavia, ville de France, est sise en Guienne, dans le département de la Gironde.

Port de mer et place de guerre de quatrième classe, Blaye renferme dans son sein un tribunal de première instance, un tribunal de commerce, une société d'agriculture; sa population monte à environ trois mille six cents habitans.

Blaye est dans une situation très agréable et très favorable au commerce; sur la rive

VUE DE LA CITADELLE DE BLAYE.

droite de la Gironde, et lui devant la rade étendue où mouillent les bâtimens. La ville est bâtie au pied et sur la croupe d'un rocher escarpé : elle se divise en haute et en basse ville.

Blaye est défendue par sa citadelle, le fort Médoc, et plusieurs autres ouvrages, qui tous croisant leurs feux rendent impossible le passage de la rivière tenté de vive force.

Blaye a été connu de tous les temps de la monarchie ; parfois elle a joué un rôle notable dans l'histoire de la Guienne; formidable et respectée dans les temps de Charlemagne, c'est à Blaye que Roland vint se reposer plusieurs fois ; c'est là que son corps fut déposé.

C'est dans ce port et en face de la citadelle que les bâtimens faisant voile pour Bordeaux déposaient leurs canons et armemens.

Près de là était un couvent fondé par Saint-Louis, le couvent des Minimes; à cette heure ce couvent fondé par Saint-Louis, environné de jardins magnifiques est devenu la demeure de la famille du geôlier.

Puis vient la citadelle avec ses vieux souvenirs de guerre et de chevalerie, avec ses tours, ses ponts-levis, ses cours, ses vastes corridors, la citadelle et ses magasins, ses arsenaux, ses piles de boulets avec ses canons dormant la bouche béante.

Là des fossés profonds, pleins d'eau, viviers pour les poissons, avec leur escarpe, leur contre-escarpe ; la citadelle avec ses bastions, avec ses demi-lunes.

Oh ! cette citadelle si forte, si ancienne, si vieille possession des rois légitimes de France, si souvenant de Roland, le défenseur des femmes et des orphelins, si souvenant d'Henri de Béarn, Henri IV, le roi conquérant de son trône usurpé, Henri le vainqueur d'un roi des Français, Charles X, prince lâche et félon, fait roi par la faction de Paris.

C'est dans cette citadelle que la duchesse de Berri, la mère de Henri le dépossédé va être emprisonnée, elle : déjà tous les préparatifs sont faits pour rendre la citadelle inaccessible à l'invasion et à l'évasion. Des bâtimens apportent sans cesse des soldats et des canons ; l'on met des grilles à toutes les fenêtres, à toutes les cheminées, on enlève jusqu'à une chaîne de paratonnerre, de peur qu'il ne prenne envie à la princesse de s'évader avec son aide.

Tel est l'historique de la prison donnée à notre princesse, et notre histoire contemporaine lui promet désormais une place dans ses lignes immortelles : dans quelques centaines d'années, lorsque les partis éteints n'auront, au lieu des haines, légué que des regrets à leurs fils, alors le cicérone de Blaye montrera à la foule curieuse la chambre habitée par la princesse de France, il lui en contera ainsi les circonstances et les causes.

« Il dira : l'an 1832 après le Christ, la princesse Caroline de Naples, mère de Henri V, roi mineur, a été emprisonnée dans cette citadelle par l'ordre de son cousin le duc Louis-Philippe d'Orléans, nommé roi des Français au détriment de son neveu et pupile Henri duc de Bordeaux. »

Alors le cœur se serrera, et c'est avec horreur qu'on apercevra dans les murailles des fenêtres, les traces profondes des triples rangs de grilles, qui à cette heure les masquent, les couvrant d'un réseau de fer impénétrable.

Là des grilles partout, des grilles dans les cheminées ! Ah ! c'est qu'elle leur fait bien peur, cette femme ! c'est que dans le petit doigt de cette femme il y a plus d'âme que dans eux tous ; cette femme est pour ainsi dire l'âme de toute la France.

Pauvre princesse ! héroïque princesse !

Les ponts-levis se sont levés pénibles et plaintifs : la princesse est prisonnière, et désormais toute communication lui est coupée avec ses amis : sa vie est murée, et le pouvoir assume sur lui la terrible responsabilité de sa vie, il en est la caution et le garant.

Nul en effet ne peut à cette heure approcher de Blaye, rien n'en peut transpirer ; on sait seulement que sa santé précieuse est altérée. Comment ne le serait-elle pas après tous les tracas, toutes les fatigues, toutes les tortures, toutes les agonies qu'elle a eu à supporter en Vendée, à Nantes, à Blaye.

Enfin, si son cœur n'a point de repos, puisse son corps au moins retrouver la tranquillité qui lui est devenue nécessaire pour quelques instans!

Avec madame de Berri une grande partie du cortége a été admise à entrer dans la citadelle. Voici les noms de ses principaux membres, et l'ordre d'entrée :

D'abord madame de Berri s'avance soutenue par le lieutenant-général ; après Madame viennent mademoiselle de Kersabiec et le sous-préfet, puis M. Le Cacheux, aide-de-camp du lieutenant-général : derrière M. Joli, commissaire de police, le colonel de gendarmerie d'Angers, le colonel de la garde nationale de

Nantes, M. Polo, adjoint de la mairie, un officier d'artillerie, l'enseigne du brick *la Capricieuse*, ainsi que le comptable de ce navire et quelques autres officiers.

Une fois entrée dans la citadelle, et avant qu'elles se retirent, Madame a remercié les autorités de leurs bons soins. Madame remercie surtout la députation nantaise des mille témoignages d'intérêt qu'elle lui a donnés pendant le cour de ce long et pénible voyage.

Tous en entendant ses paroles bienveillantes ont été saisis de joie et de tristesse; parmi ces hommes Madame doit désormais compter des soutiens et admirateurs dévoués, comme eux-mêmes, lorsque la fortune l'aura dignement servie, trouveront en Madame reconnaissance et protection.

La première chose demandée par Madame est un bain. Pendant qu'on le lui prépare, Madame avec sa suite visite son appartement nouveau.

L'appartement de Madame est situé au rez-de-chaussée, vers l'extrémité nord de la citadelle, dans un lieu voisin de celui où sont déposés les bombes et les boulets. Cette partie de l'édifice est parallèle au fleuve; mais les fenêtres de la chambre occupée par Madame sont ouvertes au levant; de ce côté la vue est bornée par les remparts. Il y a des jours également pratiqués du côté de la rivière; mais on ne peut découvrir de là que les campagnes du Médoc, parce que le fleuve coule au pied des murs, assez élevés. Le logement de l'auguste captive est composé de six pièces; savoir, à l'entrée un vestibule; à la droite du vestibule un salon de compagnie d'où l'on passe dans la chambre à coucher de Madame; à la suite se trouvent un cabinet de toilette et une salle de bain; à gauche, dans le vestibule, est la porte de la chambre de mademoiselle de Kersabiec; de l'autre côté du corridor, en face du vestibule, est la chambre de M. de Mesnard, laquelle a vue sur la cour; au fond du corridor est un vaste buffet qui contient l'argenterie et le service de table; vis-à-vis, à l'autre extrémité on trouve un escalier dérobé, puis une cour que l'on traverse pour aller au jardin. L'ameublement, autant qu'un coup d'œil rapide a pu permettre d'en juger, est composé comme il suit : dans le salon un piano à gauche de la cheminée, un meuble d'acajou recouvert en étoffe de Lyon de couleur jaune ainsi que la tapisserie; une table ronde à dessus de marbre est placée au milieu du salon; doubles rideaux de mousseline blanche et de soie chamois aux fenêtres ; dans la chambre à coucher, un lit à couronne et à tenture blanche. L'ameublement de la chambre de mademoiselle de Kersabiec est de la plus grande simplicité.

Pendant que Madame visite ainsi la citadelle et son logement, le général Janin, qui l'accompagne, lui fait observer que, pour mettre la forteresse en état, il avait été indispensable de déplacer un meunier et sa famille : « J'en ai « regret pour ces pauvres gens, a repris Mada- « me, n'aurait-on pas pu faire autrement ? — « Non, lui a-t-on répondu ; ils auraient eu vue « sur les appartemens. — Qu'importe ? a-t-elle « ajouté avec vivacité ; je ne veux que personne « se dérange pour moi ; il faut.... mais j'oubliais « ma position, j'allais donner des ordres. »

Après qu'elle a fait la visite de son logement, dont les dispositions ont paru lui plaire, Madame s'est mise à table ainsi que ses compagnons de captivité. On remarque que la duchesse surtout mange avec appétit : durant ce repas elle montre une gaieté et une aisance qu'on ne s'attend pas à lui voir après un voyage aussi pénible. Mademoiselle de Kersabiec partage la sérénité de la duchesse : le front de M. de Mesnard seul ne peut se dérider. Il paraît accablé par les fatigues de la traversée. Pendant que Madame mange ainsi, à peine arrivée, une proclamation est affichée sur toutes les murailles de Blaye; la voilà :

« Citoyens,

« L'importance des prisonniers détenus à la citadelle nous impose de nouvelles obligations, toujours faciles à remplir quand la patrie en est l'objet. Grâce à la volonté ferme qui proclame et réalise l'intention d'effacer jusqu'à la trace de nos troubles civils, madame la duchesse de Berri, désarmée et prisonnière, est placée, à compter de ce jour, sous la sauvegarde de votre patriotisme. Vous en êtes responsables envers la France et envers l'Europe; vous vous montrerez dignes de cette haute marque de confiance, de cette grande mission.

« Le service de la garde nationale va être repris et continué avec toute la ponctualité militaire. Nous rivaliserons de zèle avec nos frères de la ligne, dont les sympathies sont les nôtres pour la garde de l'important dépôt remis entre nos mains; et si nous sommes appelés comme eux en présence d'une grande infortune, nous saurons à leur exemple contenir au fond de nos cœurs nos sentimens patriotiques, et nous n'oublierons pas que le respect dû au malheur fait partie intégrante de l'honneur national.

« Comptez, pour le maintien de la tranquillité publique, sur le dévouement et la vigilance de vos magistrats, qui comprennent toute la gravité que leurs fonctions empruntent aux circonstances, et qui ne resteront pas au-dessous de leurs devoirs.

« Habitans de Blaye, cette même citadelle qui, par vos courageux efforts, conserva la dernière son pavillon tricolore aux jours de 1814, renferme aujourd'hui, captive et impuissante, la dernière espérance de l'absolutisme! Le règne des lois, le triomphe de l'ordre reçoivent de ce grand événement un nouveau gage de force et de durée!

« Vive Louis-Philippe! vive la liberté! »

Le sous-préfet de Blaye.
Signé A. Randouin.

Pendant ce temps aussi les dames de la Halle, représentées par mesdames Annicet, Duranton, Rose Berdalle et Seconde Dupuch, présentent au préfet et au colonel Chousserie la pétition et la lettre suivantes :

« Monsieur le préfet,

« Les dames de la ville de Bordeaux soussignées n'ont jamais perdu de vue les bontés dont elles furent comblées par S. A. R. Madame, duchesse de Berri, lorsque cette auguste princesse daigna visiter la ville qui eut l'honneur de donner son nom au prince que la Providence semblait avoir appelé à régner sur la France. Fidèles aux souvenirs du cœur, le malheur dont est accablée S. A. R. Madame, duchesse de Berri, est un puissant motif de plus pour que les soussignées, qui, dans des temps ordinaires de la splendeur de la branche aînée des Bourbons, se fussent contentées de concentrer leur respectueux attachement, viennent aujourd'hui implorer votre autorité pour en obtenir la faculté de mettre aux pieds de S. A. R. l'offre de leurs services, de leurs vies et de leurs biens. Ce ne sont pas toutes celles qui sollicitent qui pourraient obtenir un pareil honneur, le nombre en est trop considérable; mais un choix serait fait entre elles, et elles sont assez sûres les unes des autres pour être certaines que leurs vues seraient religieusement accomplies,

« L'autorité ne craindra pas sans doute que cette démarche soit faite pour couvrir quelques complots; celles d'entre nous assez favorisées pour être admises à l'honneur de servir S. A. R.

Madame, duchesse de Berri, se soumettraient sans murmure à toutes les investigations de sûreté qu'on croirait nécessaire de mettre en œuvre envers elles, leur but est de prouver leur amour, et rien ne leur coûtera pour démontrer qu'il n'a rien de factice.

« Les soussignées, monsieur le préfet, attendent de votre justice que leur supplique, sur laquelle elles appellent la plus prompte décision, ne sera pas écartée, l'objet de leur sollicitude, dans un temps de liberté d'opinions, devant être considéré comme un droit.

« Nous avons l'honneur d'être, etc. »

(*Suivent deux cents signatures.*)

Bordeaux, le 16 novembre 1832.

II.   « Monsieur le colonel,

« Nous avons eu l'honneur de présenter à monsieur le préfet de la Gironde la pétition ci-jointe, afin d'obtenir l'autorisation que quelques-unes d'entre nous pussent être admises à l'honneur de servir S. A. R. Madame la duchesse de Berri. Ce magistrat nous ayant répondu que la permission que nous sollicitions ne pouvait émaner que de vous, monsieur le colonel, nous prenons la liberté de vous envoyer cette pétition, en vous priant de vouloir bien y faire une prompte réponse.

« Nous avons l'honneur, etc. »

Bordeaux, le 16 novembre 1832.

Comme on le voit, les dames de Bordeaux n'ont pas oublié que le fils du roi de France, Henri de Bourbon, a pris leur nom, et a dormi ses premiers jours dans un berceau offert par elles. Comme de Bordeaux, de toutes parts des lettres semblables ont été écrites, et ces lettres resteront, monumens de notre histoire.

Pendant que de tous les points de la France on demande comme une grande faveur, comme un bienfait l'honneur d'être admis à partager ses fers et à servir Madame; pendant que de nobles, jeunes et jolies femmes, madame la baronne Gerdi la première, se mettent corps et biens à la disposition de la princesse, ne reculant devant aucune peine et aucune espèce de travail, on donne à la princesse Marianne Dulaurier une paysanne; heureusement mademoiselle Kersabiec est là pour l'aider, et dès le soir même elle remplit auprès d'elle les devoirs d'une amie et les travaux d'une femme de charge.

Mademoiselle de Kersabiec tient compagnie à Madame, l'environnant de tous les soins, et ne la quittant que lorsque la princesse est dans son lit et déjà reposant. La princesse en a tant besoin !

Le lendemain de son arrivée, le matin, Madame la duchesse se lève à sept heures. A peine habillée, elle fait ses efforts pour ouvrir les persiennes dormantes qu'on a fait poser à ses croisées ; elle demande qu'elles soient enlevées et qu'on leur substitue des barreaux qui puissent laisser à l'air sa libre circulation et à la vue la faculté de s'étendre au dehors.

Quelques instants après, elle prend un bain, et remercie le gouverneur de l'attention qu'on avait eue de lui disposer une salle pour cet usage.

Dans ses fers, ah ! qu'elle est douce et admirable la vie de notre duchesse, qu'elle est toute de bonté ! Tantôt c'est Marianne, sa femme de chambre, qu'elle circonvient de bienfaits, donnant à son choix et la forme des bonnets, et la couleur de la robe, dons qu'elle lui fait. Partout des bienfaits, et à l'exemple du vieux roi captif elle n'oublie ni les pauvres ni les souffreteux.

Sa résignation et sa patience sont vraiment admirables.

Là, vêtue simplement et presque chaque jour avec une robe de soie violette et de forme montante, elle se promène, toutes les fois que le temps ou sa santé le permettent, sur les remparts de la citadelle, les mains dans les poches d'un petit tablier de soie noire, et les cheveux relevés sur le front.

Cette promenade est l'unique distraction de l'auguste princesse, encore est-elle limitée; encore est-elle surveillée ainsi que celle d'un écolier. Madame ne peut faire un pas sans être accompagnée par le colonel Chousserie.

Madame prend donc son parti : sitôt que le temps le lui permet, elle va faire une promenade, reconnaissante de la foule qui se presse au pied de la forteresse, attendant des heures entières l'éclair de son apparition. Plusieurs fois elle s'arrête, et ses yeux, plongeant au loin, cherchent à reconnaître les traits amis de ces hommes, espèces de sentinelles avancées de l'opinion nationale et des vœux de la France. Puis Madame rentre, et son temps est en grande partie occupé par la longue réception des mille cadeaux que des serviteurs fidèles ont l'honneur de lui adresser.

Parmi les mille présens envoyés à Madame, un joli petit chien lui est arrivé de Bordeaux : un homme du peuple le voyant entrer dans la citadelle, s'est écrié en faisant allusion au traître qui l'a livrée : *Celui-là du moins sera fidèle.*

Ce chien, qui déjà a fourni une heureuse inspiration au crayon d'un de nos artistes, a déjà aussi donné à Madame l'occasion d'une réplique dont les biographes contemporains ne manqueront pas de s'emparer.

Un soldat, gardien de la citadelle, rencontre le chien courant par les remparts à la recherche de sa maîtresse ; force lui est alors de l'arrêter, et, pensant réjouir, de vouloir le faire sauter pour son roi Louis-Philippe. Le chien s'y refuse ; le soldat se laisse aller à sa mauvaise humeur, et lui dit en le frappant : Je te ferai bien obéir, chien de carliste, chien de chouan !...... Le soldat lève la tête ; il aperçoit Madame, et, tout confus, il n'a ni la force de fuir ni de s'excuser. Alors la princesse lui dit : « Ne crai-« gnez rien, mon ami, il n'y a que moi qui « vous ai entendu. » Ce trait n'a pas besoin de commentaire.

Un Américain habitant de Bordeaux envoie aussi pour son altesse royale une perruche d'un très grand prix, et ce n'est pas sans peine que cet oiseau peut être admis auprès d'elle, soit que sa couleur verte effraie, soit que l'on veuille s'assurer des paroles qui lui ont été apprises.

A chaque présent offert à Madame, à chaque preuve de dévouement que l'on est admis à lui donner, la terreur de l'inquisition de Blaye augmente : l'inquisition de Blaye fait tous ses efforts pour dégoûter les serviteurs et les amis fidèles de Madame.

Une dame de Niort adresse à un habitant de Blaye une caisse contenant un superbe peigne en écaille, un verre et une carafe d'opale d'un grand prix, portant les chiffres et emblêmes de Henri de Béarn ; elle les offre à madame de la part d'un ami fidèle. On recommande la remise à madame de Vathaire : madame de Vathaire s'empresse de les porter chez M. Delort, commandant en second. Cet officier supérieur la reçoit avec politesse, et promet de faire parvenir le tout à Madame. Mais, loin de là : ces objets sont bientôt rapportés à madame de Vathaire par un soldat : ce soldat, ou maladroit, ou feignant la maladresse, les laisse tomber à sa porte, mais de telle sorte qu'il est facile de voir qu'ils ont été cassés par avance ; ils sont pour ainsi dire pulvérisés... Pitié !

En vain une foule de personnes demande à être admise auprès de Madame; tous les postulans sont refusés.

On refuse les hommes, les femmes, les enfans ; on refuse les prêtres et les médecins.

L'évêque de Bordeaux ne peut être admis à l'approcher. Un médecin inconnu, pour ainsi dire, est envoyé de Paris par le gouvernement, et c'est à lui que la santé précieuse de la princesse est confiée. Quelle responsabilité!!

Pourtant de toutes parts des docteurs se sont présentés, s'offrant à partager la captivité de la princesse. On les a refusés, et à leur tête l'honorable M. de Mey.

Toutes les persécutions sont employées pour dégoûter ceux qui veulent être à aide à Madame : non content de les soumettre aux investigations d'une police soupçonneuse et haineuse, toutes les vexations et tout l'arbitraire des formalités ridicules sont mis en usage. En voici un trait pris au milieu de mille autres.

Madame de Mesnard, belle-fille du comte de Mesnard, compagnon de captivité de Madame, vient à Blaye dans l'espoir d'arriver jusqu'auprès de son beau-père, et de lui apporter quelque consolation; vain espoir! cette jeune femme porte dans ses bras sa petite fille à peine âgée de deux ans; elle prie afin qu'on les laisse venir toutes les deux auprès du vieux prisonnier malade. Instances et supplications, tout est inutile; madame de Mesnard revient chez elle, désespérée de n'avoir pu atteindre le but de son voyage; tout à coup une de ces pensées qui ne viennent qu'à une mère lui arrive : elle pense que son enfant ne pourra être soupçonné d'entrer dans la citadelle pour aider à l'évasion de ceux qui y sont détenus; cette petite fille, qui ne parle pas encore, ne doit porter aucun ombrage aux surveillans de Madame; elle ne pourra faire aucune révélation : puisque l'on ne veut pas que sa mère la porte aux bras de son grand-père, peut-être les geôliers consentiront à s'en charger ! la pauvre enfant est donc remise au portier de la citadelle; le portier la remet à M. de Lort, commandant de la place; M. de Lort la remet aux mains de M. le colonel Chousserie : M. Chousserie lui, la porte au grand-père. Pitié !

Comme ceux qui l'environnent, Madame est soumise à tout ce que les vexations graduées et méditées peuvent avoir de cruel. Chaque jour renchérit sur le jour de la veille : non content d'interdire à la princesse toute communication extérieure, on imagine de lui enlever ses amis; de l'isoler pour ainsi dire du monde entier; de la tuer par l'ennui et les angoisses de l'abandon. Mademoiselle de Kersabiec, sa fidèle et dévouée compagne, va lui être enlevée. Lors de leur arrestation à Nantes, Madame a tout mis en commun entre mademoiselle de Kersabiec et elle ; Madame lui a dit, lorsque ses effets à elle seule lui ont été rendus : *Nous sommes riches maintenant; il n'y a que vous qui n'avez pas seulement une chemise, mais désormais nous vivrons en amis et nous partagerons.* La fidèle demoiselle de Kersabiec est arrachée à la prison de Blaye : placée dans le coupé d'une diligence entre deux gendarmes armés jusqu'aux dents, on la traîne devant une cour d'assises, insultant ainsi à tout ce qu'il y a de plus sacré dans la société.

Après celui de mademoiselle de Kersabiec, vient le tour de M. de Mesnard, son continuel serviteur et le compagnon de toutes ses fatigues. M. de Mesnard est réclamé à Montbrison ; et lui aussi, malgré les prières de la princesse, il est mis entre deux gendarmes dans le coupé d'un autre diligence, et part laissant ainsi sa royale princesse sans serviteurs et sans amis.

Madame de Castéja a été refusée aux portes de Blaye, et c'est en vain qu'elle attend, forte de la permission accordée par le pouvoir.

Le pouvoir est revenu sur ses pas, et de sa part des courriers vont en Italie chercher madame de Podenas, pour remplacer mademoiselle de Kersabiec : par son ordre M. de Brissac part de Paris : admis auprès de Madame, il s'efforce par son dévouement à lui faire sinon oublier, ce qui serait impossible, du moins lui rendre moins cruel le départ de M. de Mesnard.

C'est par mademoiselle de Kersabiec et M. de Mesnard, que la France a appris avec quelques détails, la vie et les occupations de Madame la duchesse de Berri; mademoiselle Stylie de Kersabiec, de la prison de Nantes, a écrit elle-même sur ce sujet : lisons sa lettre.

« J'ai quitté S. A. R. le 7 à midi et demi. Sa santé était un peu altérée des suites d'un gros rhume, qui cependant n'avait rien d'inquiétant. Elle s'était promenée la veille sur les remparts, et le jour même dans le jardin. Je crois inutile de rappeler le courage de Madame et comment son noble caractère soutient toutes les peines de la captivité; il suffit de dire que Madame est elle-même. Le souvenir de sa famille et de ses amis l'occupe continuellement, mais sans troubler sa grande âme. Elle serait heureuse de pouvoir leur exprimer sa bienveillante sollicitude, et bien que leurs vœux ne parviennent pas jusqu'à S. A. R., elle les devine, car elle connaît la France, et elle se plaît à rendre justice à tous. Enfin elle adore avec résignation les desseins de la Providence, quels qu'ils puissent être, et ne redoute en aucune façon le jour où elle pourra faire connaître les nobles intentions qui ont dirigé toutes ses démarches comme mère et comme Française.

« Un aide-de-camp du ministre de la guerre établissait ainsi qu'il suit la position de Madame : S. A. R. pouvait recevoir directement des nouvelles de sa famille et de ses amis, sous le couvert du gouverneur de la citadelle, le colonel Chousserie, avec cette réserve, que dans ces lettres il ne serait pas question de politique. A l'époque de mon départ, Madame n'en avait encore reçu que quatre ou cinq ; une seule de monseigneur le duc de Bordeaux, très vieille de date. Toute communication lui était interdite, excepté avec MM. les officiers supérieurs de la citadelle et avec M. le curé de Blaye. Enfin l'entrée de madame de Castéja avait été ajournée indéfiniment. M. le comte de Mesnard attendait d'un moment à l'autre la même rigueur que celle qui m'a frappée.

« Sous le rapport de la nourriture, du logement et du service intérieur, Madame est traitée d'une manière convenable, sans qu'il y ait cependant rien de remarquable. Les égards respectueux de MM. les officiers sont pour S. A. R. une sorte de compensation, s'il peut y en avoir, aux ordres sévères qu'ils reçoivent et qu'ils exécutent strictement.

« Madame se lève de huit à neuf heures; elle se couche de dix à onze heures. Elle partage sa journée entre le travail et la lecture. Elle lit les journaux avec le plus grave intérêt, *bien que ceux qui sont à sa disposition soient loin d'être pour S. A R. ce que de grandes infortunes et sa position ont droit de réclamer :* mais son âme est bien au-dessus de misérables déclamations. Elle aime à savoir le mal comme le bien, ce sont ses propres expressions.

« Madame est vêtue très simplement. Elle porte ordinairement une robe de mérinos gros bleu, ou une douillette de marceline de couleur foncée; les cheveux relevés sur le front, et un tablier de soie noire. Elle se promène presque tous les jours, quand le temps le permet. »

C'est ainsi que s'est exprimée mademoiselle de Kersabiec; mais on tient de son intimité une foule d'autres détails non moins intéressans; une foule d'anecdotes qui ont fait assez de plaisir à entendre pour que l'on en retrouve à les raconter.

Un magnifique trousseau, parmi les mille présens envoyés, est adressé à Madame, hommage de la ville de Paris. Ce n'est pas sans peine que l'inquisition de la citadelle lui permet d'arriver jusqu'à la princesse, et encore ce n'est qu'après que tous ses différens objets ont été soumis aux formalités et aux tortures d'usage.

Les manteaux, les douillettes ouatées ont surtout été livrés aux rigueurs de la consigne; toutes les doublures sont décousues; on cherche sous leurs plis et dans leur ouate si quelques papiers n'y ont point été cachés; s'ils ne renferment pas un moyen d'évasion, une conspiration, un attentat.

Aussi lorsqu'on les remet entre les mains de Madame, ils sont hors d'état de servir, et nul auprès d'elle ne s'entend à les rajuster. En voyant le travail à faire, Madame se prend à sourire, à lever les épaules; elle se met elle-même à l'ouvrage.

En vain M. Chousserie surpris lui en témoigne tout son regret et cherche le moyen de réparer cette malencontreuse sottise : Madame continue son ouvrage, se contentant de lui répondre : « La reine Marie-Antoinette, ma tante, avait été plus grande princesse que moi, et pourtant, elle aussi, elle a travaillé. »

Madame de Berri n'a plus mademoiselle de Kersabiec pour l'aider : la noble jeune fille conduite devant une cour d'assises a été acquittée; le pouvoir en a été pour son arbitraire cruauté : dans peu de jours M. de Mesnard aura, à Montbrisson, un sort aussi heureux et aussi juste.

Cependant Madame de Berri a été péniblement affectée à la réception de ces ordres de départ. Madame de Berri n'a pu résister à sa séparation avec mademoiselle de Kersabiec : ses nerfs, depuis long-temps irrités, se sont violemment agités et contractés; ses forces l'ont abandonnée, et les soins du docteur Gintrac sont devenus nécessaires.

Cette scène se renouvelle, mais avec moins de violence, lors du départ de M. de Mesnard. M. de Mesnard avait partagé tous ses travaux et toutes ses fatigues : il ne l'avait jamais quittée. Madame est laissée seule avec sa religion et ses bonnes œuvres.

Aussi les premiers jours de Madame sont marqués par de bonnes œuvres : une fois la bonne duchesse voit loin devant les remparts des ouvriers travaillant laborieusement et brisant entre eux un pain noir et sec; alors la bonne duchesse leur jette quelques pièces d'argent et se retire poursuivie par les bénédictions de ceux auxquels elle est assez heureuse pour procurer quelques instans de bonheur. Bientôt ces hommes boivent avec leurs familles à la santé de Caroline. Une autre fois, pendant qu'elle se promène, l'illustre prisonnière rencontre devant elle de jeunes enfans, et un instant s'arrête pour les regarder.

— Où allez-vous, mes petits amis?

— Je vais promener ma sœur et nous amuser sur les remparts. (C'est ainsi que répond l'aîné des deux enfans, et en même temps il s'arrête respectueux et se découvrant le front.)

— Tu es bien gentil, et ta sœur aussi : comment t'appelles-tu?

— Je suis le petit de Madeleine.

La princesse regarde attentivement et avec réflexion, et puis :

— Madeleine.... Madeleine! mais je la connais : n'est-ce pas la femme d'un brave soldat du soixante-quatrième régiment de ligne. Elle n'est pas heureuse, n'est-ce pas?

— Non, elle n'est pas heureuse du tout; elle est même bien malheureuse.

— Eh bien! remets-lui ces dix francs de ma part, et dis-lui que je penserai à elle. Pour toi, sois bien sage et soigne bien ta sœur.

La duchesse se retire alors, les remplissant d'aise et faisant encore des heureux.

On a établi à la citadelle un second portier, placé à la première porte, près l'horloge. Ce portier a aussi sa mission, et toujours debout à la porte; il est là, s'assurant si les personnes admises à pénétrer dans l'intérieur, ne portent sur elles rien de suspect. Vigilant et digne de la confiance dont on le déshonore, cet homme a pris à tâche de la mériter, et jamais il n'a été au monde de visiteur plus scrupuleux que lui.

Cependant, pour lui épargner autant que possible l'ennui de ces perquisitions trop fréquentes, un jour de la semaine est désigné : ce jour-là seulement il est permis aux hommes et aux femmes de la citadelle d'aller en ville faire leurs provisions. Si l'on veut sortir avant, on ne peut plus rentrer; on ne peut plus rentrer si seulement l'on refuse de se soumettre à l'arbitraire des fouilles.

Non satisfait de tous ces moyens de surveillance ordinaire, le colonel Chousserie en fait ajouter de nouveaux : une rampe de réverbères est allumée sur la rive du fleuve.

Les rives du fleuve et toute la longueur des cônes sont abondonnées à la surveillance de la police, et chaque étranger qui se présente voit l'essaim de ses agens s'ébattre, grondant et s'informant sur ses pas; suivant et arrêtant au gré de leur bon plaisir : ces espions font une suite de mystifications, dont malheureusement l'issue n'est pas toujours risible. Cependant, malgré tous ces efforts, on accourt de tous les points de la France, et une foule curieuse se presse incessamment sur les cônes; c'est un pèlerinage saint.

Là aussi, sur les cônes, viennent plusieurs matelots du bâtiment qui a amené Madame de Nantes. Ces braves marins, gratifiés de la somme de mille francs par la princesse, ont acheté à Bordeaux des gravures, la représentant intrépide au milieu de la tempête.

Combien ils l'admirent, elle qui, pauvre, leur a donné une somme aussi forte : aussi on les entend conter toutes les circonstances de son voyage, et tous s'attendrissent au récit de ce trait de bonté.

La mer était si grosse, le temps si mauvais, que tout le monde à bord du vaisseau était malade; la princesse l'était aussi beaucoup, et on l'entourait de tous les soins; mais elle ne les voulait pas tous, et dans cet affreux état de mal de mer, où d'ordinaire on ne pense qu'à soi, elle s'occupait des autres : voyant son jeune mousse fort malade, elle pria qu'on lui donnât des soins; car, disait-elle, il souffre plus que nous! malgré la recommandation de Madame, on s'empressait peu autour de ce petit garçon. Alors ce fut elle-même qui lui porta des soins, et certes c'était chose touchante que de voir la princesse s'oublier elle-même pour penser à cet enfant.... Mais cet enfant avait à peu près l'âge de son fils, et une mère porte son cœur partout.

Le logement de la princesse est dans une continuelle surveillance ; c'est à un lieutenant de gendarmerie que ce soin est laissé ; deux fois déjà sa figure a varié, et maintenant un officier d'infanterie de ligne, fils du colonel Chousserie, vient de les y remplacer.

Toujours des figures nouvelles! Les troupes sont changées incessamment, et jusqu'au cuisinier et à ses aides, tout y est soumis à la réforme.

Bientôt Gabaud reçoit avis que par ordre supérieur ses services auprès de Madame sont supprimés.

Le soir même, sans qu'il ait le temps de se reconnaître, le franc serviteur est arraché à ses travaux et jeté, pour ainsi dire, hors de la citadelle. Madame de Berri l'apprend à peine, qu'elle se hâte d'écrire de sa propre main une lettre de remerciement et d'amitié à Gabaud.

Gabaud ne perdra pas cette lettre : c'est un titre de noblesse.

Auprès de Madame est un nommé Joseph, personnage mystérieux, entré à son service comme par enchantement. Madame a eu en 1828 un valet de chambre du même nom ! rien sur son compte n'a transpiré ; aussi on a tout lieu de croire que ce n'est pas le vieux serviteur : M. Chousserie serait en contravention. En effet, M. Chousserie est en contravention ; bientôt Joseph est renvoyé, accusé de fidélité.

Des serviteurs de Madame, les vexations s'étendent bientôt jusqu'aux gardiens eux-mêmes ; bientôt les troupes resserrées dans la citadelle et presque sans aucune communication avec le dehors, commencent à se lasser d'un service tout au moins aussi ridicule qu'inutile. Elles s'en plaignent hautement, et des plaintes elles ne tardent pas à passer aux murmures.

Les soldats sont las du métier qu'on leur veut faire jouer, et en masse ils veulent violer la consigne qui les retient prisonniers.

Alors une grande et vive contestation, alors une comparaison des temps et des règnes ! force est donc alors au colonel Chousserie de se fâcher, et le lendemain de bon matin d'obliger à sortir de la citadelle ceux qui lui paraissent les plus mutins et les moins dignes de ce qu'il appelle la confiance de la nation. On les dirige sur la Vendée, et en partant, joyeux de ce que l'on appelle une punition, on les entend répéter : *Nous allons nous trouver au moins parmi de braves gens!* Pendant la nuit de ce départ les postes sont doublés, trente-six hommes du 64e vont au fort Médoc remplacer les vétérans, devenus désormais insuffisans et trop faibles aux yeux du pouvoir.

Aussi, loin de diminuer, la surveillance augmente chaque jour. Les troupes sont consignées; des patrouilles de ligne pendant le jour et des patrouilles de gendarmerie pendant la nuit, depuis neuf heures du soir jusqu'au jour des gendarmes parcourent les fossés et y stationnent. On entend sans cesse les cris du *qui vive!* malheur à qui est lent à y répondre.

On isole complètement Madame; nul, pas même les cuisiniers envoyés par le gouvernement, ne peut sortir : lorsque l'on a besoin de quelque chose, la femme du commissaire de police est chargée de l'acheter : un gendarme vient le recevoir de ses mains et seul est admis, après bien des formalités, à l'entrer dans la citadelle.

Le pouvoir ne borne pas là ses précautions;

des sentinelles sont continuellement et le jour et la nuit à la porte de l'appartement de Madame. Une ligne de télégraphes est établie sur les hauteurs circonvoisines, et tous les petits forts, dès long-temps abandonnés, reçoivent des garnisons.

De nouvelles grilles sont ajoutées aux fenêtres déjà grillées, et jusque dans les cheminées.

Des bâtimens sont placés en surveillance tout le long des côtes; ils surveillent le littoral, empêchent les débarquemens et font pour ainsi dire le blocus de Blaye et de sa citadelle. Les dispositions suivantes sont adoptées pour le cordon maritime.

« La corvette *la Capricieuse* tirera le soir, à la nuit tombante, un coup de canon de retraite, et au point du jour un coup de canon de diane.

« Du coup de canon de retraite à celui de diane, la navigation sur la partie du fleuve comprise depuis la cale ou le chenal de la ville au sud de la citadelle, sera absolument interdite à tous bâtimens, bateaux ou embarcations quelconques, celles de la douane exceptées, qui devront toutefois se faire reconnaître par le stationnaire, au moyen d'un mot d'ordre.

« Il sera absolument défendu à toute embarcation de se tenir de nuit ou de jour apostée ailleurs qu'à la cale ou chenal de la ville, depuis ce point jusques et compris le Peyrat, dit des cônes; sous aucun prétexte elles ne pourront aborder des murs de la citadelle.

« S'il y avait urgence à une dérogation à cette défense, elle ne pourrait avoir lieu que sur la permission du commandant de la station.

« Il ne pourra jamais mouiller de bâtimens ou embarcations quelconques dans l'espace compris depuis la cale de la ville jusqu'au peyrat des cônes.

« Les bâtimens, chasse-marées et autres embarcations qui auraient à suivre le chenal de la Saintonge, pour monter ou descendre le fleuve, seront tenus de passer toujours en dehors des bâtimens stationnaires, c'est à dire entre ces bâtimens et l'île nommée Petit-Fagnas. »

Ces dispositions ne sont pas les seules adoptées, et l'on n'en finirait pas si l'on voulait entrer dans tous leurs détails : nous n'avons donc rien à ajouter au récit abrégé que nous avons fait de toutes les vexations contre lesquelles le courage de son Altesse royale a eu à lutter; nous nous bornerons à quelques réflexions sur sa santé si précieuse, santé sur laquelle nous ne sommes que trop justement inquiets : avant tout il semble nécessaire de rappeler la lettre du docteur Guibert : nous la citons parmi un grand nombre d'autres, parce que, pour ainsi dire écrite sans passion politique, elle porte en elle un caractère de vérité bien plus grave.

Paris, le 6 janvier 1833.

« Dans la cause de S. A. R. madame la duchesse de Berri, les médecins à leur tour élèvent la voix pour remplir un devoir, honorer leur profession et satisfaire à la dignité de la place qu'ils occupent dans la société.

« Au nom de la compagnie je porte la parole, non point comme le plus digne assurément ; mais poussé par ma consience et choisi par mon zèle.

« Si les arts qu'elle favorisa noblement et qu'elle inspire aujourd'hui plus noblement encore nous ont représenté Madame avec

De longs cheveux dorés comme on n'en voit point d'autres ;
  Un front que sa fierté protége hautement,
    Des yeux qui font baisser les vôtres,
  Des traits pâles et doux, et des bras gracieux
Qui ne se lèveront jamais que vers les cieux !...
A. GUIRAUD.

« Si tous, jusqu'à ses ennemis, ont admiré sa grande âme, les signalemens ministériels ont annoncé l'amaigrissement de son corps ; ont constaté des traces d'ophthalmie chronique qui remontent à l'enfance ; et voici que les bulletins de Blaye font connaître que Madame est tourmentée par une toux opiniâtre, qui pour elle n'est rien, comme tous les maux qu'elle vient de souffrir ; mais cependant cette toux persiste, augmente, malgré les soins de plusieurs médecins qui ont successivement donné des conseils à Madame. Et M. de Châteaubriand nous rappelle qu'elle a vomi des flots de sang en quittant la cachette de Nantes. Déjà elle avait été saignée deux fois depuis son arrivée en Bretagne, à cause d'une irritation, que les fatigues de l'héroïque princesse, la nécessité de traverser des marais, d'y séjourner... ont pu accroître encore.

« Je me rappelle que mon ami le docteur Laënnec, médecin de Madame, s'était montré à moi préoccupé de certaines prédispositions maladives qu'il a cru reconnaître chez elle, et qui se rapportent aux pensées qui nous préoccupent nous-mêmes en ce moment.

« Dès-lors, et d'accord avec mes confrères, je pense et je déclare que les lois de l'humanité commandent impérieusement de placer Madame sous une température plus douce que celle où elle est placée; le temps presse : les mois de janvier et février à Blaye, dans une prison glacée par les vents les plus vifs et les plus pénétrans, mettent Madame dans la position la plus défavorable à la conservation de sa santé. L'histoire des maladies des lieux a prononcé; elle est d'accord avec notre longue expérience. J'écris ce qu'en effet des milliers de médecins de toute opinion en France, pressentent en ce moment; j'ai seulement le bonheur de parler le premier, et je défie qu'on nous montre un médecin honnête et expérimenté qui ne signe avec nous l'avis motivé dont je me borne à indiquer incomplètement les bases; car ce n'est point ici le lieu de les établir. Certes, tout médecin honnête et instruit, quel qu'il soit, consulté sur cette situation abstraitement considérée, répétera avec nous: « Oui, il est urgent que cette Française, née à Naples, puisse sans délai respirer un air aussi doux que l'air natal; oui, il faut que toute jeune femme, dans tel état de santé, passe à Nice, aux îles d'Hyères, ou autre lieu semblablement situé, les mois rigoureux dans lesquels nous entrons; cela est urgent. »

« Non, il n'en existe pas de ces hommes pervers qui puissent se complaire dans cette pensée, que les vents qui battent la citadelle de Blaye pourraient bien être plus puissans que la tempête politique; que ces vents portent ou développent des germes funestes, et qu'un mois à Blaye, à cette époque de l'année, pourrait agir sur la princesse comme un poison infaillible. Il n'en est point de ces hommes qui puissent calculer qu'à l'aide de quelque lenteur un mal inexorable interviendrait, chargé de la fatale sentence; et que l'air de la liberté, respiré trop tard, n'empêcherait point l'exécution de l'arrêt : non, non.

« Pour moi, ici comme ailleurs, je ne pense pas le mal et n'écris en haine de personne. Il ne s'agit pas non plus de mon dévouement à cette auguste princesse, la fille de nos rois, l'honneur de la France, l'honneur de son sexe; non, je fais mon œuvre, l'œuvre du médecin, qui est de défendre celui qui est malade. Ce que je dis aujourd'hui, je le disais hier dans une situation analogue, mais au milieu d'une famille moins élevée sans doute; et je le dis aujourd'hui, sans craindre de troubler un seul instant celle qui de son regard sondant les abîmes des mers, disait aux matelots émus: « *C'est là qu'est la fin de toutes nos misères,* » à ceux qui, sous ce rapport, voudraient me donner quelque regret des lignes que je viens de tracer, je leur répondrais donc comme le pilote : « *Taisez-vous, mademoiselle; considérez* Madame. » Et vous, amis, parens, familles, *considérez* Madame ; faites attention à nos paroles, voyez quelles expériences, des craintes où rien n'est exagéré et que nous n'avons point formulées tout entières. Français ! qui que vous soyez, qui pouvez avoir quelque influence sur le sort de Madame, hâtez-vous; et que cette jeune femme, faible et souffrante, obtienne au moins un climat tempéré, et puisse respirer un air plus doux. »

GUILBERT,
Professeur titulaire de la Faculté de Médecine de Paris, médecin honoraire de la Société Philanthropique.
(M. le duc de Berri, *Président.*)

Bien d'autres médecins ont également écrit, disant que le séjour de Madame à Blaye lui sera mortel s'il est prolongé.

Cependant malgré ces lettres, malgré toutes les remontrances, le pouvoir ne s'émeut pas ; il ne recule pas devant l'épouvantable responsabilité de Caroline de Naples, la duchesse de

Berri, la mère et tutrice de Henri, annoncée morte un beau matin dans la colonne officielle du *Moniteur*.

Dans ces temps de machiavélisme, dans ces temps d'oubli de tout ce qui est sacré, de tout ce qui est respectable, on a assez de confiance dans les antécédens terribles des événemens et des hommes pour croire à la possibilité d'un empoisonnement lent et travaillé.

Ah ! pourtant on jouerait gros jeu !

CHAPITRE XII.

Madame mise en accusation.

Deux mois se sont bientôt écoulés depuis l'arrestation et l'emprisonnement de son Altesse Royale Madame de Berri, on l'a prise à Nantes à demi brûlée ; on l'a jetée comme un ballot sur le pont d'un navire, l'environnant des égards et des soins promis et dus aux dépôts fragiles et casuels : le pouvoir n'a vu en Madame de Berri qu'un dépôt fragile et casuel. Elle n'a point été la fille des rois, la bonne duchesse, la parente des *bonnes gens!* criminelle, aventurière excitatrice de guerre civile, on l'eût achevée au sortir du brâsier de la cachette, si alors il eût été prudent de l'achever; on eût donné bien de l'argent pour qu'un accident naturel amenât cette catastrophe dont la responsabilité épouvantait. Si l'on n'a pas mis la main à cette œuvre, c'est qu'il eût fallu le faire publiquement; c'est que la France avait les yeux ouverts; c'est que de toutes parts ces paroles affreuses, mais trop méritées, se répétaient hautement : Ils l'assassineront.

La première fois qu'un écrit public a fait entendre ce cri de terreur panique, la première fois que le *Brid'Oison* a jeté au milieu de ses plaisanteries poignantes cette allusion : *Quelqu'un a demandé s'il y a des espagnolettes dans la prison de Blaye*, tous les cœurs se sont glacés, et un voile affreux a été déchiré. Aussi, pendant quelques jours, les paroles ont été acerbes, et des noms terribles ont été jetés au milieu des discussions les plus froides : on a raisonné de la possibilité d'un assassinat, d'une strangulation, d'une émeute factice et d'une balle perdue; on a parlé de poisons, de poisons lents et sûrs : on était en droit de parler de tout parce que nul de ses amis dévoués ne pouvait approcher la princesse; parce que tous les alimens à peine enlevés à sa table étaient enterrés, décomposés; parce que ceux-là même qui, mercenaires de la police étaient admis à lui donner des soins, enfermés dans leur appartement dès la retraite sonnée, ne pouvaient ni entendre ses cris, ni accourir à son premier appel; parce que ses médecins les plus dévoués, parce que les docteurs qui demandaient la faveur de la soigner, prêts à la payer de leur liberté, refusés brutalement, se demandaient entre eux dans quelle académie et à quelle clientelle on avait été chercher les hommes de l'art que les parens de la prisonnière rendaient pour ainsi dire garans de sa vie. Aussi, partout et sans cesse cette horrible phrase : Ils l'assassineront.

Cependant le ministère n'en prend point ombrage ; que lui font des insinuations de ce genre ? Ce n'est pas à lui a en avoir inquiétude : plus on le croira capable de maléfices et d'abominations, plus il s'affirmera. Pour gouverner, un pouvoir de fait doit être à la fois législateur et bourreau. Pour lui, faire une œuvre juste serait dévier ; enfant puîné de *l'illégalité*, il faut qu'il s'allaite à sa mamelle : l'abeille meurt alors qu'elle a perdu son dard envenimé. S'ils devenaient équitables, les ministres de la quasi-légitimité perdraient la quasi-légitimité.

Si le serment était sacré, si la Charte était une vérité, si la souveraineté du peuple était un fait, tous les ministères de la quasi-légitimité seraient au fort de Ham; l'on eût, pendant quelques années, essayé peut-être quelques douzaines de quasi-légitimités.

La république avait promis l'égalité et la liberté : elle a régné par les catégories et par un joug, façon de fourches caudines; la légalité, à elle, a été la velléité d'un Marat décrétée loi : sa liberté a été les prisons crevant trop pleines, trop gorgées ; elle a été quelques centaines de mille têtes coupées : dès qu'elle n'a plus voulu verser de sang, dès qu'elle s'est arrêtée devant l'arbitraire, dès qu'elle a décliné un droit des gens, c'en a été fait de la république : Napoléon l'a épousée toute une et indivisible qu'elle était. Il a fallu quinze ans de victoires à Napoléon pour pouvoir compter quinze ans de règne : sa couronne est restée sur le premier champ de bataille abandonné : Napoléon a abdiqué son empire, quasi-royauté en même temps qu'il a abdiqué la victoire. La guerre et la gloire de la guerre étaient pour ainsi dire l'illégalité de Napoléon.

Les gouvernans d'aujourd'hui ne peuvent être des Bonaparte; ils ne peuvent vivre de la gloire; ils vivront de l'arbitraire : l'iniquité et le meurtre sont un système de gouvernement : M. de Robespierre a été un homme d'état dès qu'il a fait couper des têtes : le mal a aussi son génie. Un tigre mourra si l'on veut le nourrir avec du sucre, de la graine de mil et des biscuits.

Aussi est-ce avec effroi que l'on voit les ministres de 1833, à l'envi de ceux de 1832, se frayer les voies de la terreur et s'enhardir dans le viol des lois et chartes. *La raison d'état* est le second tome du *salut de la république*. La quasi-légitimité s'affermit.

L'illégalité est toujours plus forte que la légalité. Rien n'est commode à manier comme l'arbitraire ; à cette heure le droit du plus fort est le droit de fait. Le droit du plus fort ne comparaît pas devant une barre, quand on veut la peser dans les balances de la justice, il brise les balances. Aussi il n'est pas pour des partisans de plus funeste antécédent que d'être dans le bon droit : alors les partisans mettent toute espérance dans le bon droit ; ils attendent de lui assistance et victoire.

L'illégalité ne se tue que par son retour forcé à la légalité ; elle ne tombe que dans la lutte contre une autre illégalité.

En vain on a essayé de faire rentrer dans des voies justes le ministère Thiers et compagnie ; plus on a voulu le rallier, plus il s'en est séparé : il a eu bien soin de s'en abstenir, sûr qu'il était qu'une réconciliation équivalait pour lui à une défaite. Les antécédens l'éclairaient.

De là les iniquités de trois années bientôt achevées; de là la Vendée mise en état de siége; de là Paris mis en état de siége; de là les lois de déportations présentées par M. Barthe le ministre; de là les tribunaux exceptionnels; de là surtout l'arrestation et la détention de son Altesse Royale Madame, duchesse de Berri; de là enfin le discours de M. de Broglie, discours aussi conséquent que la multitude l'a trouvé inconséquent; de là la fameuse raison d'état...

Toutes ces brutales illégalités, ce code par lequel tout est juste, le juste excepté; cette constitution basée sur la nécessité, sur la force des circonstances, sur l'arbitraire des masses, sont notre mobile *statu quo;* ce mobile *statu quo* est en harmonie avec la révolution qui, eux tous, les a couvés et bercés dans son giron. Aussi rien dans l'arrestation et dans la détention de Madame n'a étonné; en vain toutes les villes de France, tous les villages, tous les arrondissemens de France ont en grande hâte rédigé des protestations; ces protestations ont été couvertes de signatures... Des pétitions ont été adressées aux deux chambres, et pour toute réponse, un ministre a dit: La raison d'état a voulu que nous arrêtions Madame ; la raison d'état veut que nous la gardions.

Ainsi Madame ne sera jugée ni par la chambre des pairs, ni par la chambre des députés, ni par un tribunal établi, ni par une cour exceptionnelle, ni par la nation convoquée : elle sera gardée en prison non pas même sous prévention. On la tient et l'on la tiendra au secret tant et tant que le ministère le trouvera utile non pas à la nation, mais à lui ministère. Oh ! à cette heure il faut bien de la patience et de la modération pour conserver de la mesure dans les paroles ; il en faut surtout pour parler de Madame sans faire d'appel à la guerre et à la révolution, sans faire un appel à la France.

Madame est prisonnière depuis deux mois... Le ministère a senti bientôt que sa raison d'état, entravée par la routine de ce que l'on appelle Charte, restait insuffisante. La rumeur populaire est devenue menaçante ; *les milliers d'hommes* de M. de Broglie ont répondu, plus nombreux encore ; les circonstances se sont faites graves.

Au milieu de Paris, quinze cents jeunes gens se sont rassemblés : tous quinze cents, ils ont été complimenter M. le vicomte de Châtaubriand ; ils ont adhéré à sa conclusion : « Madame, votre fils est mon roi. »

Là, séance tenante, une médaille a été votée et sur cette médaille, d'une part : « *Votre fils est mon roi;* » de l'autre, la face de M. le vicomte de Châteaubriand.

Le pouvoir et la France entière ont su les circonstances honorables de cette visite; on a su le discours plein d'âme de M. A. Thomas; on a su comment cet homme de jeunesse, de bravoure et de talent, après quinze jours passés sans persécution aucune, a été enfin cité devant un juge d'instruction, pour rendre compte de sa conduite... Des poursuites sont intentées contre M. Thomas et M. le vicomte de Châteaubriand. Cette poursuite a été intentée après de grandes et profondes délibérations; après que l'on a eu diminué, par la division, l'effervescence des esprits.

On a attendu d'avoir donné le change à l'opinion publique pour poursuivre devant un tribunal, un Châteaubriand !! On a attendu trois mois pour assigner une audience judiciaire aux délits de presse.

La brochure estimable de M. Sarran et toutes les brochures faites sur ce sujet sont au greffe ou dans les cartons de l'instruction. A Paris on n'a pas encore osé en appeler à la bonne conscience des jurés; les procureurs généraux de l'Allier ont été plus prompts et par conséquent mieux avisés. L'acquittement du jeune M. de Conni et le discours de M. le vicomte de Conni, son père, l'un des hommes les plus honorables de notre France, ont été pour le pouvoir un terrible échec, et un précédent important pour les premières causes qui vont s'instruire.

Tous les autres procès de la presse, motivés sur la défense de Madame, eussent eu nécessairement un résultat semblable à celui de M. de Conni. Le pouvoir a dû aviser à d'autres moyens... Il a attendu, et en attendant on a mis en œuvre les plus lâches et les plus infâmes machinations. On parlait d'empoisonnement et de maladie grave. Tous ces bruits motivés par des antécédens, accrédités dans toutes les classes de la société, devenaient graves... Le pouvoir s'est ravisé.

Alors la calomnie, alors la plus noire des calomnies. Non contens d'avoir arrêté et emprisonné Madame ; non contens de l'avoir mise au secret, de lui avoir arraché ceux dont la bienveillante amitié lui était au-dessus de tout : non contens de lui avoir donné pour surveillant le nommé Joli ; non contens de l'avoir emprisonnée à Blaye, elle, femme délicate, elle, femme née en Italie, les hommes du ministère et avant tous M. Thiers, l'ont lâchement et indignement calomniée; ils l'ont calomniée si lâchement que tout ce qui existe d'hommes de cœur dans les partis politiques en a été indigné... Dans les salons des Tuileries, dans les salons des divers ministères, des propos infâmes ont été tenus... Un secrétaire général du ministre de l'intérieur, un monsieur Dupin, un monsieur Thiers ont renchéri; ils l'ont fait imprimer par leurs feuilles publiques; ils l'ont fait mettre en chanson... Ils ont dit: Madame s'est empoisonnée... Madame a voulu se faire avorter... *Avorter!* des ministres, des hommes de loi ont dit cela...

Les ministres savaient bien, alors qu'ils faisaient débiter ces lâches calomnies, que la nation les repousserait avec indignation : ils savaient aussi que, par ce moyen, ils donneraient le change aux persécutions et aux exigeances de l'opinion publique. Pour eux la nièce de leur roi, nouvelle queue du chien d'Alcibiade, a été livrée aux insinations infâmes. Les jugemens demandés, les protestations des villes de France ont été oubliés. L'opinion publique a dit Madame empoisonnée, et pendant ce temps des médecins accoucheurs lui ont été envoyés...

MM. Orfila et Auvity sont partis en poste pour

Blaye : ils ont été admis auprès de la princesse, et une fois arrivés devant elle ils sont demeurés honteux et muets de la mission à laquelle on les employait.

Madame les a reçus honnêtement, mais froidement : Madame s'est levée subitement et a dit : Messieurs, qu'attendez-vous pour exécuter les ordres qui vous envoient ici?

— Madame... nos ordres... nous ne venons seulement.....

— Je sais le but de votre mission, et j'en rougis pour vous et pour la France... Les infâmes ! ils ont donc juré de me faire mourir de désespoir ; ils oublient donc que je ne suis qu'une femme ! ils oublient que je suis la parente de leur roi ! et lui?... Mais, messieurs, voyez donc comme je suis grosse... voyez, voyez... les infâmes !...

L'indignation anime Madame, et, dans sa sainte colère, elle se bat la poitrine avec ses mains.

Madame raconte alors dans tous leurs détails sa vie d'une année et tous les maux qu'elle a soufferts : les médecins frémissent et se demandent comment, si faible de tempérament, elle a pu résister à tant de fatigues et à tant de cruelles privations. Aussi ils comprennent l'emploi qu'on leur a donné et n'osent pas s'y soumettre : après quelques questions banales ils lèvent la séance et se retirent.

C'est avec grande peine que l'on apprend à Paris la sotte inutilité de cette visite; et à cette heure c'est avec une grande surprise et indignation qu'on entend le rapport et les conclusions des docteurs de Paris : personne, en France, n'ignore le motif de leur voyage, et c'est en vain que le ministère, honteux de son machiavélisme, voudrait donner le change. Il aura toujours pour lui la honte; toujours le sang des victimes que la calomnie a traînées dans le champ clos des duels criera vengeance contre lui, l'auteur de la calomnie.

En vain vous vous réjouissez, monsieur Thiers, de la lutte engagée entre les deux partis, les deux seuls honorables, les républicains et les légitimistes ; en vain vous vous riez de votre œuvre, l'opinion publique sera toujours là pour les venger.

A cette heure les journaux du pouvoir disent que MM. Orfila et Auvity ont été à Blaye pour s'assurer de la température de ce lieu et des dangers que Madane pouvait y courir; en vain on dit que ces docteurs ont certifié que le climat de Blaye lui est pleinement favorable;

personne ne croit à ces paroles, et ce trait bien connu est sur la bouche de tout le monde :

Une compagnie de discipline est renfermée dans le fort de Blaye; le mauvais air y fait naître des maladies tellement graves que la mortalité attire la sollicitude du roi Charles X. Le roi Charles X fait faire une enquête : c'est en vain que des officiers, voulant détourner sa compassion, lui disent que les soldats de Blaye sont de mauvais sujets; le prince leur répond : « On les a condamnés à des travaux pénibles, mais non pas à mort... Qu'on les caserne ailleurs! »

Maintenant Blaye est sain, sain pour une femme!

La réponse des médecins n'a point affecté la princesse; elle *se fie en la Providence plus qu'au zèle de ses amis* : la princesse a écrit elle-même ces paroles. Sa vie ordinaire en est la preuve. Hélas! la pauvre femme a été tellemen trompée dans la confiance qu'elle a mise dans les hommes! elle sait combien il faut peu de chose pour déjouer et faire avorter les plans les mieux conçus.

Toute sa journée est donc donnée à des études sérieuses et à de bonnes œuvres; elle est donnée aussi à sa correspondance : il suffit de voir une des lettres de la prisonnière pour comprendre sa pensée ; en voici une, celle écrite à son Altesse Royale Madame la duchesse d'Angoulême.

« Le bruit de mes malheurs, dit l'auguste prisonnière, aura probablement devancé cette lettre. La loyauté et le dévoûment de mes fidèles Vendéens et Bretons n'ont pu me sauver. Un homme, un étranger qui me devait plus que sa vie a trafiqué de ma liberté. Une conscience sans reproche et ma soumission aux décrets de la Providence me donneront la force dont j'ai besoin pour supporter mes revers : je penserai à vous, ma sœur, et votre exemple m'apprendra à souffrir avec patience : le sang de Marie-Thérèse coule aussi dans mes veines : je ne démentirai pas une si noble origine.

« Quant à toi, mon fils, garde-toi de rendre la France responsable de nos malheurs. Si elle pouvait exprimer librement ses vœux, nous ne serions pas toi dans l'exil, et ta mère dans les fers. Prépare-toi aux hautes destinées qui te sont préparées : ne néglige aucune occasion de t'instruire ; pour commander aux hommes ce n'est pas assez des avantages dus au hasard de la naissance ; il faut surtout les surpasser en lumières, en sagesse, en bonté, en courage. Redouble d'efforts et d'application, et travaille sans relâche à te rendre digne de ta race et de la France.

« Je termine par toi, ma Louise ; ton âme sensible sera déchirée au récit des souffrances de ta mère. Combien je suis heureuse dans mon infortune de penser que ton excellente tante me remplace près de toi, et que les soins de sa tendresse adoucissent tes chagrins ! Tu es Française, tu seras mère un jour ; tu comprendras ce que j'ai dû faire pour mon fils et pour la France. »

Qu'on lise donc cette lettre ; qu'on la médite, et puis qu'on se décide. Madame de Berri est à Blaye. Ce n'est plus aujourd'hui le temps d'attendre et d'espérer un jugement ou une justice. Dans le jugement de Madame, le ministère ne trouverait pas assez d'arbitraire à faire pour en pouvoir espérer profit. On ne la jugera pas... Devant un tribunal, Madame serait peut-être une régente ; maintenant, grâce à nous, elle n'est qu'une femme domiciliée dans le château de Blaye... Que Dieu la garde !

Oui, que Dieu la garde, cette royale et courageuse princesse : les partis s'arrêtent à cette heure devant elle ; tous demandent vengeance ou justice.

Justice !

Le ministère en a été effrayé ; alors il a voulu en changer les chances ; les légitimistes et les républicains ont été jetés dans l'arène. A cette heure ils y sont encore ; à cette heure des listes de cartels passent de mains en mains, grossies et surchargées de noms.

Un homme, M. Briffaut, rédacteur du *Corsaire*, a seul provoqué cette lutte funeste et intempestive par une coupable et funeste insinuation. A droite et à gauche, une foule s'est présentée pour soutenir le choc premier. M. Armand Carrel en est tombé dangereusement frappé : dans toutes les rencontres individuelles, le courage et la force ont été égales.

Alors le pouvoir a eu en grande hâte de sévir non pas contre les fauteurs du désordre, non pas contre ceux qui parlaient d'un appel aux masses, cachant ainsi derrière la foule brute trois hommes signataires d'un défi et partant responsables de ce défi. Des arrestations nombreuses ont été ordonnées, et pendant qu'une masse en haillons, la masse du pillage et de la désolation, s'élançait contre les bureaux de la *Quotidienne*, voulant par la violence briser cette presse dont elle se déclarait le champion, les légitimistes ont été traqués dans leurs domiciles; les légitimistes ont été emprisonnés : MM. Thiers et Barthe ont pris le parti des républicains; ils ont eu, à l'égal d'amis et de frères, les amis et les frères des noyés du pont d'Arcole.

Le ministère avait beau jeu, il est vrai; les républicains avaient beau jeu aussi. La jeunesse légitimiste, l'épée au poing, voulait, non pas un engagement de parti, une guerre civile, mais une réparation individuellement obtenue : Les républicains ont reculé eux-mêmes devant leur appel aux masses! la trève est signée.

Telle est jusqu'à cette heure la position des deux partis, et l'opinion publique tout en déplorant ce funeste engagement n'a pu que donner des éloges aux légitimistes. C'est en vain que les timides des deux partis s'effraient et reculent devant ce qu'ils appellent un duel, un crime! C'est en vain que ces philosophes d'occasion, eux défiés, se cuirassent d'une tirade déclamée par J. J. Rousseau; pour parler ainsi il faut être un Dieu.

Aussi malgré leurs paroles et leurs prévisions le résultat en sera en l'honneur et au profit du parti légitimiste, parti national et seul national. Attendons!

FIN.

PLAN

OU LOGEMENT DE SON ALTESSE ROYAL
A LA CITADELLE DE BLAYE.

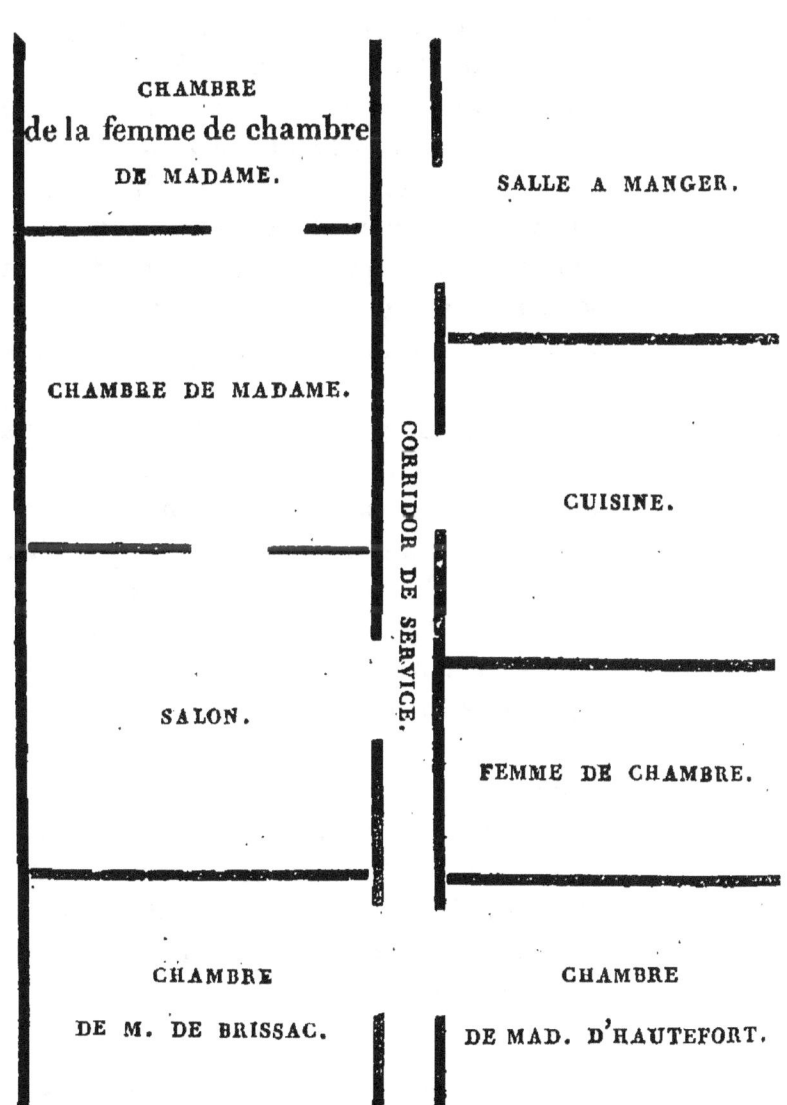

RÉCLAMATION DE L'ANCIEN BARREAU DE PARIS. (1)

Dans un moment où tous les cœurs, en France, sont émus de la nouvelle donnée sur la santé de Madame, où l'on se demande avec plus de crainte encore quel sera le terme de cette captivité environnée d'un effrayant mystère, tandis que, d'un autre côté, les ministres du pouvoir semblent faire d'une aveugle nécessité la règle qui justifie tout, et concluent à la violation des lois parce que déjà elles ont été violées, les soussignés ont dû se souvenir qu'ils avaient été les organes de la justice et de la loi, qu'ils avaient toujours un hommage à leur rendre, et ils ont considéré que leur silence serait coupable lorsque de si hautes infortunes interpellent tous les sentimens généreux.

La position la plus naturelle sous laquelle Madame viendrait s'offrir, et qu'aurait le plus volontiers acceptée son courage, serait donc celle de prisonnière de guerre. Mais a-t-elle été prise les armes à la main ? A-t-elle rendu l'épée de son fils sur le champ de bataille ? Elle a été livrée aux mains de ses ennemis pour le prix de leur or. Comment donc viendraient-ils invoquer les droits de la guerre lorsqu'ils en ont violé les lois.

Mère, veuve, princesse généreuse, le titre de Française vous restera ! La France tout entière vous le donnerait si déjà il ne vous était acquis; quelles que soient vos destinées, elle s'honorera de votre caractère, et l'histoire consacrera le souvenir de vos vertus et de votre dévouement !

---

(1) A cette heure on reçoit les adhésions des anciens magistrats des cours royales de France.

Les soussignés auront du moins satisfait à un devoir dont l'accomplissement, éloigné de tout désir d'un vain bruit, pouvait seul les décider à rompre le silence qu'ils ont gardé jusqu'à ce jour. Mais pourquoi le rompre, peut-on dire, si ces efforts sont inutiles? Pourquoi? Parce que, en présence d'une grande infortune, il y a une complicité du silence qui pèse sur l'âme, et qu'il y a un noble devoir qui sollicite à la repousser.

Aussi cette réclamation s'adresse-t-elle à quiconque, ayant médité sur les lois, sent au fond de son cœur le besoin d'apporter son témoignage au malheur pour qu'il s'élève comme une clameur de justice de ce concours de voix libres et indépendantes... Elle s'adresse à vous, hommes du pouvoir, qui, demain peut-être, en serez précipités, pour vous rappeler un sentiment de justice, et pour qu'il vous reste au jour de la disgrâce la consolation de leur avoir obéi.

Clausel de Coussergues, le comte de Sèze, Jules Gossin, Charlet, Meslin, L. de Vaufreland, Bérard des Glageux, Regnier, Lambert, Alexandre Javon, E. Menjot de Dammartin, Edm. Le Vavasseur, Coudrin, Soufflot de Magny, A. de P. d'Amécourt, Z. Gruel, A. de Frémeur, J. E. Aniéré, Cazalès, Pardessus, de Frasans, Alexis de Tocqueville, Gustave de Beaumont, Duvergier, de Villers, Homberg, Alphonse Bergasse, Camille Guillard, Boscheron des Portes, d'Harenguier de Quinceron, Millard, Ponton d'Amécourt, Hombert et Ernest de Villers. Bouhier de l'Ecluse, Jules de Pineau, Marc, Clausel de Coussergues fils, etc., etc.

LISTE NOMINATIVE

DES ADRESSES, PROTESTATIONS ET PÉTITIONS EN FAVEUR
DE SON ALTESSE ROYALE MADAME.

Pétition des habitans de Montpellier.
Pétition des habitans de Claret, Lauzet, Valflauny, Vacquiers, Sauteirargue, Alariac, Ferrières, Campagna, Cuarigues (Hérault).
Adresse et protestation des habitans de Vitré (Ille-et-Villaine).
Protestation des habitans de Bourg-Argental (Loire).
Adresse des dames du Bourbonnais.
Adresse des habitans de la ville de Riom.
Adresse et protestation des dames de Paris.
Protestation des habitans de la ville de Cette.
Adresse des habitans de Thorigny.
Adresse des dames de Sumène (Gard).
Adresse des dames de Gignac (Gard).
Protestation des habitans de Compiègne.
Protestation des habitans de Dinan.
Adresse des habitans du Quercy.
Adresse des habitans de Niort.
Adresse des habitans de l'arrondissement de Castres.
Adresse des habitans de Bergerac (Dordogne).
Adhésion des habitans de Tourves (Var) à l'adresse des habitans de Marseille.
Protestation des habitans de la commune de Marsillargues (Hérault).
Adresse des habitans de Marseille.
Protestation des dames de Lyon.

Protestation des dames de Ganges (Hérault).
Protestation des habitans de Versailles.
Adresse des habitans de Gramat (Lot).
Adresse des habitans de Carcassonne.
Adresse des habitans d'Angoulême.
Adresse des dames de Bourges (Cher).
Adresse des dames de Pontaudemer (Eure).
Adresse des habitans de Langres (Haute-Marne)
Pétition des habitans de La Réole (Gironde).
Adresse des dames de Tréguier (Côtes-du-Nord).
Adresse des habitans de Launion (Côtes-du-Nord).
Adresse des habitans de Saint-Pol-de-Léon (Finistère).
Adresse des habitans de Fougères (Ille-et-Villaine).
Adresse des habitans de Rédon (Ille-et-Vilaine):
Adresse des habitans de Montmorillon (Vienne).
Adresse des habitans de Saint-Calais (Sarthe).
Adresse des habitans de Vire (Calvados).
Adresse des habitans de Morlaix (Finistère).
Adresse des habitans de Vitré (Ille-et-Villaine).
Adresse des habitans du Puy et du département de Haute-Loire (Haute-Loire).
Adresse de la classe marchande de Nantes.
Adresse des habitans de Lamballe.
Adresse de Saint-Sauveur-le-Vicomte (Manche).
Adresse des habitans de Quimper (Finistère).
Adresse des habitans de Saint-Laurent-Terregâte (Manche).
Adresse des habitans de Loudéac (Côtes du Nord).
Adresse des habitans de Granges (Lot-et-Garonne).
Adresse des habitans de Dijon.
Adresse des habitans de Villefranche-sur-Saône.
Adresse des dames du Mans (Sarthe).
Adresse des dames de Lunel (Hérault).
Adresse des habitans de Rhodès.
Pétition des habitans de Périgueux (Dordogne.)
Adresse des dames de Moulins (Allier).
Adresse des habitans de Saint-Brieuc (Côtes-de-Nord).
Adresse des dames de Versailles.
Adresse des dames d'Angoulême.
Adresse des avocats d'Aix.
Adresse des étudians de Toulouse.

Protestation des habitans de Sisteron (Basses-Alpes).
Protestation des habitans de Tarascon (Bouches-du-Rhône).
Adresse des habitans d'Avignon.
Adresse des habitans de l'arrondissement de Florac (Lozère).
Adresse des habitans d'Agen.
Adresse des habitans de Poitiers.
Adresse des dames de Poitiers.
Adresse des habitans de Blois.
Adresse des habitans de Toulon.
Adresse des habitans de Marseille.
Adresse des habitans d'Aix.
Adresse des dames de Beauvais.
Adresse des habitans de Rennes.
Adresse des habitans de Clermont-Ferrand.
Adresse des habitans de Moulins.
Adresse des habitans de Toulouse.
Adresse des dames de Rennes.
Adresse des habitans de Saint-Sauveur-le-Vicomte (Manche).
Adresse des habitans de Moissac (Tarn-et-Garonne).
Protestation des habitans de Carpentras.
Protestation des habitans d'Orange.
Protestation des habitans d'Alby.
Adresse des dames de Montpellier.
Adresse des dames de Montauban.
Adresse des habitans de Montauban.
Adresse des dames de Metz (Moselle).
Protestation des habitans de Pézenas (Hérault).
Adresse des habitans de Bedarieux (Hérault).
Adresse des habitans d'Adge (Hérault).
Adresse des habitans de Sommières (Gard).
Adresse des habitans de Saint-Brès et Mudaison (Hérault).
Protestation des habitans d'Orgon (Bouches-du-Rhône).
Protestation des habitans d'Aimargues (Gard).
Adresse des habitans de Saint-Remy (Bouches-du-Rhône).
Adresse de habitans de Bollène (Vaucluse).
Protestation des habitans de Beausset (Var).
Adresse des habitans de Grasse (Var).
Adresse des habitans de Dijon (Côte-d'Or).
Adresse des habitans de Sens (Yonne).
Adresse des habitans du Vivarais.

Protestation des habitans de Saint-Omer (Pas-de-Calais).
Adresse des dames de Saint-Germain-en-Laye.
Adresse des dames de Villeneuve (Lot-et-Garonne).
Adresse des habitans d'Aubenas (Ardèche).
Adresssse des habitans d'Hyères (Var).
Adresse des dames d'Hyères (Var).
Adresse des dames de Bourbon-Vendée (Vendée).
Adresse des dames de Tours.
Adresse des habitans de Castres.
Adresse des dames de Pont-Saint-Esprit (Gard).
Adresse des royalistes de Brignoles (Var).
Protestation des dames de Lambesc (Bouches-du-Rhône).
Adresse des dames de Draguignan (Var).
Adresse des royalistes d'Apt (Vaucluse).
Adresse des habitans de Vinon (Var).
Adresse des habitans de Bordeaux.
Adresse des habitans de Lille (Nord).
Protestation des habitans de Pont-Audemer (Eure).
Adresse des habitans de Grand, Gallargues et de Mus (Gard).
Adresse des habtians de Villefort (Lozère).
Protestation des habitans de Mauron (Morbihan).
Adresse des habitans de Mauguis (Hérault).
Adresse des habitans d'Aniane (Hérault).
Adresse des habitans de Brissac (Hérault)
Protestation des habitans de Florensac (Hérault).
Adresse des habitans de Liques (Gard).
Adresse des demoiselles de Saint-Jean-de-Bruel (Rouergue).
Protestation des habitans de Laroque-Agniès (Hérault).
Adresse des habitans de Grignan (Drôme).
Adresses des habitans de Chirac, la Canourgue, Aumont, Nasbinals (Lozère).
Protestation à Provins (Seine-et-Marne).
Adresse des habitans de Valognes (Manche).
Adresse des dames de Valognes (Manche).
Adresse des habitans de Charleville (Ardennes).
Adresse des habitans de Guégon (Morbihan).
Adresse des habitans de Cradoc (Morbihan).
Adresses des habitans de Gimont, Cologne, Mauvezin (Gers).
Adresse des habitans de Vire (Calvados)
Adresse des habitans de Die (Drôme).

Adresse et protestation des habitans de Fleurs (Loire).
Adresse des habitans de Coissey (Rhône).
Adresse des habitans du Lude (Sarthe).
Adresse des habitans de Reims (Marne).
Adresse des habitans de Graveson
Adresse des habitans de Forcalquier (Basses-Alpes).
Adresse des dames de Mende (Lozère).
Adresse des habitans de Montélimart.
Adresse des habitans de la ville de Sallèles (Ardèche).
Adresse des habitans de Port-Sainte-Marie (Lot-et-Garonne).
Protestation des habitans du Grand-Lucé (Sarthe).
Protestation des habitans de Dinan. (Côtes-du-Nord).
Adresse des habitans de Moncontour (Côtes-du-Nord).
Adresse des habitans de Lisieux (Calvados).
Adresse des dames de Lisieux (Calvados).
Adresse des jeunes gens des écoles de Paris.
Adresse des habitans de Landernau (Finistère).
Protestation des habitans de Nantes (Loire-Inférieure).
Adresse des dames de Nantes (Loire-Inférieure).
Protestation des habitans d'Oudon (Loire-Inférieure).
Adresse des habitans de Champtoceaux (Loire-Inférieure).
Adresse des habitans de Couffé (Loire-Inférieure).
Adresse des habitans de Privas (Ardèche).
Adresse des habitans de Mezin (Lot-et-Garonne).
Adresse et protestation des habitans de Châteaudun (Eure-et-Loir).
Adresse et protestation des habitans de Ploermel (Morbihan).
Adresse des dames de Ploermel (Morbihan).
Adresse des habitans de Josselin (Morbihan).
Adresse des dames de Josselin (Morbihan).
Adresse des dames de Redon (Ille-et-Villaine).
Adresse des habitans de l'Ile d'Alby (Tarn).
Adresse des habitans de Sourdeval (Manche).
Adresse des habitans de Saint-Lô (Manche).
Pétition des habitans d'Alençon (Orne).
Adresse des habitans d'Alençon (Orne).
Adresse des habitans d'Avranche (Manche).
Adresse des dames de Sainte-Menehould (Marne).
Adresse des dames de Nanci (Meurthe).
Pétition des habitans d'Angers (Maine-et-Loire).
Adresse des habitans de Monistrol (Haute-Loire).

Adresse des dames de Lyon (Rhône).
Adresse et protestation des dames d'Argentan (Orne).
Adresse des habitans de Montech (Tarn-et-Garonne).
Adresse des dames d'Aubenas (Ardèche).
Adresse des habitans de Mantes (Seine-et-Oise).
Adresse des habitans de Saint-Paul-trois-Châteaux (Drôme).
Protestation des habitans de Le Val (Var).
Adresse des dames d'Arles (Bouches-du-Rhône).
Adresse des habitans des paroisses Ay, Margras, Monduel, Tedehau, Bouillargues, Generac, Milhaud, Meynes, Saint-Gervasy, Besoure, Bernis et Garous.
Adresse des habitans de La Flèche (Sarthe).
Adresse des ouvriers d'Aubusson (Creuse).
Adresse des habitans de Paray (Saône-et-Loire).
Adresse des habitans d'Orbec (Calvados).
Adresse des habitans de Valence (Drôme).
Adresse des dames de Bergerac (Dordogne).
Adresse des habitans de Tournon (Ardèche).
Protestation des dames de Saint-Jean-d'Angely (Charente-Inférieure).
Adresse des dames d'Air-sur-l'Adour (Landes).
Adresse des dames d'Orange (Vaucluse).
Adresse des habitans de Montfort-l'Amaury (Seine-et-Oise).
Adresse des dames de Roquefort-de-Marsan (Landes).
Adresse des habitans de Clairac (Lot-et-Garonne).
Adresse des habitans de Sos (Lot-et-Garonne).
Adresse des habitans de Nérac (Lot-et-Garonne).
Adresse des habitans d'Aiguillon (Lot-et-Garonne).
Adresse des habitans de la Magistère (Lot-et-Garonne)
Pétition des habitans de Caen (Calvados),
Adresse des dames de Caen (Calvados).
Adresse des dames de Loudun (Vienne).
Adresse des habitans de Loudun (Vienne)
Protestation des habitans de Bergerac (Dordogne).
Adresse des habitans de Marvejols (Lozère).
Adresse des habitans d'Issoire (Puy-de-Dôme).
Adresse des dames de Coutances (Manche).
Adresse des habitans de Fontenay (Vendée).
Adresse des habitans de Guingamp (Côtes-du-Nord).
Adresse des habitans de Montpesat (Tarn-et-Garonne).
Adresse et protestation des habitans de Grignan (Drôme).

Adresse des élèves du collége de Beaupréau (Maine-et-Loire).
Adresse des dames de Vannes (Morbihan).
Pétition des habitans, dames et élèves du collége de Vannes (Morbihan).
Adresse des dames de la halle de Vannes (Morbihan).
Protestation des habitans de Chatellerault (Vienne).
Adresse des habitans de Vendôme (Loir-et-Cher).
Adresse des habitans d'Arras (Pas-de-Calais).
Pétition des habitans de Pignan, Murviel, Lavurne (Hérault).
Protestation des habitans de Sauve (Gard).
Adresse des dames de Sauve (Gard).
Adresse des habitans de Villeveyrne (Hérault).
Adresse des dames de Dieppe (Seine-Inférieure.).
Adresse des dames de Saint-Brieux (Côtes-du-Nord).
Adresse des dames de Châlons-sur-Marne (Marne).
Pétition des habitans de Granges (Lot-et-Garonne).
Adresse des habitans de Martigny-sur-Loire (Saône-et-Loire).
Adresse des habitans Semur-en-Brionnais (Saône-et-Loire).
Adresse des habitans d'Yssengeaux (Haute-Loire).
Adresse des dames de Riom (Puy-de-Dôme).
Adresse des habitans d'Argentan (Orne).
Protestation des habitans de Clermont-Lodève (Hérault).
Adresse des dames de Parthenay (Deux-Sèvres).
Adresse des habitans d'Anvillers (Tarn-et-Garonne).
Adresse des cantons de Tinchebray et de Flers (Orne).
Adresse des environs de Caen ; plus de 4040 signatures.
Adresse des habitans de Saint-Gely (Hérault).
Adresse des dames de Moulins (Allier).
Adresse des habitans de Restinclières et de Beaulieu (Hérault).
Protestation de Thueyts (Ardèche).
Pétition des habitans d'Aimargues et de Vauvert.
Protestation des habitans de Narbonne.
Adresse des habitans dé Belleville-sur-Saône.
Adresse des habitans et dames de Paray-Saint-Ouen (Vosges).
Adresse des habitans de Tourcoin (Nord).
Protestation des habitans de Clapiers (Hérault).
Protestation des habitans de Cournon-Sec (Hérault).
Protestation des habitans de Villeveyrac (Hérault).
Pétition des habitans de Mèze (Hérault).
Pétition des habitans d'Aniane, de Saint-Jean-de-Sos et de Saint-Guilhem-le-Désert (Hérault).

Protestation des habitans de Guitté (Côtes-du-Nord).
Adresse des dames de Montpezat (Tarn-et-Garonne).
Adresse des habitans de Montfaucon (Haute-Loire).
Protestation des habitans de Gisors (Eure).
Protestation des habitans d'Evreux (Eure).
Adresse des dames et des communes voisines d'Évreux.
Adresse des dames de Saint-Jean (Ille-et-Villaine).
Adresse des habitans d'Hennebon (Morbihan).
Adresse des dames d'Auxerre (Yonne).
Adresse des dames de Saint-Servan (Ille-et-Vilaine).
Adresse des habitans d'Abbeville (Somme).
Adresse des habitans de Boulogne (Pas-de-Calais).
Adresse des habitans de Meze (Hérault).
Adresse des dames de Saint-André (Hérault).
Adresse des dames de Cambray (Nord).
Adresse des dames de Rugles (Eure).
Adresse des dames de Laigle (Orne).
Adresse des habitans de Saintes (Charente-Inférieure).
Adresse des habitans de Lauserte (Tarn-et-Garonne).
Adresse des habitans de Condom (Gers).
Adresse des habitans de Lorient (Morbihan).
Adresse des dames de Lorient (Morbihan).
Adresse des dames de Kerantré (Morbihan).
Adresse des habitans de Mont-de-Marsan (Landes).
Adresse des habitans de Bouloire (Sarthe).
Adresse des habitans de la Chapelle-Gaugain (Sarthe).
Adresse des habitans de Lavenay (Sarthe).
Protestation des dames de Lisieux (Calvados).
Protestation des habitans d'Eymet (Dordogne).
Adresse des montagnards de Lacaune (Tarn).
Adresse des habitans de Lomberi (Gers).
Adresse des habitans de Limoux (Aude).
Adresse des dames de Limoux (Aude).
Adresse et protestation des habitans de Pierre-Latte (Drôme).
Adresse des habitans de Villeneuve-de-Berg (Ardèche).
Adresse et protestation des habitans de Privas (Ardèche).
Adresse et protestation des habitans d'Auray (Morbihan).
Adresse des dames de Niort (Deux-Sèvres).
Protestation des habitans de Saint-André (Hérault).
Adresse des habitans de Lodève (Hérault).

Protestation de Saint-Martin-de-Londres (Hérault).
Protestation des habitans de Saint-Beausille-de-Puteac (Gard).
Protestation des habitans de Saint-Gervais (Hérault).
Adresse des dames d'Agen.
Adresse des dames de la province de l'Artois.
Adresse des dames de Lizonne (Dordogne).
Adresse des habitans d'Estaires et de la Gorgue.
Adresse des habitans de Sally-sur-la-Lys (Pas-de-Calais).
Adresse des habitans d'Heenwerck (Nord).
Adresse des habitans de la Rentie (Nord).
Adresse des habitans de Lestrem (Nord).
Protestation des habitans de Moulins-la-Marche (Orne).
Protestation des habitans de Courtomer (Orne).
Adresse des habitans d'Avallon (Yonne).
Protestation des habitans de Grez-en-Bouère (Mayenne).
Protestation des habitans de Simiane (Basses-Alpes).
Adresse des habitans de Barbantane (Bouches-du-Rhône).
Adresse des dames de Saint-Sever (Landes).
Adresse des habitans de Mortagne (Orne).
Adresse collective du département des Landes.
Adresse des dames de Mezin (Lot-et-Garonne).
Adresse et protestation des habitans de Bouère (Mayenne).
Adresse des habitans de Larochefoucauld (Charente).
Adresse des habitans d'Ajaccio (Corse).
Adresse des habitans du département du Gers.
Adresse des habitans de Nancy (Meurthe).
Adresse des habitans d'Orléans (Loiret).
Adresse des habitans de Beaune (Côte-d'Or).
Pétition des habitans de Frontignan (Hérault).
Pétition des habitans de Vic (Hérault).
Pétition des habitans de Mireval (Hérault).
Adresse des habitans de Villeneuve-d'Angoulême (Hérault).
Adresse des habitans de Vigan (Gard).
Adresse des habitans de Brives (Corrèze).
Adresse des dames de Mèze (Hérault).
Adresse des habitans de Jonzac (Charente-Inférieure).
Protestation des habitans de Bonnetable (Sarthe).
Adresse des dames de Port-Sainte-Marie (Lot-et-Garonne).
Protestation des habitans d'Amiens (Somme).
Adresse des habitans des Nevers (Nièvre).

Adresse des dames de Nevers (Nièvre).
Pétition des habitans de Villedieu (Loir-et-Cher).
Pétition des habitans d'Ancenis (Loire-Inférieure).
Adresse des dames d'Ancenis (Loire-Inférieure).
Adresse des habitans de Tonnay-Charente.
Adresse des habitans de Saint-Jean-d'Angely.
Pétition des habitans de Béziers (Hérault).
Pétition des habitans de Villeneuve-les-Béziers (Hérault).
Adresse et protestation des habitans de Saint-Hippolyte (Gard).
Adresse et pétition des habitans de Lansargues (Hérault).
Adresse des habitans de Lansargues (Hérault).
Adresse des habitans de la Ferté-Bernard (Sarthe).
Adresse des habitans de Corsené (Côtes-du-Nord).
Adresse des habitans d'Argentière (Ardèche).
Adresse des habitans de Saint-Jean-de-Buègues (Gard).
Pétition des habitans d'Arboras (Hérault).
Pétition des habitans de Montpeyroux (Hérault).
Adresse des habitans de l'Aigle (Orne).
Adresse des habitans de Rugles (Eure).
Pétition des habitans de Caen (Calvados).
Pétition des habitans d'Alençon.
Pétition des habitans de Moulins.
Pétition des habitans de Flers.
Pétition des habitans de Tinchebray.
Pétition des habitans de Coutances (Manche).
Pétition des habitans de Bergerac.
Pétition des habitans de Falaise.
Pétition des habitans de Limoux (Gers).
Pétition des habitans de Neuchâtel (Seine-Inférieure).
Pétition des habitans d'Auch (Gers).
Pétition des habitans de Pont-Saint-Esprit (Gard).
Pétition des habitans de Dax (Landes).
Pétition des habitans de Troyes (Aube.).
Adresse des habitans de Flayat (Creuse).
Adresse des habitans de Saint-Maden (Côtes-du-Nord).
Adresse des habitans de Plélan-le-Petit (Côtes-du-Nord).
Adresse des habitans de Saint-Méloir (Côtes-du-Nord).
Adresse et protestation de la Ferté-Macé (Orne).
Adresse et protestation des habitans de Juvigny (Orne).
Adresse des dames d'Uzès (Gard).

Adresse des dames de Moissac (Tarn-et-Garonne).
Adresse des habitans de Martres (Haute-Garonne).
Pétition des habitans de Limoux (Aude).
Pétition des habitans de Castelnaudary (Aude).
Adresse et protestation des habitans de Mamers (Sarthe).
Adresse des habitans de Noyen (Sarthe).
Protestation des habitans du département de l'Allier.
Protestation des habitans de Concarneau (Finistère).
Adresse des habitans de Montesquiou (Gers).
Protestation des habitans de Chartres (Eure-et-Loire).
Pétition des dames de Dol (Ille-et-Villaine).
Adresse des habitans de la Haute-Marche (Creuse).
Adresse des habitans d'Auch (Gers).
Adresse des dames d'Auch (Gers).
Adresse des habitans d'Evron (Mayenne).
Protestation des habitans de Thoissey (Rhône).
Protestation des habitans de Carrouge (Orne).
Adresse des habitans de Moulins-la-Marche (Orne).
Adresse des dames de Courtomer (Orne).
Adresse des habitans de Reguiny (Morbihan).
Adresse des habitans de la ville de Montsurc (Mayenne).
Adresse des habitans de la ville de Douai (Nord).
Les anciens otages de Louis XVI et de sa famille offrent à Madame leur fortune et leur vie.
Les habitans de Vendôme adhèrent à la protestation Hennequin.
Le marquis de Valory proteste contre la captivité de Madame, et ouvre une souscription par une somme 5,000 fr.
Adresse des dames de la ville de Brest.
Protestation des habitans de la commune de Besné (Loire-Inférieure).
Protestation de la commune de la Chapelle-du-Marais (Loire-Inférieure).
Adresse des jeunes gens de Clermont (Hérault).
Adresse des habitans de Canet (Hérault).
Adresse des habitans de Saint-André-de-Majencoule (Gard).
Adresse des dames de l'arrondissement de Chinon.
Adresse des habitans du même arrondissement.
Adresse des dames de l'arrondissement du Puy (Haute-Loire).
Adresse des dames du canton de Neuvic (Haute-Loire).

Voici quelle est pour l'instant la liste des adresses,

protestations et pétitions. Dès que de nouvelles seront mises au jour, nous nous empresserons de les inscrire et de les donner par livraison, ayant toutefois le soin de les faire précéder par l'historique des événemens nouveaux arrivés à Blaye.

TABLE SOMMAIRE

DES CHAPITRES.

	Pages.
Dédicace.	v
Introduction.	1
I. Départ. — Holyrood. — Madame, duchesse de Berri. — Puissances étrangères. — Projet. — Massa.	17
II. La Ciotat. — Débarquement. — Le Carlo-Alberto. — Le Midi. — L'Ouest.	33
III. Mouvemens. — Son Altesse Royale Madame. — La Pénissière brûlée. — Ordres et contre-ordres. — Nantes.	65
IV. Vie de Madame à Nantes. — Sa politique. — Ses vues. — Sa conduite avec Holyrood. — Un envoyé à Holyrood.	97
V. Gonzague-Deutz. — Son message et son entrevue avec Madame. — Soupçons qu'il inspire. — Hasard qui retarde l'arrestation de Madame.	131
VI. Deutz. — Sa conversation dans plusieurs maisons et surtout à l'hôtel de France à Nantes. — Lettres et dénonciation adressées à Madame. — Avis donné à Paris. — Retard inconvenable. — Trahison.	163
VII. Siége. — Visite domiciliaire. — Madame dans sa cachette. — Prise de Madame.	193
VIII. Arrestation de Madame. — Effet produit par	

cette arrestation. — Procès-verbal. — Madame conduite au château. — Le château de Nantes. 221

IX. Anniversaire. — M. Joly. — Séjour dans le Château de Nantes. — Départ d'Holyrood. — Henri-Dieudonné. — Départ de nuit pour Blaye. 250

X. Départ de Nantes. — Traversée. — Arrivée à Blaye. — Débarquement. . . . . , . . . 278

XI. Madame dans le château de Blaye. — Blaye historique et descriptif. — Vie de Madame à Blaye 304

XII. Madame mise en accusation. 343

Réclamation des magistrats démissionnaires du barreau de Paris contre la captivité de Madame. 361

Liste nominative des adresses, protestations en faveur de S. A. R. Madame.

www.ingramcontent.com/pod-product-compliance
Lightning Source LLC
Chambersburg PA
CBHW071903230426
43671CB00010B/1461